都市圈经济发展
协同治理研究

邱爱军 潘昭宇 等 著

中国建筑工业出版社

图书在版编目（CIP）数据

都市圈经济发展协同治理研究 / 邱爱军等著 . —北
京：中国建筑工业出版社，2023.4
ISBN 978-7-112-28474-0

Ⅰ.①都… Ⅱ.①邱… Ⅲ.①城市群—经济发展—研
究—中国 Ⅳ.①F299.21

中国国家版本馆 CIP 数据核字（2023）第 043972 号

2021年开始，我国都市圈建设明显加速，南京都市圈、福州都市圈、成都都市圈、长株潭都市圈、西安都市圈发展规划等先后印发，都市圈正在成为中国经济增长的引擎，也是社会关注的热点和焦点。本书在对成都、郑州、杭州、长株潭等典型都市圈进行深度调研的基础上，针对都市圈经济发展中暴露出的规划范围偏大、产业同质化竞争、跨行政区协作机制不顺畅等突出问题，加强研究、科学引导，探寻都市圈协同联系规律，提出适合我国国情、便于政策制定及实施的都市圈范围界定方法，分别从产业分工协作、交通互联互通、营商环境优化、规划编制及实施、投融资合作等方面提出都市圈经济发展协同治理体系及机制的政策建议。本书包括都市圈经济协同治理总章以及范围界定、产业协同、交通协同、规划协同、投融资等专题分章，每个专题章节均包括理论基础、发展成就、主要问题、国际经验以及政策建议等，本书还包含成都都市圈、杭州都市圈、长株潭都市圈、郑州都市圈的详细调研报告。

责任编辑：毕凤鸣
责任校对：姜小莲

都市圈经济发展协同治理研究
邱爱军　潘昭宇　等　著
*
中国建筑工业出版社出版、发行（北京海淀三里河路9号）
各地新华书店、建筑书店经销
华之逸品书装设计制版
建工社（河北）印刷有限公司印刷
*
开本：787毫米×1092毫米　1/16　印张：16　字数：291千字
2023年7月第一版　　2023年7月第一次印刷
定价：**68.00**元
ISBN 978-7-112-28474-0
（40940）

序言

城镇化是现代化的必由之路。党的二十大报告提出，推进以人为核心的新型城镇化，以城市群、都市圈为依托构建大中小城市协调发展格局。2018年9月，习近平总书记在深入推进东北振兴座谈会上指出，要培育发展现代化都市圈。2019年2月，经国务院同意，《国家发展改革委关于培育发展现代化都市圈的指导意见》(发改规划〔2019〕328号)印发实施，从国家层面对都市圈发展进行全面系统部署。培育发展现代化都市圈，推动超大特大城市和有条件的大城市辐射带动周边市县，缩小中小城市与超大特大城市在基础设施和公共服务方面的差距，有利于加快转变超大特大城市发展方式、促进大中小城市和小城镇协调发展，有利于提升要素配置效率、构建高质量发展的动力系统，对稳住经济大盘、加快构建新发展格局和推动高质量发展具有重要意义。

20世纪80年代，都市圈概念引入国内，学界、政界和地方开始关注，由于当时我国城镇化进程刚起步、经济发展水平还不高，都市圈发展并没有实质性推动。直到2010年后、特别是2019年国家发展改革委关于都市圈的指导意见发布以来，都市圈发展逐渐成为社会关注的热点和焦点，有关地方也积极推动。到2022年底，全国已经有南京、成都、福州、长株潭、西安和重庆6个都市圈发展规划由省级人民政府印发实施，广州、深圳、沈阳、郑州、合肥等都市圈也在积极推进相关工作。都市圈发展呈现出良好势头，政府协作机制有序推进、便捷通勤网络加快形成、产业分工协作逐步深化、公共资源共享水平不断提升、服务管理合作持续拓展。都市圈正在成为中心城市发挥辐射带动作用、破解"大城市病"的有效抓手，提高城市群综合承载和资源有效配置能力、促进城乡区域协调发展的有力支点。

建设现代化都市圈是在不打破行政区划的前提下，以促进中心城市与周边城市(镇)同城化发展为方向，以创新体制机制为抓手，实现经济要素自由流动和高效配置。虽然各地积极性很高，但实际工作中地方政府难以扭转各自为政、本地利益最大化的惯性思维，再加上成本分担和利益分享机制不完善，导致产业分工协作、公共服务共享等具体举措难以落地。构建高效完备的都市圈协同治理体系是建设现代化都市圈的必备条件，也是我国培育发展现代化都市圈的重点难点。

该书作者长期参与新型城镇化、城市群、都市圈等相关规划、政策的前期研究工作，先后牵头完成国家发展和改革委员会委托的一系列研究课题。基于大量工作实践总结和提炼，结合国内外典型案例剖析，完成了《都市圈经济发展协同治理研究》，为我们认识都市圈协同治理提供了全新的视角和丰富的案例。

这是一本全面论述都市圈经济发展协同治理的专著，内容丰富、体系完整、数据翔实，具有很多创新的理念和观点。该书提出了都市圈范围界定方法，总结了国际都市圈协同治理经验，分析了国内都市圈协同治理的现状及问题，构建了都市圈经济发展协同治理基本框架，从都市圈范围界定、产业分工协作、规划编制实施、交通互联互通、营商环境优化、投融资体制机制改革等方面提出了政策建议，并以成都、杭州、郑州、长株潭都市圈作为具体案例进行详细分析。综上所述，这是一部都市圈领域国际经验和国内实际结合、理论研究和实证分析并重的专业化权威成果。

我国都市圈发展正处在加快培育推进阶段，希望该书的出版，能够引起业内人士的共鸣，更多关注都市圈协同治理理论研究和实践探索，更好引导现代化都市圈培育壮大，推动新型城镇化高质量发展。

国家发展改革委城市和小城镇改革发展中心
主任、博士、二级研究员
享受国务院政府特殊津贴专家

2023 年 4 月

前言

　　培育发展现代化都市圈是完善城镇化空间布局的重要举措。2019年,《国家发展改革委关于培育发展现代化都市圈的指导意见》(发改规划〔2019〕328号)印发实施,提出加快构建都市圈协商合作、规划协调、政策协同、社会参与的一体化发展机制。都市圈是区域空间发展的高级形式,是大城市发展到一定阶段后,与周边市县密切互动进而呈现出的城镇化空间形态。培育发展现代化都市圈要以促进中心城市与周边城镇同城化发展、共同发展为方向,发挥中心城市辐射带动作用,通过建立健全都市圈协同机制,加快基础设施向周边延伸、要素资源向周边流动、功能产业向周边疏解、公共服务向周边覆盖,促进大中小城市和小城镇协调发展。

　　2019年以来,南京、福州、成都、长株潭、西安、重庆等都市圈发展规划陆续印发,对都市圈协同治理机制进行了广泛探索,取得了积极成效,政府间多层次协作机制初步建立、都市圈规划编制持续完善、交通基础设施互联互通加快推进、产业分工协作初见成效、营商环境不断优化。与此同时,由于我国都市圈发展还处在培育推进过程中,都市圈协同治理仍处于探索阶段,尚未形成科学完善的治理机制,行政分隔导致协作不畅、部分政策法规不健全、利益共享协调机制不足、社会各方有效参与不够、评估考核反馈机制不健全等问题仍较为突出。

　　本书依托国家发展改革委城市和小城镇改革发展中心(以下简称"城市中心")2021年度重点课题《都市圈经济发展协同治理研究》,结合笔者与世界银行联合开展的《中国都市圈治理》研究,负责完成的《郑州都市圈发展规划》《新乡市融入郑州都市圈发展研究》《成渝地区双城经济圈多层次轨道交通规划》《长株潭都市圈多层次轨道交通规划》《西安都市圈多层次轨道交通规划》等多个都市圈相关规划项目,在既有研究课题和规划实践基础上,经过研讨交流梳理提炼,形成了这部专著。

　　本书分为总论篇、分论篇和实践篇三个篇章。总论为第一至第七章,分论为第八至第十三章,实践为第十四至第十七章。

总论篇将都市圈、协同治理的概念内涵和都市圈范围界定研究作为前提，总结各地都市圈协同治理的实践探索以及取得的宝贵经验，揭示都市圈协同治理中面临的行政思维固化、协调推进不畅等问题，通过借鉴发达国家区域治理经验，结合我国国情提出了"治理主体多元化、治理对象条理化、治理模式特色化、治理工具现代化"四维度协同治理基本框架，并从都市圈的培育条件、规划编制、互联互通、产业协作、营商环境、投融资机制等多个方面提出相应政策建议。

分论篇包括理论综述、范围界定、产业协同、交通协同、规划协同以及投融资机制六个专题。其中，理论综述章节侧重于区域协同治理内涵、体系与实施路径的基础理论研究，为都市圈经济协同治理困境寻找解决思路；范围界定章节重点关注科学划定都市圈空间范围的量化标准和参考要素，作为都市圈协同治理研究的基本前提；产业协同章节探讨如何在遵循产业发展基本规律的前提下，有效推动都市圈产业实现高效协同发展；交通协同章节重点聚焦交通互联互通领域协同治理存在的问题，并提出相应的实施对策建议；规划协同章节重点探讨如何构建"有共识、能约束、可参与、可操作、可评估"的都市圈发展规划编制方法；投融资章节则重点关注如何有效畅通都市圈投融资渠道，保障都市圈建设的可持续性。

实践篇是课题组对成都、杭州、郑州、长株潭都市圈实地案例调研基础上形成的调研报告，包含了基本情况、发展历程、做法成效、存在问题、对策建议五部分内容。

本书由邱爱军、潘昭宇负责谋篇统稿，并负责撰写总论第一章至第七章、实践篇第十五章，课题组王亚洁负责撰写第八章、第十一章、第十六章，王有为、张天齐负责撰写第六章、第九章，雷海丽负责撰写第八章、第十章，余飞、初广绅负责撰写第十二章、第十七章，张惠强、杨颖负责撰写第十三章，白玮、关婧负责撰写第十章、第十四章，黎明、张可参与第三章撰写。

特别感谢国家发展和改革委员会发展战略和规划司、基础设施发展司等在研究过程中给予的指导和支持，感谢河南、四川、浙江、湖南省发展改革委，以及成都、德阳、郑州、许昌、杭州、嘉兴、长沙、株洲、湘潭市发展改革委及相关部门和企业在调研过程中给予的协助。

都市圈治理尚处于探索阶段，加之作者才疏学浅，不足之处敬请读者批评指正。

作者

2023年4月于北京

目录

都市圈经济发展协同治理研究

X

第一篇

总　论

第一章　都市圈经济发展协同治理基本概念

　　都市圈经济发展协同治理属于区域经济与协同治理交叉研究范畴。传统的"中心地"理论、"中心—外围"理论、"博弈论"、"协同优势理论"等为都市圈经济发展协同治理提供了理论基础，明确都市圈内涵及范围是研究都市圈治理的前提和基础。

■ 一、都市圈概念内涵

　　都市圈概念最早起源于1951年日本学者木内信藏提出的"三地带"学说。20世纪80年代，都市圈概念引入国内，学术界和地方政府开始关注。21世纪初，江苏省组织编制徐州、南京、苏锡常三大都市圈规划，成为国内最早研究都市圈的省份，并基于此研究出版了国内第一本都市圈专著《都市圈规划》(邹军等，2005，中国建筑工业出版社)。当前，国内对于培育发展现代化都市圈的作用意义、都市圈协同发展的重点任务(基础设施互联、产业分工协作、公共服务共享、生态环境共保、成本收益分担等)已具有较高共识，但对都市圈内涵研究结论尚不统一。

　　都市圈强调跨地市级行政辖区、具体空间范围定义尚未达成共识。原建设部部长汪光焘认为，长期以来，我国的城市发展与治理高度倚重行政区划，行政边界在功能上是地方政府公共权利行使的绝对空间边界，在结构上各行政区之间形成严格的管辖与被管辖的主从关系和排列组合。与之不同，都市圈是一种跨行政区划的、两个或者多个行政主体之间的经济社会协同发展区域。基于此，提出都市圈"一级腹地"(1小时通勤圈)、"二级腹地"(1小时交通圈)概念，并强调现代化都市圈建设重点是由以1小时通勤圈为主的低发育阶段向以1小时交通圈为主的高发育阶段发展。清华大学尹稚教授认为，都市圈是以一个或多个中心城市为核心，吸引及辐射周边城市和地区的区域，是城市地域空间形态演化的高级形式。都市圈空间范围划定应该遵循城镇化发展规律，以区县为基本单元，主要纳入1小时通勤圈（由于1小时通勤圈数据难以直接获取，采用以市中心为起点到周边区县的机动车1.5～2.0小时出行范围，即1.5～2.0小时等时圈作为替代指标，近似反应1小时通勤圈的范围）内的区县，作为确定都市范围的基本条件。国家发展改革委在《关于培育和发展现代化都市圈指导意见》中提出"都市圈是城市群内部以超大特大城市或辐射带动功能强的大城市为中心、以1小时通勤圈为基本范围的城镇化空间形态。"但没有明确1小时通勤圈如何界定。

都市圈功能定位强调交通、产业、公共服务。首都都市圈提出，以快速高效的现代化交通体系为支撑，按照职住协同、功能互补、产业配套的圈层结构，加快建设定位清晰、梯次布局、协调联动的现代化首都都市圈，推动形成京津冀城市群主干构架。南京都市圈提出，打造具有重要影响力的产业创新高地、长江经济带重要的资源配置中心、全国同城化发展样板区、高品质宜居生活圈。福州都市圈提出，构建福建高质量发展重要增长极、两岸合作重要门户、21世纪海上丝绸之路核心区重要支点、优质幸福生活圈。

本课题研究认为，现阶段我国都市圈主要指都市圈周边城市组团至中心城市城区的"门到门"通勤时间平均在1～2小时，"站到站"通勤时间在1小时左右的空间范围，都市圈原则上以县级行政区为单元，并跨越地级以上城市辖区，都市圈是交通通勤圈、产业协作圈、生活服务圈的统一。

▓ 二、都市圈经济发展协同治理

都市圈是区域空间发展的高级形式，是大城市发展到一定阶段后，与周边市县密切互动进而呈现出的城镇化空间形态。都市圈经济发展协同治理是指都市圈内的政府、企业及公民等利益相关者通过协商合作，解决都市圈经济发展中的问题，实现预期经济发展目标的过程。现代化都市圈治理应建立协同发展机制，强化政府、企业以及其他利益相关方的参与，并处理好政府与市场的关系。

国家政策要求都市圈治理建立协同发展机制。国家层面从2014年开始，在国家新型城镇化规划、五年发展规划纲要等政策文件中对培育发展都市圈提出明确要求。2014年，中共中央、国务院印发的《国家新型城镇化规划（2014—2020年）》明确提出：特大城市要适当疏散经济功能和其他功能，推进劳动密集型加工业向外转移，加强与周边城镇基础设施连接和公共服务共享，推进中心城区功能向1小时交通圈地区扩散，培育形成通勤高效、一体发展的都市圈。2019

年，国家发展改革委印发《国家发展改革委关于培育发展现代化都市圈的指导意见》，是国家层面首次针对都市圈出台的政策文件，对都市圈的基本概念、发展原则、发展目标及重点任务进行了全面系统部署，强调培育发展现代化都市圈重点是推进基础设施一体化、强化城市间产业分工协作、加快建设统一开放市场等。2021年，"十四五"规划纲要提出：发展壮大城市群和都市圈，分类引导大中小城市发展方向和建设重点，形成疏密有致、分工协作、功能完善的城镇化空间格局。依托辐射带动能力较强的中心城市，提高1小时通勤圈协同发展水平，培育发展一批同城化程度高的现代化都市圈。2022年，国家发展改革委印发的《"十四五"新型城镇化实施方案》提出，提升城市群一体化发展和都市圈同城化发展水平，促进大中小城市和小城镇协调发展，并提出有序培育现代化都市圈、健全城市群和都市圈协同发展机制的具体要求，包括：依托超大特大城市及辐射带动能力强的Ⅰ型大城市，以促进中心城市与周边城市（镇）同城化发展为导向，以1小时通勤圈为基本范围，培育发展都市圈。编制实施都市圈发展规划及重点领域专项规划，建立健全省级统筹、中心城市牵头、周边城市协同的同城化推进机制。

都市圈治理应组建相应协调机构、建立协作机制。中央财经领导小组办公室原副主任杨伟民认为，都市圈协同发展应当组建专门的协调机构，并赋予都市圈治理的职能和权限。华东师范大学刘君德教授认为，建立跨界职能的横向政府是我国目前大都市区行政组织和管理体制改革的主体模式。住房和城乡建设部总经济师杨保军认为，要有效调节区域矛盾，就必须有相应的规则、议事机制、仲裁机构乃至法律。

都市圈治理应强化政府、企业以及其他利益相关方的参与。中山大学张紧跟教授认为，要进一步提升区域合作质量，必须适时改进已有的区域合作策略，增进地方政府与企业以及其他非政府组织的协作互动，以形成区域内多元利益相关者的协作性治理。台湾中兴大学李长晏教授认为，未来的区域合作特征应是"多维度、多层次、多利益相关者"，将会考虑更多实际的区域治理落差、治理尺度及范围等因素，设计不同的跨地域合作与治理方式。

都市圈治理的关键在于处理好政府与市场的关系。原建设部部长汪光焘认为，都市圈首先是一个经济圈，必须充分发挥市场配置资源的决定性作用，利用市场打破当前行政区划体制下地域分割等行政命令难以解决的协调问题。培育现代化都市圈要抓住当前机制体制改革机遇，处理好政府与市场的关系，用好政府的宏观调控，并给予市场主体充分的创新空间。都市圈建设应坚持市场主导、政府引导、高质量发展的原则，通过推进机制体制的改革，加快完善产权制度、建设统一开放市场。清华大学尹稚教授认为，都市圈合作制度化支撑的核心要点是政府与市场在资源配置、游戏规则制定中如何实现合作共赢，市场在配置资源中起到决定性的作用，但在中国的体制机制下，政府在政策引领开发管制和公共资源配置，以及体制机制改革方面有无可替代的作用，甚至从某种意义上来讲，中国的政府在资源配置上有很强的诱导力，同时也是资源配置规则的制定者。

本课题研究认为，都市圈由于跨越地级行政辖区，都市圈经济发展协同治理关键在于破解跨行政区壁垒、促进要素自由流动，重点在于建立健全省级统筹、中心城市牵头、周边城市共同参与的协同机制，通过发挥市场在资源配置中的决定性作用和政府在规划、公共资源配置中的引导作用，引导政府、企业以及其他利益相关方全面参与，促进都市圈共建、共享、共治。都市圈经济发展协同治理应以都市圈规划编制、交通互联互通、产业分工协作、建设统一开放市场、优化营商环境、投融资协同为重点。

第二章　都市圈范围研究

科学合理划定都市圈范围，才能让经济发展协同治理可操作、能落地、有实效。由于对1小时通勤圈缺乏清晰界定，一些地方对都市圈范围的认识存在偏差，建议各地要尊重客观规律、立足发展实际，科学合理划定都市圈范围。

■ 一、都市圈范围界定现状

目前，我国已正式印发的都市圈范围集约可控、基本单元以县级行政辖区为主。省级政府正式印发的都市圈范围总体比较集约，主要集中在2万平方公里左右。从印发时间顺序看，前期印发的南京都市圈、福州都市圈、成都都市圈空间范围较大，均在2.6万平方公里以上；近期印发的长株潭都市圈和西安都市圈范围相对缩小，均在2.0万平方公里左右；最新印发的重庆都市圈范围虽然达到3.5万平方公里，但包含了大量的山地和丘陵，真正可大规模开发的平坝面积仅0.3万平方公里，都市圈范围均以县级行政辖区为基本单元（表2-1）。

正式印发都市圈范围　　　　　　　　　　表2-1

都市圈名称	面积（万平方公里）	范围
福州都市圈	2.6	福州、莆田两市全域，宁德市蕉城区、福安市、霞浦县、古田县，南平市延平区和建阳区、建瓯市部分地区及平潭综合实验区
南京都市圈	2.7	江苏省南京市，镇江市京口区、润州区、丹徒区和句容市，扬州市广陵区、邗江区、江都区和仪征市，淮安市盱眙县，安徽省芜湖市镜湖区、弋江区、鸠江区，马鞍山市花山区、雨山区、博望区、和县和当涂县，滁州市琅琊区、南谯区、来安县和天长市，宣城市宣州区
成都都市圈	2.64	成都市，德阳市旌阳区、什邡市、广汉市、中江县，眉山市东坡区、彭山区、仁寿县、青神县，资阳市雁江区、乐至县
长株潭都市圈	1.89	长沙市全域、株洲市中心城区及醴陵市、湘潭市中心城区及韶山市和湘潭县

都市圈经济发展协同治理研究

都市圈名称	面积（万平方公里）	范围
西安都市圈	2.06	西安市全域（含西咸新区），咸阳市秦都区、渭城区、兴平市、三原县、泾阳县、礼泉县、乾县、武功县，铜川市耀州区，渭南市临渭区、华州区、富平县，杨凌示范区
重庆都市圈	3.5	重庆市渝中区、大渡口区、江北区、沙坪坝区、九龙坡区、南岸区、北碚区、渝北区、巴南区、涪陵区、长寿区、江津区、合川区、永川区、南川区、綦江区—万盛经开区、大足区、璧山区、铜梁区、潼南区、荣昌区21个区和四川省广安市

　　省级批复的都市圈范围差异较大。大南昌都市圈面积达到4.5万平方公里，贵阳都市圈、湛茂都市圈面积分别为2.6万平方公里、2.47万平方公里，其余都市圈面积都在1万~2万平方公里。从都市圈的基本单元来看也各不相同，其中大南昌都市圈以地市级行政辖区为基本单元，其他都市圈均以县级行政辖区为基本单元（表2-2）。

省级层面批复都市圈基本情况　　　　　　　　表 2-2

都市圈	面积（万平方公里）	常住人口（万人）	GDP（亿元）	人均GDP（万元）	人口密度（人/平方公里）
大南昌都市圈	4.5	1715	11984	7.0	381
广州都市圈	2.03	3239	38285	11.8	1596
深圳都市圈	1.29	3278	40736	12.4	2541
珠西都市圈	1.30	1166	9835	8.4	897
汕潮揭都市圈	1.06	1365	5930	4.3	1288
湛茂都市圈	2.47	1315	6380	4.9	532
贵阳都市圈	2.6	1052.4	6088.49	5.8	405
遵义都市圈	1.7	484.47	3184.5	6.6	285

二、都市圈范围界定主要问题

　　当前，我国都市圈发展还处在初级阶段，由于对1小时通勤圈缺乏清晰界定，一些地方对都市圈范围的认识存在偏差，部分都市圈盲目求大，越"圈"越大，超出适宜的空间尺度，容易造成资源错配，使都市圈同城化政策难以精准落地。

1. 都市圈范围划定缺乏统一标准

　　2019年《国家发展改革委关于培育发展现代化都市圈的指导意见》明确提

出，都市圈要以1小时通勤圈为基本范围，但是对1小时通勤圈的内涵缺乏清晰界定，都市圈范围划定尚未形成统一的标准。事实上，一些地方由于对1小时通勤圈认识有偏差，以高速铁路或高速公路1小时交通圈代替1小时通勤圈，使得都市圈范围远远超出适宜的空间尺度。

2.都市圈范围划定缺少权威的统计数据支撑

国际经验表明，通勤率是都市圈范围界定的核心指标，但我国尚未开展针对都市圈的调查统计工作，没有通勤率统计数据。能够体现都市圈内部人口产业分布和经济联系的手机信号移动率、快递物流可达性等替代指标的数据分散在相关企业，并未公开。由于缺少统一标准的数据支撑，各地在都市圈范围划定时采用了不同的指标数据、不同的计算方法，导致都市圈范围划定在全国层面缺少可比性。

3.都市圈范围划定陷入"圈"越大越好的误区

当前，一些地方政府存在划大都市圈范围的非理性冲动。从中心城市资源配置角度看，"圈"越大能够调动的资源越多，"圈"越大发展的"腹地"越大，打造省域经济增长极的可行性似乎越强。对外围县市而言，"划"入都市圈通常有利于建立协作的渠道，还有可能获得上级政府对都市圈发展的专项政策支持。为此，地方在划定都市圈范围时表现出"圈"大的倾向。如中西部个别都市圈提出范围超过4万平方公里，远远超过1小时通勤圈的范围。

4.行政治理模式带来都市圈范围划定的尴尬

以苏锡常都市圈为例，作为国内第一部政府批准的都市圈空间规划，规划将苏锡常三市划作圈内城市，但三个城市均不接受这种都市圈划分方法，对于谁是中心各有看法，于是纷纷提出自己的都市圈划分方法，或者争取加入更高层面的都市圈。苏州市政府后来提出"环太湖都市圈"概念，希望自身成为苏南城市和浙北城市的"领头羊"。2022年印发的《上海大都市圈空间协同规划》覆盖"1+7"市，包括苏州和无锡，而不包括常州。

5.都市圈范围划定基本单元不够精确

我国的都市圈不仅仅是一个空间和统计上的概念，更是政府制定和贯彻落实各项政策的有力抓手。当前，部分都市圈基本单元过大。比如有的都市圈以地市级行政区作为基本单元，据统计，我国300多个地市级行政区中60%以上的面积都超过1万平方公里，且地市内部经济发展水平、地形地貌等差异较大，作为划定都市圈的基本单元尺度过大。同时，部分都市圈基本单元过小。比如以乡镇级行政区作为基本单元，虽然能够更精细地刻画都市圈特征，但是乡镇在数据统计、行政职能等方面并不健全，既不利于都市圈基础数据统计，也不利于都市圈相关政策实施。此外，以县级行政辖区作为基本单元也存在大小不一、形状各异的问题，有时一个县仅有少部分地区与都市圈中心城市联系密切，整个县域都会划入都市圈范围，这必然导致都市圈范围偏大。

6.尚未建立都市圈范围划定的动态评估与调整机制

都市圈范围并非一成不变，随着都市圈逐步发展，其空间范围也会不断调整。美日等发达国家都建立了相对成熟的都市圈范围评估与调整机制，定期对都市圈范围进行评估与优化。我国的都市圈建设仍处于起步阶段，评估与调整机制尚未建立，部分都市圈将范围划定当作唯一的历史机遇，唯恐错过，因此极力扩大都市圈范围。

■ 三、都市圈范围界定国际经验

发达国家较早进入城市化高级发展阶段，较早经历了都市圈发展过程，其对都市圈范围划定标准依据的研究实践更为成熟。特别是由中央政府统筹制定的美、日都市圈范围划定标准，经过了数次调整、数十年实践检验，回顾借鉴其经验对推进我国现代化都市圈建设尤为重要。

（一）国际都市圈时空范围相对稳定

1.都市圈平均通勤半径基本在50公里以内

国际经验表明，通勤距离主要由交通运输方式决定。根据东京都市圈人员旅行调查、英国人口普查等统计，东京、纽约、伦敦、巴黎等都市圈以城市中心为出发点的通勤出行半径均不超过50公里（表2-3），80%～90%的出行都集中在城市30公里半径范围内，超过50公里的比例不足5%。与都市圈通勤相对应，国

发达国家都市圈基本情况   表2-3

都市圈名称	都市圈面积（万平方公里）	中心城市面积（平方公里）	通勤出行半径（公里）
纽约都会区	1.74	789（纽约市）	40
大伦敦地区	2.7	303（内伦敦）	30～40
东京都市圈	1.34	622（东京区部）	40
大巴黎地区	1.2	105（巴黎市）	30

资料来源：美国人口调查局，http：//www.census.gov；大伦敦政府数据库，https：//data.london.gov.uk；日本国土交通省，2016年《首都圈广域地方规划》；法国国家经济研究统计局（INSEE），http：//www.insee.fr。

际上都市圈的空间范围也趋于稳定，如东京都市圈、纽约都市圈的空间半径一直稳定在50公里左右（图2-1、图2-2）。

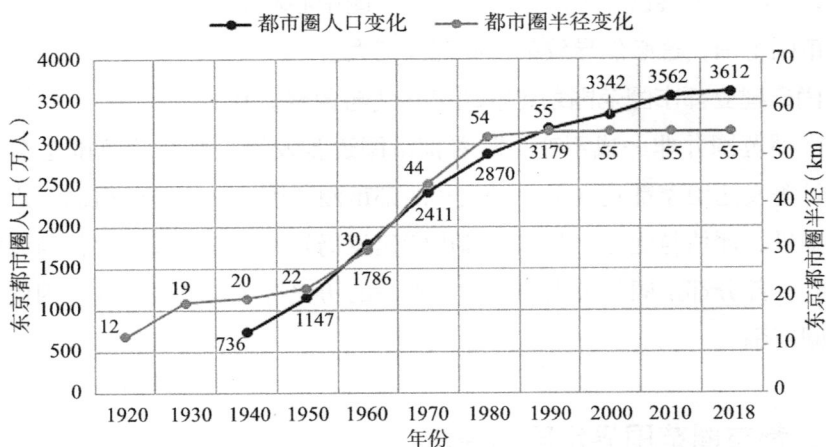

图2-1 东京都市圈人口与空间半径变化图

图2-2 纽约都市圈人口与空间半径变化图

2.都市圈通勤时间平均不超过1小时

国际都市圈调查统计数据验证了通勤时间的相对稳定性，通勤出行平均时间一般不超过1小时。东京都市圈的平均通勤出行时间从1978年的41.4分钟增加至2018年的47.7分钟 [①]，40年总体相对稳定。大伦敦地区在伦敦中心区就业人员的通勤时间最长，平均为54分钟。纽约都会区、大巴黎地区等通勤出行的平均时间也均在1小时以内（图2-3）。

---

① 东京都市圈交通计画协议会，东京都市圈第2～6次居民出行调查。

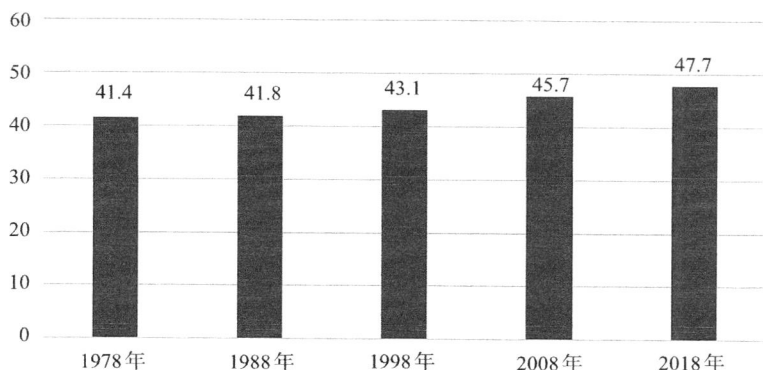

图 2- 3　1978—2018 年东京都市圈平均通勤出行时间（单位：分钟）

（资料来源：东京都市圈交通计画协议会，东京都市圈第 2～6 次居民出行调查）

（二）都市圈范围界定指标集中在人口、城市化和互动性三个维度

历史上看，美日两国都根据其社会经济发展情况对都市圈范围界定指标进行过多次调整修订，采用的指标主要集中在以下三个维度：一是人口维度，包括外围地区人口密度和人口增长率；二是城市化维度，包括外围地区非农就业人口数量、非农劳动力比重、城市化地区人口数量、城市人口比重；三是互动性维度，包括电话流[①]、物资运输量、通勤率和就业人口在中心城市的居住率。经过几十年的探索，美国和日本最终都选择通勤率作为都市圈范围划定的核心指标。通勤率既反映了都市圈人口居住和就业的空间分布与联系，也反映了都市圈统一劳动力市场的规模，还反映了都市圈中心城市与外围地区的经济社会联系程度，是较为科学的综合性指标（表 2-4）。

美、日不同时期外围县划入都市圈的指标　　　　　　表 2-4

序号	类别	指标名称	采用年代	
			美国	日本
1	人口维度	人口密度	1910—2000 年	1954—1960 年
		人口增长率	1970—2000 年	
2	城市化维度	非农就业人口数量	1949—1970 年	
		非农劳动力比重	1949—1980 年	1954—1960 年
		城市人口比重	1970—2000 年	
		城市化地区人口数量	1980—2000 年	

———————

① 外围县向中心县每个月打电话的次数。

序号	类别	指标名称	采用年代	
			美国	日本
3	互动性维度	通勤率	1949年至今	1954年至今
		电话流	1949—1960年	1954—1960年
		物资运输量		1960—1975年
		就业人口在中心城市的居住率	2000年至今	

资料来源：根据相关文献整理。

（三）都市圈范围界定指标的取值变化差异性特征突出

随着都市圈经济社会的发展变化，都市圈范围界定指标的取值不断调整优化。以美国为例，一是都市圈范围界定逐步降低了对人口密度的要求。都市圈外围县人口密度指标取值，从1910—1970年的大于150人/平方英里降低到1970—1980年的大于50人/平方英里，又降低到1980—2000年的25～50人/平方英里。二是都市圈范围界定对城市化和非农化的要求越来越高。都市圈外围县非农劳动力比重的取值，从1949—1960年的大于三分之二提高到1960—1980年的大于75%；都市圈外围县城市化率的取值，从1970—1980年的25%提高到1980—2000年的35%。三是都市圈范围界定对互动性刻画越来越精细化。1949—1970年期间通勤率只有一个取值，即大于15%；1970—1980年期间调整为两个取值，即通勤率大于30%，或者通勤率大于15%，但外围县需满足城市化率大于25%、人口增长率大于15%、人口密度大于50人/平方英里三个条件；1980—2000年期间调整为四个取值，即通勤率取值从15%到50%分为4档。

（四）都市圈空间单元的选择兼顾多方意见、最小行政单元和数据可得性

1.都市圈空间单元的确定以多元参与讨论为基础

美国在选择都市圈空间单元时进行了广泛讨论，1947年末，联邦预算局牵头成立都市圈联邦委员会，所有与都市圈议题相关的联邦机构均受邀参加都市圈标准讨论，同时，联邦委员会还广泛听取了社会各界人士的意见。美国都市圈范围划定通过多方多轮讨论最终选择了县级行政辖区为都市圈范围划定的空间单元。

2.都市圈空间单元的确定以最小行政单元为底线

都市圈空间单元的选择既要能够刻画都市圈的特征，又要便于统计和政策实

施，多数国家选用了最小行政单元作为都市圈空间单元。市、町、村是日本最基层行政单元，总务省在每五年一次的国势调查中一直以市、町、村作为都市圈的空间单元；德国也以行政上不可再分的自治市和自治区为都市圈空间单元。

3.都市圈空间单元的确定以数据可得为前提

都市圈范围的划定，规划和政策的制定、实施、评估与调整都需要各类数据的支撑，都市圈空间单元的确定需要与国家调查统计制度相结合。美国选择县作为都市圈空间单元的主要原因就是因为美国大多数州都是以县为统计的基本单元，调查数据齐全，获取容易。

四、都市圈范围界定建议

建议各地要尊重客观规律、立足发展实际，在编制都市圈规划前应就都市圈空间范围开展认真研究论证，按照以中心城市城区为中心、以1小时通勤圈为半径、以县级行政区为单元的原则，科学合理划定都市圈范围。

（一）准确理解1小时通勤圈

1.明确当前1小时通勤圈的内涵

构建我国都市圈1小时通勤圈，既要遵循通勤出行的共性规律，又要立足我国国情和都市圈发展实际，体现中国特色。现阶段我国都市圈1小时通勤圈主要指都市圈周边城市组团至中心城市城区的"门到门"通勤时间平均在1～2小时，"站到站"通勤时间在1小时左右。

2.科学界定1小时通勤圈的合理范围

1小时通勤圈的空间范围受交通运输方式、基础设施布局、交通运输成本、城镇空间布局等多重因素影响。从东京、纽约、伦敦、巴黎等国际都市圈经验来看，都市圈平均通勤时间均不超过1小时，以城市中心为出发点的通勤出行半径基本都集中在50公里范围内。根据《2022年度中国主要城市通勤监测报告》，2021年，我国7座超大城市的通勤半径在28～41公里，通勤时间超过1小时的通勤人口占比12%～30%。因此，现阶段我国1小时通勤圈半径以50公里左右为宜。需要说明的是，通勤具有高频、刚性的特点，通勤费用是居民日常生活支出的重要组成部分，经济合理的通勤费用是构建1小时通勤圈的重要基础，所以1小时通勤圈一般不以高速铁路等通达时间为依据。

（二）构建都市圈范围划定的标准体系

在1小时通勤圈基础上，建议要综合考虑通勤率、城镇化水平、经济、人口密度、产业协作、历史沿革和地形地貌等多因素，更加科学合理划定都市圈范围。

1.将通勤率作为都市圈范围划定的核心指标

在暂无通勤率数据的情况下，可考虑将手机信号移动率作为通勤率替代指标。通勤率是国际上都市圈范围划定的通用指标，但我国尚未开展都市圈通勤率调查统计，现阶段无法直接采用。不过，截至2021年底我国移动电话用户已达16.43亿，移动通信基站996万个，手机信号已经覆盖所有行政村，中东部地区的乡镇每隔2～3公里设有一个基站，城区则300～500米有一个基站。从国家层面统筹手机在不同基站之间的移动数据，剔除敏感信息后，能够替代通勤率作为现阶段我国都市圈范围划定的核心指标。

2.将外围地区城镇化水平、经济人口密度、快递可达性等指标作为当前都市圈范围划定的辅助指标

我国都市圈建设刚刚起步，仅依据通勤率还不足以准确刻画现阶段我国都市圈发展的实际情况，经济人口密度、城镇化水平、快递可达性等指标能够从不同角度反映都市圈发展的特征，适宜作为我国现阶段都市圈范围划定的辅助指标。

3.综合考虑城市间的产业协作、历史沿革和地形地貌、主体功能区等因素

中心城市与周边县市产业分工协作、合作历史沿革、地形地貌等因素可以作为都市圈范围划定的重要参考，在都市圈范围划定的参考指标、辅助指标基础上，对都市圈范围予以修正。比如部分都市圈将一些位于重点生态功能区的县市划入都市圈范围，既不利于都市圈建设，也不利于生态功能保护。原则上位于重点生态功能区的县市、政府驻地与中心城市城区交通距离超过100公里的县市都不宜划入都市圈范围。

（三）以县级行政区作为都市圈划定的基本单元

都市圈基本单元选择既要能够精准刻画都市圈的特征，又要便于都市圈基础数据的获取，还要有利于都市圈相关规划和政策的落地实施。当前，县级行政区比较符合我国都市圈当前发展实际。我国现有县及县级市1866个，大多数面积在500～2000平方公里，县级行政区能够较好的刻画都市圈特征。县级行政区是我国功能齐备的最基本的社会经济单元，以县级行政区作为都市圈基本单元，有利于都市圈相关数据资料的统计获取，有利于都市圈相关政策的落地实施。

（四）构建都市圈范围动态评估与优化调整机制

1.建立都市圈调查统计制度

结合我国经济和人口普查，将都市圈作为单独的调查单元进行统计，将外围乡镇到中心城市城区的通勤率作为都市圈的重要指标进行调查统计，为都市圈动态评估和范围调整奠定基础。

2.建立都市圈评价指标体系

根据我国不同区域都市圈实际情况，有针对性地构建评价指标体系，并将都市圈范围划定标准作为评价指标体系的重要内容，明确评估时间、评估机构、评估方式等，既要对都市圈发展状况进行评估，也要对都市圈范围划定依据的指标及指标取值进行评估，依据评估结论进行双向优化调整。

（五）构建乡镇、企业和社区代表共同参与的都市圈范围划定机制

我国制定都市圈范围划定标准，不仅要做好顶层设计，还要根据地方实际情况因地制宜；不仅要征求省级部门和地市政府的意见，还要征询县市、乡镇基层政府的意见；不仅要听取专业研究机构和专家学者的建议，还要听取当地企业家代表、社会组织代表和社区代表的意见；要借助现代信息技术手段，尽可能让更多的群众参与讨论、参与规划，让都市圈范围划定过程成为凝聚人心、达成共识的过程，引导各级政府和社会各界人士共同推动都市圈一体化发展。

第三章 都市圈经济发展协同治理实践探索

20世纪80年代，都市圈概念引入国内，学术界和地方政府开始关注。2010年后，特别是2019年国家发布《关于培育发展现代化都市圈的指导意见》以来，都市圈再次成为关注的热点。社会各界对都市圈经济发展协同治理进行了广泛探索、取得积极成效。

一、政府协作机制逐步健全

建立健全政府间协作机制是都市圈经济发展协同治理的重要举措。目前，郑州、成都、南京等都市圈已经建立了政府间多层次协作机制，推进都市圈经济发展协同治理有效实施。

（一）上级行政机构统筹协调推进

郑州都市圈在中原城市群建设工作小组的统一领导下，2021年，郑州都市圈建设领导小组正式成立，省委书记、省长任双组长，将郑州都市圈建设和发展纳入省委、省政府重大政策。成都都市圈在四川省层面成立成德眉资同城化发展领导小组，由四川省委常委、成都市委书记担任组长，从省级层面组织领导都市圈建设工作。在四川省发展改革委设立专职领导小组办公室，并根据发展需要，组建了创新产业协作、现代服务业协作和自贸试验区、现代高效特色农业示范区、文旅产业融合发展、现代金融协调发展等专项合作组，建立了省直部门指导、四个城市分管领导参与协调、相关单位具体推进实施的工作机制。

（二）城市间建立多层次协作机制

杭州都市圈成立了都市圈合作发展协调会，包括市长联席会议决策、政府秘书长工作会议协商、协调会办公室议事、专业委员会项目合作执行四级合作协调机制框架，专业委员会包括交通、信用、旅游、宣传、教育等15个专业委员会，形成杭州市引领、城市高层紧密互动、部门常态化联动落实的全方位协同推进格局。2007年以来，已成功召开11次都市圈市长联席会议。南京都市圈形成了都市圈决策层（都市圈党政领导联席会议）、协调层（市长联席会议）、执行层（都市圈秘书处和区县政府）三级协调机制，下设综合协调、基础设施、产业发展、社会事业、城乡规划和跨界地区协调等5大类17个专业委员会推动多领域具体合作（表3-1）。

都市圈政府协作模式   表3-1

模式	上级行政机构协调	城市间协商
合作方式	由高层级政府统筹	城市轮值或中心城市统筹
适用情况	同省成员城市，中心城市能级不明显	跨省都市圈或多中心都市圈
协调机构	由高层级政府成立专门协调机构，包括小组办公室、专项工作组等。具有制度化的议事和决策机制，定期召开决策和推进工作会议	成员城市间建立含决策层、协调层、执行层的多层次协调机制，定期召开联席会议推进工作开展
组织方式	领导小组全体会议研究审议重大交通规划和重大交通工程等，定时召开工作推进会议	跨行政边界的交通设施由都市圈书记联席会议轮值制定的年度实施计划，制定发展目标并明确牵头和配合单位
实施情况	受到实施主体的财政、用地指标等客观因素影响，上级政府或行业管理部门督促实施	受到实施主体的主观意愿、财政、用地指标等客观因素影响

资料来源：课题组自制。

▓ 二、规划协同编制有序推进

我国都市圈规划经历了20世纪80年代以来的探索和2019年后的规范发展两个阶段，本节仅讨论2019年后的规划实践编制和实施都市圈规划是都市圈经济发展协同治理的重要手段。多层级的规划协作机制对推动经济协同治理发挥了重要作用。

（一）因地制宜探索都市圈规划编制组织形式

目前，在都市圈规划编制过程中，以多种方式组织成员城市以及多层级的政府管理部门和社会团体参与，在规划形成过程中听取各方诉求，体现凝聚共识、互利共赢的协同治理思想。

1.由省级行政主管部门直接主导、结合各城市意见进行协调、编制

如《南京都市圈发展规划》作为跨省级都市圈，由江苏省、安徽省发展改革

委共同组织编制，通过对都市圈主要城市的调研，了解各城市政府、相关行业部门以及主要企业的诉求，并经过多轮征求意见、形成规划成果，最后由江苏、安徽两省发展改革委将规划正式成果上报国家发展改革委取得函复。《福州都市圈发展规划》在福建省发展改革委统筹指导下，由福州市联合莆田、南平、宁德、平潭三市一县进行了思路对接，在多次的对接会中各地分别提出了自身发展诉求，最终以区域高效发展为主要目标，综合考虑多方诉求，确立了以福州主城区联合滨海新城、福清、平潭作为都市圈主中心，莆田、宁德、南平三市中心城区作为都市圈次级中心的发展布局。

2.由中心城市主导、其他成员城市配合的方式进行规划编制

如《长株潭都市圈发展规划》由长沙市主导，湘潭市和株洲市协同编制推进规划思路对接，长沙市牵头编制"1+3+10"文件，拟订《一体化发展空间规划合作协议》，并会同株洲市和湘潭市在长株潭一体化发展第三届市委书记联席会议上共同签署，共同探索三市多领域、多功能、同城化规划统筹、项目合作、共享资源、共赢发展。

3.成立都市圈专门机构、负责协调编制规划

如《成都都市圈发展规划》由四川省同城化办公室负责规划上下衔接和横向协同，推进都市圈系列规划及四市重大规划编制，实现全过程衔接和有机统一。规划编制阶段由同城化办公室组织专题会议，来自成都、德阳、眉山、资阳四市的人大代表、政协委员、企业家代表、市民代表和乡镇居民代表围绕规划定位、目标任务、考核指标体系、区域布局、工作重点、保障机制和重大项目等方面提出了修改建议意见，最终形成了体现多方利益诉求的都市圈规划。

（二）规划总体框架相似、内容各有侧重

1.明确定位目标任务保障、聚焦推动经济发展协同治理

目前我国正式印发的六个都市圈规划，规划名称均为突出核心城市带动周边协同发展的"中心城市+都市圈发展规划"命名。总体框架从三大部分构建了有效推动经济协同治理的规划举措。第一部分确定了都市圈规划的定位和目标，强调都市圈的同城化水平和综合竞争力。第二部分确定了空间、基础设施、产业、公共服务、生态环境方面的协同任务。第三部分确定了都市圈发展规划实施的保障机制，重点提出构建都市圈协商合作、规划协调、政策协同、社会参与等方面的新机制。

2. 立足自身资源优势，谋划经济协同发展举措

《南京都市圈发展规划》重点强调产业创新体系和市场的协同，突出"市场化"在区域资源配置中的决定性作用，提出优化产业分工结构，并发挥中心城市南京的创新优势，建设具有影响力的产业创新高地；利用承接东西、联系南北的特殊地理位置优势，提出共建高水平开放平台，打造营商环境高地，加快建设统一市场，提升都市圈的技术、人才、资金等资源集聚能力。《福州都市圈发展规划》立足对台的独特区位优势，提出建设促进经济发展的"两岸合作重要门户"。重点强调搭建海峡两岸协同平台的功能，提出闽台产业合作计划：推动电子信息、机械装备、能源石化、生物技术等优势产业对接，优化战略性新兴产业合作布局。发挥在都市圈重点台资企业和福州台商投资区的平台作用，扩大两岸关键技术、龙头项目和高端人才等领域的科技协同创新，促进集成电路、智能制造、精密机械、生物技术等优势产业链延伸配套。

3. 破除行政壁垒，大力推进体制机制创新

《成都都市圈发展规划》率先提出创建成德眉资同城化综合试验区，支持成都都市圈探索经济区和行政区适度分离改革。推动都市圈及四市重大规划同编同审、协同实施，构建都市圈规划编制纵横衔接机制以及规划实施评估督导机制，建立统一的规划管理信息平台。构建四市"政府部门—社会组织—企业"三级产业协作推进机制，搭建都市圈产业生态建设企业供需对接平台。《长株潭都市圈发展规划》探索建立都市圈产业集群协同发展机制，搭建统一招商引资和服务平台。整合都市圈产学研资源，重点推进岳麓山实验室、岳麓山工业创新中心（实验室）、湘江实验室、芙蓉实验室等四大高水平实验室建设。加快政务服务同城化，实现高频使用电子证照共享互认。《重庆都市圈发展规划》立足成渝地区双城经济圈形成的川渝协作机制，成立重庆与四川省市级的"重庆都市圈"协调体制机制，设立跨行政区的协调议事机构。利用川渝高竹新区先行优势，加强改革创新，探索一体化发展机制，完善协调投入模式、利益生成、共享与分配机制，将其打造成为重庆都市圈产业发展、人口集聚、功能疏解的重要载体。

三、互联互通取得明显成效

交通互联互通是都市圈协同治理的基础。我国都市圈交通基础设施建设取得明显成效、跨区域交通协调机制不断完善，为都市圈经济发展协同治理提供有力支撑。

1.联合编制交通专项规划

我国都市圈通过联合编制综合交通、轨道交通、道路网等专项规划，建立重大项目库、清单式推进交通设施建设。近两年，都市圈交通规划和建设重点聚焦在轨道交通领域，如国家发展改革委印发《成渝地区双城经济圈多层次轨道交通规划》，南京、武汉、郑州、长株潭等都市圈突破行政区划限制，探索都市圈轨道交通网络规划建设，目前均已启动编制都市圈轨道交通专项规划。此外，郑州都市圈、南昌都市圈分别编制印发了《郑州都市圈交通一体化发展规划（2020—2035年）》和《大南昌都市圈综合交通规划（2019—2025年）》。广佛两市联合编制了《广佛两市道路系统衔接规划》，惠州、苏州等地均启动编制《苏州市跨区域道路衔接规划》《惠州市与周边地市路网衔接规划》（表3-2）。

都市圈交通专项规划编制情况　　　　　　　　　　　表3-2

都市圈		交通专项规划
已正式印发都市圈	南京都市圈	《南京都市圈多层次轨道交通体系规划》正在编制
	福州都市圈	—
	成都都市圈	《成渝地区双城经济圈多层次轨道交通规划》《成渝地区双城经济圈综合交通运输规划》已印发
	重庆都市圈	
	长株潭都市圈	《长株潭都市圈多层次轨道交通规划》正在审批
	西安都市圈	《西安都市圈多层次轨道交通规划》正在编制
其他都市圈	郑州都市圈	《郑州都市圈交通一体化发展规划（2020—2035年）》已发布《郑州都市圈市域（郊）铁路规划》正在编制
	武汉都市圈	《湖北省都市圈市域（郊）铁路规划》正在审批
	南昌都市圈	《大南昌都市圈综合交通规划（2019—2025年）》已发布
	广州都市圈	《广佛两市道路系统衔接规划》已发布
	苏锡常都市圈	《苏州市跨区域道路衔接规划》待批准
	深圳都市圈	《惠州市与周边地市路网衔接规划》已发布

资料来源：课题组整理。

2."轨道上的都市圈"建设提速

城际铁路和市域（郊）铁路加快建设，中心城市轨道适度向周边城镇延伸。首都都市圈市域（郊）铁路城市副中心线、怀柔—密云线开通运营，连通河北北三县的城市轨道交通平谷线开工建设。南京都市圈南京至马鞍山、南京至扬州、南京至滁州城际铁路加快建设，2021年12月南京至句容城际铁路建成运营。成都都市圈成都至德阳、成都至资阳、成都至眉山的市域（郊）铁路开工建设。郑州都市圈郑州至开封、焦作、新郑机场等城际铁路开通运营，郑州至许昌市域

（郊）铁路建成试运营。厦漳泉都市圈厦门地铁连接至漳州市龙海市角美镇。

3.都市圈公路网更加畅通

郑州都市圈开港大道、许港大道等城际快速干道建成通车，郑云高速、G107等一批跨黄河桥建成投用，都市圈内实现所有高铁站、机场、港口和省级产业集聚区二级及以上公路连通。南京都市圈建成宁滁快速通道，全面摸排并滚动实施省际"断头路"畅通工程和"瓶颈路"拓宽工程。成都都市圈天府大道北延线、成都东西城市轴线、G5成德绵高速扩容、成都三绕高速公路加快建设。杭州都市圈海宁一以贯之坚持"融杭战略"，海宁实现5条高速公路联通杭州，海宁高新区与杭州下沙之间4条主干道全线打通，实现"同路同名"。

4.都市圈1小时通勤圈加快形成

成都都市圈成都至德阳、眉山、资阳动车用时缩短至23分钟，都市圈日开行动车104对、日均客流量2.4万人次。交通服务同城化发展持续深化，"天府通卡"实现四市一卡通刷、一码通乘、优惠共享。利用高速公路、国省干线等稳定开行10条城际公交线路、日均客流量2.2万人次，其中德阳主城区、广汉至成都地铁3号线，什邡至成都地铁5号线摆渡车已开通，极大便利了都市圈跨城通勤。长株潭都市圈从2018年至2021年，长株潭城际铁路开行对数从51对增至86对，城际铁路逐步实现"公交化"运营，日均客流由7000人次增长至3万人次。长株潭三市发行"潇湘一卡通"可在三市范围内乘坐公共交通，三市间开行5条城际公交线路，运营里程约155公里。

5.都市圈交通为产业协作提供有力支撑

2022年，深圳都市圈内深圳市与东莞市、惠州市跨界日均通勤超过50万人次，外围出行主要集中在东莞松山湖、惠州仲恺等深圳产业疏解地，便捷的通勤交通联系有力支撑了都市圈产业融合及分工协作，促进东莞、惠州通信电子设备、电气机械、专用设备制造等产业发展。据统计，华为手机供应商约50%集中在深圳都市圈60公里半径范围内，且主要集中在东莞市域范围。首都都市圈工作在北京、居住在环京地区的通勤人口规模约30万人次，便捷的都市圈轨道、公路等交通体系极大便利了中心城区与郊区新城的联系，支撑中心城市产业疏解和都市圈产业协作。

▓ 四、产业分工协作逐步深化

产业协作是都市圈经济协同治理的重点和难点。经过多年探索，我国都市圈产业协同在联合招商、共建园区和协作平台等方面进行了积极实践探索。

1.形成联合招商的"政府＋市场"协同治理模式

长株潭都市圈由省工信厅和长株潭三市在全国共同举办联合招商推介会，围绕都市圈重大产业链和项目联合推介与招商，提升招商竞争优势和效率。2021年三市在深圳举办了"智能制造、智享未来"湖南先进制造业推介会，联合发布《2021年度长株潭都市圈先进制造业招商引资项目册》和城市形象宣传片，共同发布192个重点项目，涵盖汽车产业链、显示功能器件产业链、工程机械产业链、先进轨道交通装备产业链、先进储能材料产业链等领域，注重工业新兴及优势产业链的延链补链，一次招商会共计签约18个项目，总投资203.7亿元。

2.依托产业发展联盟的市场协同治理模式

南京都市圈联合成立了南京都市圈智能制造发展联盟，在各市的共同推动下，成功举办了世界制造智能大会。依托世界智能制造大会平台及其办会资源，在南京成立长三角智能制造协同创新发展促进中心、落地长三角智能制造协同创新发展联盟秘书处，启动长三角智能制造协同创新网络建设，全面促进世界智能制造大会生态体系建设，构建"全球视野、中国战略、长三角引领"智能制造新格局。杭州都市圈成立数字协作发展联盟。杭州都市圈数字协作发展联盟由杭州市联合浙江省企业信息化促进会，在杭州都市圈合作发展协调会办公室的领导下成立。联盟成立后大力推进了都市圈各城市在数字经济领域的密切协作，基本形成了杭州都市圈产业数字化赋能信息综合服务体系。建立了杭州都市圈跨区域数字产业协作机制，促进数字协作工作的长期化、常态化，推进成员城市数字领域交流合作、资源共享，带动杭州都市圈制造业数字化转型。比如桐乡依托数字协作发展联盟和世界互联网大会资源，积极壮大自身数字经济规模，自首届大会以来，桐乡数字经济企业由355家增加到2021年的2433家，规模以上数字经济核心制造业产值从49亿元增长到164.1亿元。

3.合作共建跨行政区产业园的"政府＋市场"协同治理模式

南京都市圈自2007年以来，逐步合作建成多家跨行政区的产业园区，包含政府与企业、园区与园区等多种合作模式、多种产业类型，如宁滁合作产业园、宁淮现代产业集聚区、南京经济技术开发区涟水工业园、江宁经济技术开发区淮阴工业园、江宁经济技术开发区淮阴工业园等。以宁马产业合作示范园为例，示范园打破地区间行政壁垒，推动规划契合、设施汇合、产业耦合、功能聚合等，实现南京与郑蒲港新区间的优势互补和资源有效配置。截至2021年底，共有105家企业落户园区，总投资超过130亿元。杭州都市圈打造滨富协作区、杭州—海宁新城、杭州—绍兴航空经济综合发展示范区等合作园区。比如海宁发挥地处杭州东大门的区位和交通优势，积极推动"与杭同城、与杭同频"发展。地处海宁西部的长安、许村两镇分别与杭州的下沙、临平交界，与杭州有5条高速公路连接，地铁直达杭州中心城区。便捷的交通联系引导了大批杭州企业转移至两镇。其中长安镇依托融杭优势积极发展战略性高端产业，已初步形成以电子信息、智慧医疗和高端装备制造业为主导产业的工业格局。截至2020年5月，两镇共计承接400家优质杭迁企业，下沙奥特莱斯60%以上的客流来自杭州，杭海国际数字贸易新城、杭州湾智慧医疗产业园、新华三电子信息产业园等重大项目相继建设完成。

4. 发布都市圈产业协同行动清单的协同治理方式

首都都市圈推进制造业扩展转移。2014年7月，北京市政府发布《北京市新增产业的禁止和限制目录（2014年版）》，通过禁止或限制不符合首都城市战略定位的产业发展，限建令对大型的低端产业提出要求。2018年北京迁出市外企业共计780户，其中170家迁往河北，占全部迁出企业的21.8%。长株潭都市圈制定"四清单"推动产业创新协同发展。2020年9月，由株洲市工信局牵头，联合长株潭三市工信、科技、财政、两型服务中心等单位共同发布开放共享创新平台清单、重大关键共性技术联合攻关清单、工业品相互采购清单、新产品示范运营清单"四清单"，其中可开放共享创新平台128家，重大关键共性技术联合攻关45项，可相互采购工业品318种，可示范运营新产品102项。成都都市圈定期发布机会清单，促进项目对接。由成都市政府牵头定期发布成德眉资同城化机会清单，主动为投资者、企业和人才提供参与都市圈产业协作的机会。2020年成都创新创业交易大会上，成德眉资同城化区域发布700条机会清单，占同期发布数量的85%。同时，通过组织产业协作论坛、政企互通对接会、产业市场需求对接会等方式，促进科技成果、企业需求和金融资源对接。

5. 建立都市圈要素交易平台的协同治理方式

2019年《国家发展改革委关于培育发展现代化都市圈的指导意见》发布以来，一些都市圈聚焦人地钱技等关键要素，探索"成本共担、收益分享、绩效联结"的协同机制，创新都市圈人才协同互认、土地交易统筹、金融服务共享、技术成果共用等务实举措，促进了都市圈要素市场一体化进程。以联盟为纽带，深度共享人力资源服务。依托都市圈一体化组织框架，南京都市圈通过建立人力资源协同工作机制、联合招聘及人才服务平台，组建都市圈招聘联盟，搭建网上协同服务平台，用制度固化协同共享机制，提升了都市圈市场化人力资源配置能力。以平台为载体，深度共享土地交易服务。延展中心城市专业化交易平台功能，构建都市圈产权交易网络，提升资源要素配置效率，辐射带动都市圈发展。成都都市圈构建都市圈农村产权交易市场，借力中心城市高端平台走出去，依托中心城市公共资源交易服务中心，实现国有土地交易服务有效集聚。以上市为目标，深度共享投融资咨询服务。立足都市圈省会城市区位优势，发挥省级行政部门协调功能，推动都市圈精准投融资咨询服务共享，促进中小企业对接资本市场能力提升。长株潭都市圈开设都市圈"专精特新"大讲堂，助力中小企业上市知识升级，开展都市圈"专精特新"结对帮扶，助力中小企业上市提速。以协同为主题，深度共享科技成果转移转化服务。充分发挥中心城市的科技创新、策源辐射带动作用，增强创新资源的集聚转化能力，打造都市圈区域创新共同体，是各个都市圈协同发展的重要领域。上海大都市圈反向打造都市圈"科创飞地"，搭建区域性创新服务平台。南京都市圈常态化联合开展知识产权拍卖，促进都市圈科技成果转移转化。

■ 五、营商环境协同逐步推进

营商环境是都市圈协作治理效果的具体体现。当前，我国都市圈营商环境政策不断完善、政务服务水平不断提升、市场环境不断优化。

1. 都市圈营商环境政策不断完善

成都都市圈围绕提升营商环境竞争力，提出共建优质高效的政务环境，共同搭建政务服务一体化平台，精简行政审批事项和环节，扩大政务服务跨市"无差别化"受理事项范围，推动政务数据和信息资源互通共享；共营公平竞争的市场环境，落实全国统一的市场准入负面清单制度，联合开展执法，联合建设仲裁、调解中心，建立跨区域社会信用体系，完善民营企业合法权益保障机制等举措。长株潭都市圈着眼打造全国一流营商环境，提出营造良好就业创业环境，加快消除制约人力资源流动的政策壁垒，推动人力资源、就业岗位信息共享和政策衔接、整合发布；推进社会信用体系一体化，建立健全跨地区、跨部门、跨领域的信用体系建设合作机制，加强信用信息共享和信用评价结果互认；提升政务服务水平，深化"放管服"改革，持续推进"一件事一次办"改革，打造长株潭"证照分离"改革升级版；加强和创新社会治理，建立社会治理大数据平台，推动社会治理数据互联互通，建立健全基层社会治理网络，推广网格化服务管理等举措。

2.都市圈政务服务水平不断提升

持续加大"放管服"改革力度，提升政务服务智慧化水平，在商事登记、工程建设项目审批等领域，推出一系列改革措施，办事效率和便利度明显提升。南京都市圈在南京市区两级（含国家级开发区）政务服务中心、分中心设立"跨省通办"服务专窗（区），提前完成《国务院办公厅关于加快推进政务服务"跨省通办"的指导意见》（国办发〔2020〕35号）列出的140个"跨省通办"事项（根据规定已取消一项，现为139项），比要求的完成节点大幅度提前。其中，宁马"跨省通办"自助办理走在全国前列，2021年11月，宁马两市部分"跨省通办"事项自助办理功能在南京、马鞍山两市政务服务综合自助机上线启用。马鞍山市居民可在南京自助机上办理医保查询、预防接种门诊信息、违章处理点查询等11个事项；南京市民也可在马鞍山市的自助机上，查询公积金缴存信息打印、住房补贴缴存信息打印等13个事项。成都都市圈加快推进政务服务"无差别"受理。2022年，成德眉资同城化综合试验区发布第三批"同城化无差别"受理事项清单，实现高频政务服务事项跨区通办达50%以上，全程网办率达95%以上。同时，共同深入推进"照后减证、多证合一"，推动实施"一照多址"企业开办经营模式，常态化运行成德眉资一体化企业登记绿色通道。推动不动产登记同城化，共同优化纳税服务、用水服务、用电服务、用气服务。

3.都市圈市场环境不断优化

成都都市圈统一实施市场准入负面清单制度，推动"非禁即入"落细落实，切实降低市场准入门槛，维护市场主体合法权益。共同深化工程建设项目审批制度改革，共同深化政府采购制度改革，推进招标投标跨区合作，共同提升跨境贸易便利度，促进民营企业公平参与竞争。同时，推进金融支持同城化，成德眉资四地相继建立了银政通、农贷通、天府信用通、知识产权融资服务、经济金融信息共享等五大平台，在不动产抵押登记、农村金融综合服务、信息共享、创新融资模式等方面取得较大进展。郑州都市圈通过深入推进开放型经济体制改革，"郑开同城、自贸通办"首批255项事项实现跨片区通办，口岸整体通关时间大幅压缩，郑州航空口岸实现7×24小时通关。河南省2020年度营商环境评价中，都市圈城市排名总体靠前，其中，郑州、洛阳、开封、漯河、许昌位列营商环境全省前5位。

4.都市圈开放合作取得积极成效

成都都市圈积极推动对外开放枢纽共享共用，成都国际铁路港与德阳国际铁路物流港签署两港一体化运营合作协议，探索合作共建模式，在德阳国际铁路物流港挂牌"成都中欧班列德阳基地"和"蓉欧+东盟国际班列德阳基地",两港在享受自贸区红利、国际班列共同开行、补贴共享等政策合作方面取得突破。都市圈通过城市间"结联盟"、企业间"结对子"共同推进物流标准化,例如南京、芜湖牵头8个城市成立"环南京都市圈物流标准化联盟",推进都市圈物流降本增效。

■ 六、投融资协作正起步探索

投融资是保障都市圈项目实施的重要支撑。目前,我国都市圈投融资协作已形成省级政府专项支持、基础设施和产业投资股权合作、PPP等模式。

1.省级政府设立都市圈专项资金

省域范围内的都市圈,省级政府对都市圈的支持、引导力度对都市圈发展产生很大的影响。宁夏回族自治区财政厅设立银川都市圈建设奖补资金,2019年底印发实施《银川都市圈建设协同发展实施规划》,对纳入都市圈建设年度工作计划的重大项目给予一次性奖补支持。宁夏回族自治区每年安排10亿元左右奖补资金,支持范围包括交通(不含轨道交通)、水利、能源、生态环保及教育、医疗等公益性、跨行政区划,以及促联通、补短板、强链条、成网络的重大基础设施和公共服务项目。奖补资金通过定额补助和因素法方式分配,分为基础奖补和激励奖补两类。辽宁省发展改革委牵头设立沈阳现代化都市圈产业投资基金,目前已经完成第一期投资10亿元,正在组建第二期基金。遵义都市圈在资金支持方面,贵州省级财政加大对都市圈财力困难县(市、区)的一般性转移支付力度,同等条件下优先争取中央资金、安排省有关资金和基金支持都市圈相关县(市、区)项目建设。

2.基础设施建设探索股权合作

区域合作最常见的领域是交通基础设施(特别是城际轨道交通),最成熟的合作模式是以项目为载体,以股权为纽带,股权设置方式则通过利益相关方进行协商洽谈确定。南京都市圈宁句城际投资运营主体是江苏宁句轨道交通有限公司、注册资本503850万元,其中南京地铁集团有限公司占股58.7%,江苏句容投资集团有限公司占股41.3%,出资比例按线路长度划分。成都都市圈成立成资、成德、成眉三大轨道公司,三家公司的股权结构各不相同。成都为推进东进战略,四川成资轨道交通公司由成都轨道交通集团有限公司100%注资成立,资阳仅承担辖区内的征地拆迁费用,项目资本金和债务均由成都市承担,约为94.1%。四川成眉轨道交通有限公司由眉山市国有资本投资运营集团有限公司和成都轨道交通集团有限公司分别出资54.8%和45.2%；四川成德轨道交通有限公司分别由德阳发展控股集团有限公司成都轨道交通集团有限公司分别出资53%和47%（表3-3）。

不同都市圈城际铁路投资主体股权比例 表3-3

都市圈	城际铁路投资主体	出资比例	合作方式
成都都市圈	成都成资轨道交通公司	成都100%，资阳0	中心城市出资
	四川成眉轨道交通有限公司	眉山54.8%，成都45.2%	两地股权
	四川成德轨道交通有限公司	德阳53%，成都47%	两地股权
南京都市圈	江苏宁句轨道交通有限公司	南京58.7%，句容41.3%	两地股权
	滁州市滁宁城际铁路开发建设有限公司	滁州100%，南京0	周边城市出资
长株潭都市圈	湖南城际铁路有限公司	湖南轨道集团70%，广铁集团30%	省级统筹

资料来源：课题组根据公开信息自制。

3. 多主体协作探索基础设施PPP模式

杭州都市圈采用PPP模式建设杭海城际铁路，由浙江省、海宁市基础设投融资平台联合央企共同出资，主体包括浙江省交通投资集团有限公司、海宁市基础设施投资基金有限公司、海宁市轨道交通投资建设有限公司以及中铁（上海）投资集团有限公司、中国政企合作投资基金股份有限公司等，杭州市并未出资建设（图3-1）。

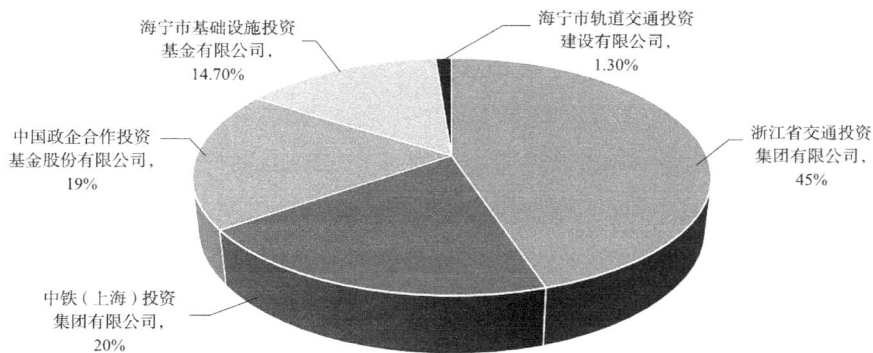

图3-1 杭海城际铁路出资主体和比例

4. 产业投资推进城市联合股权合作

除了基础设施之外，都市圈内产业投融资也是近年来日益增长的领域，有力支撑都市圈产业协作。2019年，长三角成立产业创新股权投资基金，由温州、嘉定、昆山和太仓四地政府共同发起设立，由上海上汽恒旭投资管理有限公司负责管理，基金着眼于先进制造、生物医药、消费、高科技四大领域，重点聚焦装备制造、汽车、新一代信息技术、人工智能等细分行业优质子基金及直投项目，以四地政府出资24亿元为基础募集撬动社会资本集聚长三角，目标规模超100亿元，推动重点产业深度融合，加快形成立足长三角、面向国际的优势产业集群。成都都市圈以四市政府为主体，探索发展投资基金。德阳产投集团和成都重产基金作为主要发起方，共同设立总规模为30亿元的同城化产业协同发展基金，基金将重点投资于跨区域重大产业化项目，以及德阳市装备制造、先进材料、数字经济、通用航空、医药食品等五大核心产业领域。

第四章　都市圈经济发展协同治理面临问题

各地建设都市圈积极性很高，但实际执行中仍面临行政思维固化、协调推进不畅等问题。在当前考核激励机制下，地方政府难以扭转各自为政、本地利益最大化的惯性思维，再加之成本分担和利益分享机制的缺乏，导致产业协作、交通互联等具体举措难以落地。

一、行政分隔导致协作不畅

1.产业同质化问题普遍

由于我国大部分都市圈尚处于培育阶段、发展阶段，地方政府为了追求各自经济效益，产业布局趋同，导致部分都市圈内部产业高度同质化。南京都市圈南京、镇江、扬州三市在传统支柱产业如纺织、石油化工、机械和仪表装备制造等方面高度同构化，产业同质化竞争阻碍了区域产业结构的转型升级。长株潭都市圈三市在工程机械领域都有良好的发展基础，但均各自发展，企业和高等学校和科研机构的联系少，未形成真正意义上的创新网络和产业集群；同时三市分别发力汽车整车制造，长沙有上海大众、株洲有北汽集团、湘潭有吉利汽车，形成强烈的竞争关系。产业同质化发展，一方面，加速产能过剩，阻碍都市圈各城市发挥各自比较优势，另一方面，圈内产业资源分散，难以形成集聚效应，导致产业链稳定性较差。同时，各企业集中生产同一产业链产品，导致了区域内企业相互降价，低水平竞争。

2.要素自由流动不畅

人力资源、科技创新能力和融资服务能力是城市间产业发展的关键因素。人才跨区域共用缺乏可操作途径。由于中心城市和周边中小城市的公共服务质量差距较大，人才资源难以在都市圈内合理流动。如成都都市圈提出要共建统一开放的人力资源市场，但调研发现，周边城市的高端人才要在成都落户却找不到政策依据，其子女无法接受中心城市较好的义务教育，影响了周边城市人才政策的执行效果。要素交易平台跨区域深化拓展缺乏动力。依托中心城市交易平台实现关键资源要素优化配置，是体现都市圈协同效应的有力举措，但由于利益分享难以达成一致，交易平台的业务延伸拓展受到一定程度的抑制。如福州都市圈提出建设技术交易服务中心、海峡水产品交易中心等多个交易平台，但宁德、莆田等都市圈内城市也有同类型的交易平台，服务范围相互排斥。金融服务区域辐射缺乏制度性支持。不少都市圈规划提出建立统一的金融资本市场，但大多集中在科技金融、政府性投资基金等方面。都市圈金融服务一体化程度较低，中心城市以外的其他城市企业融资相对困难。创新能力协同缺乏互通衔接。科技创新能力协同是都市圈中心城市与周边城市联结的关键领域，但从调研来看，创新要素开放不足依然是影响都市圈协同的关键掣肘。如西安都市圈提出大力建设秦创原创新驱动平台，但目前西安科技成果转化大多发生在本市域范围内，咸阳、渭南很难享受到中心城市创新成果转移转化的机会。

3.行政审批互认难

由于地方税收利益问题，商事主体异地迁址变更在实际操作中存在阻力，普遍选择在迁入地重新注册一家企业。具有相应资质的设计、施工企业异地经营仍需要当地主管部门备案，"科技创新券"无法跨县区使用，城乡建设用地增减挂钩节余指标难以跨省统筹，跨省户籍迁移网上审批尚未实现。公积金统筹层次低、异地贷款政策难以推动，大部分审批事项依然无法跨省市互认。

4.互联互通受行政制约

都市圈内的"断头路""宽窄路"是行政分隔最直接体现。如郑州都市圈新建国道107郑州段与许昌段均已建成通车，但是开封市积极性不高导致开封段迟迟未建，全线通车受到影响。郑州许昌之间主要城际干道魏武路在许昌境内为双向10车道，但到郑州境内变为双向4车道。长株潭都市圈长沙与湘潭的基础设施建设也存在"断头路"，都市圈主干道"潇湘大道"在湘潭境内双向六车道早已建成，但长沙境内范围的4公里路段一直未通。深圳都市圈深圳—东莞—惠州城际公交3B线路在试运营首日就遭到深圳—东莞—惠州城际公交3A线路的抵制，接连有四辆车被撞毁，严重威胁乘客安全。城际公交的管理部门不同，深圳市为交通局下属公共交通管理局，东莞市为交通局下属道路运输管理科，惠州市为交通局下属陆路运输管理科，三个部门的职能不同，对于城际公交的管理方式也不同，协调程序繁琐，多次协调无果，历时三年协商，优化调整后的深圳—东莞—惠州城际公交3B线路才顺利进入惠州境内正式运营，大大制约开行效率。

二、部分政策法规不健全

1.财税属地征收与跨城市利益分配难以协调

收支两条线、属地化征收是我国财税体制的重要特征，加之自上而下的考核体制、城镇开发边界约束力不足，这导致城市间利益分配难以协调，而财税分享是城市间利益分享最核心、最关键的领域。目前，除了北京、上海、深圳之外，其他都市圈中心城市大多还处于扩张期，与周边中小城市之间进行利益分享的激励不足。同时，我国的分税制改革主要是中央和省级政府之间，省以下的财政关系一直没有理顺，各地之间的差异非常大，省、市、县、乡镇的财税关系极为复杂，这也是导致都市圈利益共享难以推进的一个重要原因。

2.都市圈交通政策法规不完善

我国针对都市圈交通建设、运营的现有法律法规和政策文件尚不完善。以城际公交为例，当前城际公交开通还面临法律缺失短板。城际公交兼具客运班线与城市公交的特点，客运班线营运的主要法律依据是《中华人民共和国道路运输条例》《道路旅客运输及客运站管理规定》《中华人民共和国道路交通安全法》，城市公交营运的主要法律依据是《城市公共汽车和电车客运管理规定》。上述法律法规并未对城际公交进行明确规定，审批手续、许可获取、核载认定等程序缺失，导致地方政府"无法可依、无章可循"，严重制约了城际公交的可持续发展。如城际公交若按城市公交标准认定核载，乘客站立区每平方米可站立8人，在通行速度较高时，车厢内站立的乘客安全得不到保障；若按客运班线标准认定核载，按照座位数认定核载人数，又使城际公交企业运营成本过高，企业难以可持续运营。

3.都市圈规划缺乏约束力、实施性不强

由于法律法规不完善，都市圈规划编制主体不明确，实施主体缺位。按照都市圈规划的要求，规划实施要求都市圈各成员市县按照各自的权限执行，省级部门负责协调和监督。但事实上，都市圈成员市县在执行规划的时候往往选择对地方有利的内容（如重大项目的落户），搁置或无视对地方"不利"的内容。

三、利益共享协调机制不足

1.产业合作利益分配机制不完善

部分都市圈内产业合作项目或共建园区等因为缺乏健全的成本共担、利益共

享合作机制，导致合作困难。目前各地出台的政策和法律，是以有利于本城市的经济发展为出发点，在招商引资、土地批租、外贸出口、人才流动、技术开发、信息共享等方面存在较大差异，难以实现错位竞争和资源的最优配置，缺乏统一有效的合作规则。例如政府主导的合作园区建设中涉及利益分成、税收分享、GDP统计归属等多方面问题，都需要恰当的合作和分配机制来协调。成都都市圈彭什川穹现代农业产业园区计划通过成都、德阳两市共同创建国家农业产业园区，但由于完善的利益分配机制迟迟没有形成，导致合作园区对共建投入要素的范围、标准和价值认定未达成共识，相应的税收分配比例标准和方式也未确定，导致实质性产业合作难以开展。

2.基础设施投融资机制不健全

我国都市圈交通基础设施的投资以成员城市政府为主体，都市圈层面尚未建立专项基金或统一的基础设施投融资平台，武汉、长株潭都市圈曾经提出过打造统一的基础设施投融资平台，但是由于种种原因并未实现。都市圈交通基础设施项目所需资金需求量大，随着地方政府的财政压力不断增大，以及中央政府严控地方政府债务风险，仅仅依托地方政府财政资金难以实现都市圈交通可持续发展，亟需吸引社会资金进入都市圈交通的投融资渠道。2020年，国家发展改革委印发《关于支持民营企业参与交通基础设施建设发展的实施意见》（发改基础〔2020〕1008号），鼓励激发民营企业活力和创造力，积极参与都市圈交通基础设施建设。但是，都市圈交通基础设施多为公益性质，尚未形成利益共享机制，社会资本参与积极性并不高，都市圈交通基础设施融资难问题未得到有效解决。

■ 四、社会各方有效参与不够

都市圈经济发展协同治理需要调动政府、企业、社会组织和公众等各方面积极性、形成合力，但当前协同治理过程中企业、社会组织和公众参与度不高。以都市圈规划为例，规划参与主体不健全、未充分调动各方积极性。都市圈发展规划的编制和实施对参与主体没有统一要求，目前一般由省发展改革委负责组织编制，其他相关部门和成员城市给予支持配合。规划编制过程中，往往忽略了以企业为代表的市场主体和社会公众的利益诉求，没有充分调动企业、社会组织及公众参与的积极性，造成规划对推动都市圈协同发展作用有限。南京都市圈横跨苏皖两省，包含多个城市在内，其经济效益辐射范围广泛，但规划初期未充分了解都市圈企业转型实际需求，在规划实施阶段出现了南京江北新区企业发展人才资源和社会资源匹配率低的现象，造成规划提供的优势资源不能够很好地被企业利用，制约了规划的推进效果。此外，我国都市圈交通协同治理仍以政府主导为主，相关企业、社会组织、公众及毗邻城市等利益相关者参与环节缺失或不足，缺乏利益相关者知情权、参与权和话语权的保障机制，未能实现相关主体在同一平台平等对话。

五、评估考核反馈机制缺失

1.缺乏规划实施动态评估机制

都市圈规划涉及跨地级市政府乃至跨省级政府之间的关系，也涉及政府和市场的关系，由于主体的多元性和城市发展的复杂性，在规划实施过程中需要对规划实施效果以及规划实施环境的变化进行持续的监测，通过对规划实施时序、步骤、措施进行调整，达到修正规划的目的。目前，大多数都市圈规划实施过程中没有相应的评估和反馈机制，导致都市圈规划无法应对动态变化的都市圈发展过程，无法对都市圈规划的偏差进行调整，造成规划滞后，也难以起到区域统筹协调的作用。

2.缺乏协同实施考核机制

都市圈规划实施过程由一个个区域合作事件组成，区域合作的动机是发展共赢。在地方政府合作过程中，如果合作对一方的经济发展没有益处，既缺乏信任基础，还要付出协调的交易成本和额外的工作，即使有协调机制和政策的存在，对合作预期不占利的一方也不会有合作的积极性。由于经济发展水平、行政等级、财政实力、政策资源等区域发展条件的不一致，都市圈经济发展协同治理中经常会出现都市圈外围城市基于经济发展诉求积极性高、但话语权较低，而都市圈中心城市则因为缺少利益驱动积极性较低的现象，这都是由于都市圈规划实施和协调发展缺乏动态评估机制和对政府的考核机制。

第五章 都市圈经济发展协同治理国际经验

都市圈是城市地域空间形态演化的高级形式，也是大城市发展到一定阶段的必然趋势。发达国家都市圈已进入相对成熟稳定阶段，其建立跨行政区协调机制、通过立法推进规划实施、出台财税金融支持政策等经验值得我国都市圈借鉴。

■ 一、建立跨行政区协调机制

1.建立跨行政区协调机构

都市圈协调机构既包括国家部门以及各地市政府，也包括企业和非政府组织，充分反映都市圈各利益相关方的诉求和意愿，并通过法律法规明确各机构的地位、职权。东京都市圈以中央机构——国土厅下属的大都市圈整备局作为主体，成立首都圈整备委员会，在20世纪50年代开始编制"首都圈整备规划"，先后于1958年、1968年、1976年、1986年、1999年五次修编，统筹协调发展相关问题。兰克福莱茵—美茵区域联合协会由一个十名成员组成的地区委员会管理，协会理事和第一议员均为全职，协会商会是最高决策机构。区域联合协会在城建及土地规划、交通以及公共环保事业开展合作。首尔大都市交通局是首尔都市圈的交通主管机关，是依据地方政府法成立的政府机构，由首尔市、仁川市、京畿等政府联合组建，目的在于加强首尔市及相邻地区交通领域的协调和合作，主要职责是创建以公共交通为核心的大都会交通系统，修改调整交通政策、研究交通需求管理政策等。纽约大都会运输委员会作为区域规划组织（简称MPO），为纽约、长岛和哈德逊河谷下游地区提供协同规划平台，制定区域交通规划，并就规划区域范围内使用联邦交通资金做出决策，大都会运输委员会由9名投票成员和7名顾问成员组成，他们为纽约都市区的交通网络制定计划、目标和共同愿景。

2.成立都市圈公共服务运营企业

纽约、德国等均成立都市圈公共服务运营企业，统一都市圈公共政策、提供统一公共服务。纽约大都会运输署由纽约州议会于1968年成立，负责管理包含纽约市五大区、纽约州12个郡、新泽西州及康涅狄格州部分地区内的交通运输，下辖包括纽约市公共运输局、大都会北方铁路、长岛铁路、斯塔滕岛铁路、桥梁暨隧道管理局以及大都会运输署公共汽车公司。莱茵—美茵公交联运公司（RMV）是法兰克福大都市区唯一的公共交通部门，由环法兰克福区域合作协会（UVF）推动建立，该联运公司集合了三个级别的政府，包括15个县、11个市以及黑森州，董事会包括所有成员政府的代表。RMV制定大都市区的交通政策，并负责规划、投资决定、价格设定以及协调153家公共和私人运营商（地铁、公交、市郊铁路及火车），为大都市区制定统一的、以需求为基础的规则：统一的时刻表、统一的价格和统一的车票。

■ 二、通过立法推进规划实施

1.全方位立法保障规划实施

从20世纪50年代开始，东京都市圈构建权责分明的法律法规体系，日本中央政府构建了以《国土形成规划法》《国土利用计划法》为主干法，其他法律为配套支撑的国土空间规划法律法规体系，保障东京都市圈规划发展。同时，先后制定了《首都圈整备法》等数十项相关法律，并根据实际情况及时修正以更好地应对实践中的挑战。为了保证首都圈建设项目的顺利实施，还制定了多项操作层面的法律，其中包括指导和规范项目建设的《城市规划法》《建筑基准法》《土地基本法》，还包括与上述法律配套的相关法规和技术标准，以及保证首都圈规划实施机构的建立、相关税收和资金政策的法律法规，有力地保障了首都圈规划和建设的严肃性和权威性。在东京都市圈建设发展中，经常出现解决某一问题的"实施性法"优先的情况，即"实施性法"优先适用于现行通用法。

2.规划着眼实施、针对性强

日本都市圈规划内容基于日本面临的主要的矛盾和关注的重点领域进行了研究，使得规划内容更有针对性，也能解决实际需求。日本都市圈规划重点包括了少子高龄化、美丽地域的构建、安全防灾、文化交流和与其他都市圈的联系等。少子高龄化是日本社会的国情，是日本政府担心并高度关注的社会领域；美丽地域的构建是日本社会孜孜不倦追求的愿景；安全防灾也是由日本国情决定的，灾害频发使得规划必须以防灾为基础；文化交流则是社会可持续发展规划理念的重要体现。法国都市圈规划内容以"项目"为核心。法国的都市圈规划不仅以

"项目"为规划重点内容，并且以"项目"为规划程序中的重要环节。"项目"为规划重点内容比较容易理解，因为对于关键性要素的解决是规划的核心所在。根据多个都市圈规划的内容来看，"项目"的着眼点在于社会经济的公平性、社会环境的宜居性、经济环境的可持续性。如里昂都市圈规划确定的"项目"分别是地域综合调查、国际都市节点打造、都市空间可持续发展、都市衰败地区振兴、交通体系构建、绿色空间规划、特定地域部署以及相关政策研究。这种以"项目"为核心的编制过程提高了决策的科学民主性和实施有效度。

三、出台财税金融支持政策

1.出台配套财政金融支持政策

东京都市圈为促进都市圈发展，加速功能疏解规划目标落地，引导工业、教育和部分商务功能设施加速向周边地区转移，采取了一系列财政金融配套政策。如财政转移支付（将中央税收的一部分转换给企业迁入地所属的地方政府）；搬迁企业的所得税减免；新开发地区的政府发行地方债并由中央财政贴息；中央政府通过政策性银行向市场主体定向发放产业转移专项贷款，以表明政府的产业政策，引导市场主体的投资方向；近郊整治地带、城市开发区内的新兴工业园开发还可以享受法定的特别税制优惠；中央政府以项目的形式对地方基础设施进行直接投资，如重点交通设施、港口等，并对一些落后地区的城市发展提供贷款支持。

2.设立都市圈专项基金

国际都市圈通过法律设置都市圈专项基金、形成稳定的资金来源，资金来源包括燃油税、购置税等以及国家、各成员政府的一般财政资金，该基金使用由区域协调机构进行审批。1998年，韩国交通设施特别账户新增大都市交通发展子账户，2003年后，除交通设施特别账户外，韩国构建都市圈发展特别账户，用于促进都市圈发展和相关交通基础设施建设等，一般预算账户也对交通基础设施建设进行一定的转移支付。美国地方政府通过发行市政债券来筹集资金，通过土地购置权、财产税等政策性的优惠来鼓励私人资本参与投资，公共资金来源主要包括联邦和州政府的拨款、政府成员会费、契约费以及基金会和私人部门的捐赠，其中拨付联邦资金一般不超过项目总经费的80%。

四、完善多方参与协调机制

1.各方参与规划编制

日本都市圈包括首都圈、近畿圈和中部圈三大都市圈，每个都市圈规划分别进行了多次修订，规划编制由中央政府的"一手包办"向地方协商转变。通过成立都市圈规划协议会，地方政府、社会团体、企业、居民等均可以参与都市圈规划的方案协商，促进地方政府、市场、公众与中央政府共同编制规划方案。法国巴黎大都市区规划编制阶段允许公众全面参与，公众可以在规划编制的每一个环节提出自己的意见。这种做法不仅可以更好地了解地方实际情况，也有助于规划贴近公众利益，就一些关键问题及早和公众进行沟通、提前协商达成共识。

2.建立丰富多样的交流平台

柏林—勃莱登堡都市圈支持各种类型的公私合作以及区域论坛，通过建立各界广泛参与的非正式区域协作网络，以解决问题、强化交流、凝聚共识和建立信任。例如，在柏林和勃兰登堡州各自举办的"城市/州论坛"、在两州东西南北四个方位交界处的次区域地方政府设立的"邻里论坛"和勃兰登堡州远郊地区的地方"自助发展计划"——这些基于各州、区域或地方层次的非正式区域对话平台吸引了政府、市场、学界和公民等社会各界参与者，共同为区域合作的热点问题提供智力支持，为推动区域整体发展谋求朝野共识。除了各种区域对话论坛之外，柏林和勃兰登堡州还通过组建共同的联合就业办公室、广播电视系统（RBB）、公共交通系统（VBB）和数据统计系统等，建立起区域内互惠合作和共同发展的劳动力市场和基础设施网络，进一步密切了两州之间的区域合作。

五、建立动态评估反馈机制

建立都市圈定期调查评估机制。以都市圈交通基础设施为例，国际都市圈通过定期的交通调查，监测与考评都市圈交通基础设施水平，督促都市圈交通基础设施的推进和交通治理水平的提高。日本自1960年以来，由国土交通省综合政策局公共交通政策部每隔5年组织开展一次首都圈、近畿圈和中京圈的大都市公共交通调查，调查内容包括三大都市圈铁路和巴士运行状况、换乘环节特征、空港公共交通集散情况。通过统一的调查标准、指标，定期发布三大都市圈的公共交通运行状况，建立起三大都市圈之间的竞争性机制，推动都市圈交通一体化发展。

第六章 都市圈经济发展协同治理基本框架

　　我国都市圈经济发展协同治理处于起步阶段，尚未形成完整有效的治理框架。借鉴国际经验，立足我国国情，结合各都市圈的探索经验，基于关键要素影响机理，从治理主体、治理对象、治理模式、治理工具四个维度构建我国都市圈经济发展协同治理的基本框架，并基于此提出把握都市圈培育条件及规划、交通、产业、营商环境、投融资等协同重点任务（图6-1）。

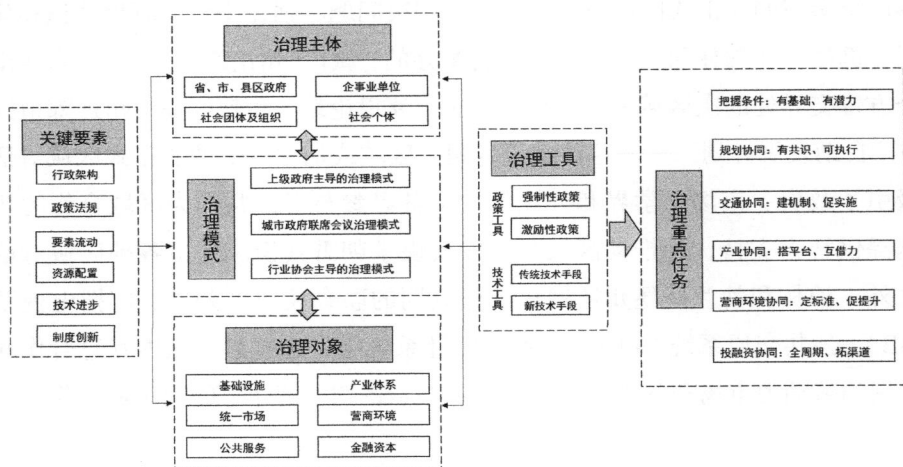

图6-1　都市圈经济发展协同治理基本框架

■ 一、治理主体多元化

　　都市圈经济发展协同治理的主体在治理过程中起着决定性作用。当前，我国都市圈协同治理的主体以省、市政府为主，基层政府和社会各界参与协同治理较少。建议各都市圈结合实际情况，扩大都市圈协同治理主体范围，让基层政府、企事业单位、社会组织和个体公民都参与到都市圈经济发展协同治理过程中，最大程度凝聚共识，高效率推动都市圈发展。

（一）构建职责明确、依法行政的政府治理体系

都市圈经济发展协同治理主要目的就是打破行政辖区壁垒，加强都市圈内部联系，促进要素自由流动、优化资源配置，从而推动都市圈经济高质量发展。各级政府是都市圈经济发展协同治理最重要的治理主体，在协同治理中起着决定性的作用。一是强化省级政府的统筹协调作用。一方面，我国都市圈大多在省级行政辖区范围内，省级政府可以借力行政管理直接推动都市圈同城化进程，降低沟通成本，提升效率；另一方面，省级人大有立法权，通过立法完善省域内都市圈协同治理体系框架。另外，少数跨越省级行政辖区的都市圈，省级政府应强化沟通协调力度调动更多资源用于推动都市圈发展。二是提高地市级政府的协同治理主体地位。我国都市圈最突出的特点就是打破地市级行政辖区的限制，地市级政府是都市圈经济发展协同治理中最关键的参与者，都市圈相关的规划和政策制定大多要与地市级政府沟通协调，都市圈相关设施建设更需要地市级政府大力推动，增强地市级政府在都市圈经济发展协同治理中的主体地位，有利于都市圈同城化发展快速推进。三是发挥县级政府参与协同治理的积极性。县级行政辖区是都市圈的基本单元，县级政府也是我国行政及经济管理权限相对完整的最小单元，在都市圈经济发展协同治理中，县级政府有明确的利益诉求和参与积极性，让县级政府参与协同治理，能够更好推进都市圈同城化进程。

（二）强化企事业单位的协同治理主体作用

企事业单位是都市圈内经济活动的基本单元，是都市圈同城化发展的受益方，将企事业单位纳入都市圈经济发展协同治理主体可以更大范围凝聚共识，更精准地制定规划与政策，更高效地推进都市圈同城化。一是吸纳重点企事业单位参与都市圈相关规划和政策的编制。企事业单位作为经济活动主体，对都市圈的相关规划和政策非常敏感，对现存问题认识也更加深刻，其意见和建议有利于提升都市圈相关规划和政策的科学性、可行性和时效性。二是鼓励企事业单位参与都市圈规划实施与政策推行。一方面，企事业单位必然根据都市圈的规划和政策调整企业发展战略，使其与都市圈发展目标相协调，并发挥其在优化资源配置，促进要素流动方面的先天优势，优化产业链布局，提升产品竞争力，促进都市圈经济发展；另一方面，企业家作为最具创新力、洞察力和领导力的群体，被纳入都市圈协同治理，将会发挥其智力与资源优势，加快都市圈同城化发展进程。

（三）发挥社会组织的沟通协调作用

伴随着政府简政放权和社会经济发展的丰富多元，社会组织机构蓬勃发展。作为沟通政府与民众的桥梁，社会组织机构在都市圈经济发展协同治理中能够发挥重要的沟通协调作用，是协同治理的重要参与方。

1.社会组织具有专业优势，能够提升都市圈协同治理效率

行业协会等专业性的社会组织能够调动相关行业顶尖的专家团队和数据资源，在专业职称评定、执业资格管理、行业标准制定和产品质量认证等方面具有突出优势，能够统筹都市圈内行业人才认定、数据信息发布和产品价格协商，提升都市圈协同治理水平。

2.社会组织具有自愿性、自治性、公益性等特点，能够代表特定群体高效参与协同治理

社会组织是由有着共同属性和利益的个体自愿组织起来的，它代表着组织成员的利益，可以代表特定的群体在都市圈政策制定和利益博弈中合理反映诉求，在不同群体之间进行利益平衡与协商，避免数量庞大而分散的成员无序化表达。

3.社会组织在化解矛盾、推动都市圈相关规划和政策实施方面具有天然优势

社会组织的专业性、自愿性和公益性的特点，更容易获得政府重视和民众信任，在协同治理中能够发挥桥梁和纽带的作用，向政府传递行业领域意见、反映百姓诉求，向民众解读规划政策、弘扬社会正气，有效协助政府处理一些棘手问题，加快都市圈同城化发展。

（四）鼓励公民参与都市圈协同治理

以人民为中心的发展思想是我国治国理政的基本方针，公民参与都市圈经济发展协同治理是政治民主化的重要体现，是提升都市圈治理水平的重要手段，有助于增进政府与民众的互信，消除都市圈规划和政策实施的障碍。

1.提高公民参与都市圈协同治理的积极性

培育公民意识，让民众认识到都市圈协同治理关系到个人的切身利益，在都市圈相关规划和政策制定与实施过程中广泛听取民众意见，并对积极参与的公民进行物质和精神上的适度奖励，激发公民的参与热情。

2.拓宽公民参与都市圈协同治理的渠道

创新体制机制，让公民参与都市圈协同治理有法可依有章可循；通过调查问卷、座谈访谈、网络媒体等多种方式增加民众参与协同治理的途径。

3.增强公民参与都市圈协同治理的能力

转变思想，培育公民参与都市圈协同治理的意识；加大教育投入，提升公民知识水平与文化素养；加强宣传，让民众熟悉参与都市圈协同治理的政策、程序和步骤。

二、治理对象条理化

都市圈经济发展协同治理的对象是指需要治理主体通过沟通协商解决都市圈同城化发展面临的问题，实现既定的发展目标。协同治理对象既包括交通、生态、公共服务等基础设施建设问题，也包括产业、科创、投融资等政策制定问题，还包括体制机制创新和营商环境塑造等问题。根据不同治理对象的特征，进行系统梳理和分类研究，是构建都市圈经济发展协同治理基本框架的必然要求。

（一）优先解决促进都市圈互利共赢的问题

都市圈同城化发展面临的问题错综复杂，其中有些问题解决对都市圈协同治理的大多数参与主体都有好处，容易达成共识，推进成效显著，有益于都市圈协同治理基本框架的构建，这些问题在都市圈经济发展协同治理中需要优先解决。

1.大力推进交通基础设施互联互通

交通互联互通是都市圈同城化的先手棋和着力点，交通通畅才能促进产业、人员等要素流动，从而进一步推动都市圈融合发展。另外，交通互联互通能够让都市圈的参与主体利益均沾，容易达成共识。

2.加快推进生态、旅游、公共服务等设施的共建共享

都市圈共建共享各类公共设施，不仅可以降低地方投资，避免重复建设，还能够提升设施利用效率，减轻财务和运营压力，对都市圈各参与主体利大于弊，容易达成共识。

3.积极推动都市圈产品与服务标准统一

统一标准有利于人才、资源和产品的自由流动，有利于简化服务程序，提升服务效率，有利于都市圈内部的分工协作与统筹管理，有利于企事业单位、社会组织和公众的发展，也有利于各地政府之间的沟通协调，容易在各利益主体之间达成共识，应该予以优先推动。

（二）着力解决都市圈内部利益冲突的问题

都市圈经济发展协同治理的主体之间并非在所有的问题上都能达成互利共赢的结果，一些问题的解决虽然能够提升都市圈整体的利益，却让部分参与主体的利益受损，还有一些问题的解决虽然符合都市圈的长远利益，但可能让眼前利益受到影响，这些棘手的问题得到妥善解决才能够保证都市圈健康可持续发展。一是立足都市圈各地优势，根据产业发展规律优化产业布局。产业是经济发展的根本，也是各个地区争夺的重点，但产业发展有其自身规律，各地也有各自的优势与劣势，产业布局只有遵循规律并与地区优势相结合才能具有更强竞争力。都市圈协同治理参与主体需要具有战略意识和全局意识，重点发展与本地优势条件结合好的产业，在都市圈内形成优势互补的产业分工，打造韧性强的产业链条和充满竞争力的产业集群，避免无序竞争和低效重复建设。二是从都市圈整体长远利益出发，布局重大科研设施。重大科学装置和科研院所是提升都市圈竞争力最重要的资源，一方面，需要都市圈各参与主体团结一致争取重大科学装置和科研院所落户都市圈；另一方面，需要各参与主体能够通过协商共享引入重大科研机构产生的外部效益。三是按照各地市经济水平和受益程度分担生态保护与修复、都市圈公共交通等公益性设施建设与运营费用。

■ 三、治理模式特色化

都市圈的协同治理模式需要根据都市圈的构成特点、发展阶段等因素综合选择，不存在放之四海而皆准的协同治理模式。参考国际都市圈经济发展协同治理的经验，结合我国社会治理的框架体系，根据不同都市圈的特色与问题，研究适用不同都市圈的协同治理模式，为都市圈经济发展协同治理提供理论支撑和实践引领。

（一）上级政府主导的协同治理模式

由都市圈所在区域的上级政府成立专门的都市圈协同治理机构、建立协同治理机制，下级政府、企事业单位、社会组织及公民通过多种方式参与其中，共同协商制定都市圈相关的规划、政策和发展目标，并研究制定相应的实施机制和保障体系，实现都市圈整体利益最大化。

上级政府主导的协同治理模式不突破现有的行政体制框架，能够利用上级政府的权威性促进各参与主体达成一致行动，减少协调难度，避免地方政府恶性竞争和重复建设；另外，上级政府主导的协同治理模式还有利于提升上级政府对都市圈的支持力度，帮助都市圈从省、国家和国际上争取更多优质发展资源。该模式由于强化上级政府的权威性，必然导致地方政府和企事业单位等其他参与主体的意愿难以得到充分尊重，在凝聚共识、调动各参与主体的积极性方面存在欠缺。

上级政府主导的协同治理模式适用于都市圈各利益主体之间的沟通协调机制尚不健全，或存在一家独大的利益主体导致难以形成公平公正的协商机制等情况。我国中西部省份的都市圈经济发展协同治理大多适合采用这一模式，如成都都市圈、西安都市圈等。

（二）城市政府联席会议协同治理模式

由构成都市圈的各城市政府通过协商成立联席会议制度，通过联席解决都市圈相关各种问题，如日本东京的"九都县市首脑会议"、法国的"市政联合体"、美国的"地方政府协会"等。我国都市圈城市联席会议制度大多采用"决策层+协调层+执行层"三级运作模式。由各市主要领导组建决策层，定期召开联席会议，共同协商解决都市圈重大问题；由各市综合部门组建协调层，落实决策层制度的重要决议，制定实施方案、工作重点和实施计划，细化目标任务，制定配套政策措施；由各市的专业部门组建执行层，在各自的专业领域落实协调层制定的工作任务，协商解决执行层面的问题，并向协调层和决策层反馈实施中的困难与问题。

城市政府联席会议主导协同治理模式的优点在于不需要上级政府授权，方式灵活多样，能够调动各城市政府的积极性，制定的措施与政策更贴近都市圈的实际发展需要。该模式对于一些矛盾较大、较敏感的问题难以达成共识，影响效率；另外，企事业单位、社会组织及公民等主体参与度不高，凝聚的力量有限。

城市政府联席会议主导的协同治理模式适用于城市间联系紧密，市场经济发达，协商机制相对成熟的都市圈，以及跨越省级行政辖区的都市圈。我国的南京都市圈、杭州都市圈、长株潭都市圈等都采用了城市联席会议主导的协同治理模式。

（三）行业协会主导的协同治理模式

由政府或法律授权给都市圈内的行业协会或专业组织（专业委员会），在某一专业领域进行统筹协调，制定规则并监督实施。专业委员会主导的协同治理模式往往局限在某些行业或专业领域，参与主体需要一定的专业知识和技术积累。

专业委员会主导的协同治理模式机制灵活、专业性强、效率高，能够吸收政府、企事业单位等参与主体的意见建议，更大程度凝聚共识。另外，专业委员会不需要政府财政支持，能够降低管理成本，并调动社会机构参与的积极性。该模式的缺点在于协同治理的范围和力度有限，且缺少强制执行力。

专业委员会主导的协同治理模式适用于都市圈发展早期，仅在部分专业领域需要协同治理的情况；另外，专业委员会主导的协同治理模式常常作为前两种协同治理模式的必要补充，以改善政府主导协同治理模式吸收社会各界意见不充分、其他主体参与积极性不高的问题。

本次研究提出的三种协同治理模式，是都市圈经济发展协同治理过程中比较常见，适应性比较好的模式。现实中的都市圈经济发展协同治理情况要更加复杂，常常在一个都市圈中同时出现两种或三种治理模式的混合使用。另外，都市圈协同治理还存在其他不适合我国国情的模式，如英国的成立区域联合政府模式、调整行政区划模式等，在本次研究中没有分析探讨。

■ 四、治理工具现代化

"工欲善其事，必先利其器。"利用好现代化的治理工具，能够让都市圈经济发展协同治理取得事半功倍的效果。协同治理工具主要包括政策工具和技术工具两大类，综合利用两种协同治理工具，并不断提升治理工具的技术含量，是改善都市圈经济发展协同治理水平的重要举措。

（一）增强政策工具的科学性

政策工具是都市圈经济发展协同治理中最常用的工具，可分为强制性政策和激励性政策。政策工具运用得当，能够激发参与主体的积极性，提升都市圈协同治理效率，加快都市圈同城化发展。制定科学可行的协同发展政策是都市圈协同治理的关键。

1.加强对政策的理论研究和实践探索

都市圈政策制定需要遵循都市圈发展规律，符合协同治理的相关理论，与都市圈的特征、问题及发展目标相结合，提升政策的科学性可行性。

2.优化政策制定程序，减轻实施阻力

政策出台需要符合相关程序性要求，体现各参与主体的利益，满足现行的法律规范，保障政策的合法合规性。

3.因地制宜灵活推进政策实施

各地政府和利益团体可以结合自身实际情况，选择适当的设施部门、实施策略和实施步骤，加快推进政策实施。

（二）加大技术工具的研发和应用

随着互联网、大数据等新技术的广泛应用，都市圈经济发展协同治理的技术工具也得到不断扩充和完善。创造条件将先进的科技产品和管理模式应用到都市圈协同治理中，可以大幅提升治理效率，降低治理难度，促进都市圈高质量发展。

1.加快人工智能、大数据、云计算等现代科技在都市圈经济发展协同治理中的应用

创新技术手段，加强研发力度，将大数据、人工智能等新科技应用到都市圈协同治理过程中，能够简化协同治理流程，创新协同治理思路，降低信息传递成本，扩大参与主体数量，拓宽参与渠道，大幅提升协同治理效率。

2.改革都市圈协同治理体制，统一各种数据接口，适应新技术应用的需要

把握住科技革命带来的思想观念转变，积极拥抱新技术，加强工作人员的技术培训，创新传统协同治理中有碍新技术应用的制度规则、工作模式和数据处理方式，统一都市圈的治理平台和数据接口，让新技术能够在都市圈经济发展协同治理中发挥更大作用。

第七章 都市圈经济发展协同治理对策建议

培育发展现代化都市圈是完善城镇化空间布局的重大举措。当前，都市圈规划建设总体刚起步。建议借鉴主要发达国家经验，准确把握都市圈内涵及培育条件，因地制宜、突出效率、提升品质、加强协同，更好推进现代化都市圈培育发展。

一、准确把握都市圈内涵及培育条件

都市圈是区域空间发展的高级形式，是大城市发展到一定阶段后，与周边市县密切互动进而呈现出的城镇化空间形态。培育发展现代化都市圈要以促进中心城市与周边城市（镇）同城化发展为方向，以中心城市带动周边市县共同发展为重点。发挥中心城市辐射带动作用，通过建立健全都市圈协同机制，加快基础设施向周边延伸、要素资源向周边流动、功能产业向周边疏解、公共服务向周边覆盖，更好带动周边市县发展，促进大中小城市和小城镇协调发展。

从城镇化发展规律看，都市圈主要集中在经济发展优势区域，需要充分考虑发展基础和发展潜力。当前，重点是依托超大特大城市及辐射带动能力强的大城市（包括7个超大城市、14个特大城市、14个Ⅰ型大城市），有序培育发展都市圈。

二、都市圈规划协同对策建议

通过国内外规划实践经验可以看出，规划的编制和实施过程应当是建立都市圈内所有参与者互信和共识的过程，规划的内容应体现当地共谋协调事项和合作的方向，建立"有共识、能约束、可参与、可操作、可评估"的都市圈规划体系，有效的实施是促进都市圈经济发展协同治理的关键。

（一）建立高位统筹的规划编制协调机制

都市圈规划编制应结合"自上而下"管理与"自下而上"诉求，充分征求所有参与主体的意见，促进参与主体的认知统一，保障规划更加贴近实际诉求。一是规划协调机构坚强有力。规划编制过程中公众或部分地区自身的发展诉求与都市圈的整体利益产生冲突时，协调机构必须能够坚持高瞻远瞩的规划政策，以都市圈整体利益为出发点，通过制定合理的规划协调各主体的"利益"，形成统一的认知。二是建立都市圈规划编制专门机构。应单独设立都市圈规划编制机构，由省发展改革委主管部门负责人及成员市县负责人组成，并设立专家咨询委员会，都市圈规划编制机构应被赋予相对独立的建议权、决策权、实施权和监督权，避免编制主体与行政主体重合，造成规划内容"有失偏颇"。

（二）确定都市圈规划法定地位及编制实施程序

国家层面研究制定都市圈规划相关法律法规，或在省域范围内制定地方性法规，明确都市圈规划编制、实施的主体及其职责，有效保障都市圈规划的连续性、稳定性和约束性。一是依法明确规划编制主体。明确都市圈规划编制主体，并赋予编制主体相应的权力和职责，防止发生因规划主体多元化，责任人不明确，而导致规划随着主要领导行政地位和发展思路的变化而随意变化。二是依法公开规划编制和参与程序。都市圈规划应公开评审过程，特别是依法保证广大民众对规划的知情权和参与权，推动规划公开、透明。三是依法明确实施主体。明确实施主体相应的义务和权责，确保都市圈规划编制完成后能有效落实。

（三）完善多元主体参与的都市圈规划编制方法

规划的公众参与不应仅限于规划编制完成后的民意调查，而应进入到规划编制阶段、规划实施阶段，更有利于调动多方力量，实现都市圈经济发展的协同治理。一是在规划编制前期阶段建立公众参与机制。鼓励都市圈内其他市县，以及大型企业和各类社会公众团体代表，如重大项目的利益相关人、社区代表、行业代表等，从维护自身利益或者部分地区利益的角度对规划编制提出建议，在规划前期阶段充分了解地区经济发展诉求，协调可能存在的冲突。二是规划实施阶段建立市场参与机制。探索社会资本参与都市圈建设与运营模式，建设都市圈规划建设项目基金，由政府和社会资本共同注入资金，依托"项目"进行投资建设，按照出资比例和权责进行利益分配。

（四）强化都市圈规划内容的针对性和可实施性

一是规划内容要有针对性。都市圈规划不能试图解决各区域发展的所有问题，规划内容应针对都市圈的实际特点，从都市圈整体出发，以亟需解决的重大问题为对象，实事求是地提出解决问题的方法和方案，保证规划的可操作性和现实指导作用。二是规划内容要以"项目"为载体。规划内容应以"项目"为核心载体，提高规划实施的有效性。"项目"的着眼点在于都市圈经济发展的协同性、环境设施的一体化、民生幸福的可持续性、体制建设的创新性。规划编制时期由参与主体共同协商，列出"项目"清单以及"项目"实施的优先等级，"项目"成为参与主体协商的平台以及实施的对象。

（五）建立健全都市圈规划考核评估机制

适时对规划实施进行评估和修订，持续动态跟踪工作进展，定期发布评价报告，并从规划内容有效性的角度对都市圈规划内容设置进行反思和调整，总结推广成功经验和典型做法，对规划实施的偏差进行及时修正。一是建立针对都市圈发展目标的考核体系。按总指标—分级指标—基本指标三个层级构建评估指标体系，通过经济发展、环境设施、民生幸福、体制建设等多个方面反映都市圈的经济增长、区域协同和体制创新，综合反映都市圈的实效状况；分级指标应具有稳定性与普适性，重点反映某个领域的实效状况，把握都市圈规划建设核心领域的状态和关系；基本指标应体现评估领域的特征，准确反映都市圈具体方面的实效状况。二是对都市圈设定分级目标。设定"经济增长""区域协同"和"体制创新"三个主要目标，综合反映都市圈的发展变化及一体化程度，并设定区域、市、县的分级目标，对目标达成或超过的市县以利益倾斜（政策、资金等）的形式进行奖励，提高各成员参与都市圈规划实施的积极性。三是建立都市圈动态评估机制。构建"编制—审批—实施—评估—监督—修改"全过程的规划动态实施评估体系，从考核目标进行定性和定量评估，运用大数据对都市圈发展指标进行定量分析，确保核心数据的连续性。

▄ 三、都市圈交通协同对策建议

（一）突出效率，夯实1小时通勤圈硬件基础

一是尽快打通制约都市圈1小时通勤圈建设的关键瓶颈。抓紧实施"断头

路"畅通工程和"瓶颈路"拓宽工程，提升都市圈路网联通程度，畅通交界地区公路联系。二是加快制定轨道交通关键领域建设标准。明确都市圈轨道交通服务范围、客流强度、服务水平等具体指标，为1小时通勤圈建设提供科学依据。三是推动重点换乘枢纽建设。设置专项资金，制定奖补办法，加快推动都市圈综合客运枢纽新建、改造。

（二）强化吸引力，完善1小时通勤圈软件环境

一是提高一体化服务水平。促进铁路与城市轨道交通的票制票价互通、安检互信。鼓励采用同站台换乘、无缝衔接等提高换乘效率。在外围地区推广P+R停车换乘模式。二是利用信息化、智能化赋能提质。打通不同部门间、运输方式间信息壁垒，提高智慧化管理水平，确保都市圈"门到门"全程便捷顺畅高效。三是加大财税政策对公共交通通勤的支持。由中心城市政府牵头，提高财政补贴力度，加快打造重点客流走廊，吸引培育客流。选择京津冀地区的北京和雄安新区作为试点，探索率先将两地间通勤员工交通费纳入驻地企业增值税抵扣项，或纳入通勤人员个人所得税专项附加扣除。四是鼓励运输企业出台优惠措施。支持采用阶梯票价等办法，降低常旅客长距离通勤出行成本。鼓励定向发放绿色积分、消费券，吸引人们选用公共交通或者慢行交通。

（三）提升品质，促进通勤群体多元化

一是打造品质、体面的通勤。做好都市圈通勤需求摸底工作，研究开通点到点的定制班列、定制班车或分时段设立班车专用道。部分轨道线路可以研究开行直达列车、大站快车，或设立高等级专用座席。二是创造适宜通勤的愉悦微空间。加强交通与公共活动、消费空间整合，让人们乐于出行、享受出行。加大对老年人、女性等弱势群体关怀，试点设立分时段专用车厢。三是引导更多就业群体加入通勤圈。优化都市圈功能空间布局，支持在外围打造高端产业平台，促进都市圈内外循环流动，引导通勤群体迈向中高端化。

（四）加强协同，提升1小时通勤圈治理水平

一是完善都市圈交通相关政策法规。建议从国家到地方，逐步完善都市圈交通相关法律法规和政策文件，调整和修改关于城际公交等不符合都市圈实际的有关内容，清理取缔非必要、不利于人员往来的地域歧视性政策，为通勤便利化创造条件。二是成立都市圈交通协调机构。建议由省级政府支持，中心城市牵头，

各成员城市参加，成立都市圈交通协调机构，针对重要交通基础设施项目，研究出台统一规划、建设、管理、运维办法。三是建立都市圈交通投融资平台。鼓励都市圈共同组建跨区域重大基础设施的统一投融资平台，优先为都市圈交通基础设施建设、维修提供资金，促进都市圈重大基础设施同步协同建设。通过相关法律法规等确保投融资平台形成稳定的资金来源。四是提高1小时通勤圈协同发展水平。围绕交通设施建设，匹配好沿线产业功能，推动通勤圈呈梯度发展。空间布局上，既要讲究均衡性，也要突出重点廊道。五是开展通勤圈跟踪监测评估工作。建立通勤圈定期数据统计、发布机制，加强对通勤客流方向、规模、结构的常态化监测，建立试点示范机制。

■ 四、都市圈产业协同对策建议

（一）科学编制都市圈产业规划

（1）明确都市圈产业发展方向。从都市圈总体发展目标和协调各城市经济发展水平与发展诉求出发，统筹各城市发展战略和重大行动计划，依托各城市发展基础和资源比较优势，明确城市产业功能定位，制定产业发展清单、转移清单、共建产业链、创新链清单等，为都市圈产业发展明确方向。按产业发展规律推进制造业梯度转移，形成由中心向外依次按照产业附加值由高到低圈层式布局。在中心城区（0～30公里半径圈）附近主要布局电子及通信设备制造、计算机及办公设备制造、医疗仪器设备及仪器仪表制造、航空航天器及设备制造等先进制造业；中心城区第二圈层（30～50公里半径圈）主要布局满足中心城区生产生活需要的印刷、服装制造、食品加工、家具等都市型工业，服务中心城区巨大的消费市场；中心城区第三圈层（50～80公里半径圈）布局传统的大规模加工制造、组装、集成等制造环节。

（2）科学引导产业空间布局。对于培育型都市圈，在促进中心城市集聚产业要素的同时要引导外围城市坚守产业发展定位，发挥自身比较优势围绕中心城市产业发展从产业链环节融入；对于成长型都市圈，从做强都市圈核心竞争力出发，要引导高附加值的高科技产业、现代服务业向中心城市布局，低附加值制造业及配套服务业向外围城市转移，形成中心集聚与向外围转移的产业梯度发展格局。对于成熟型都市圈，要促进外围城市加快产业转型升级，提升中心城市在金融、创新、现代生产性服务业等方面的影响力，推动都市圈形成产业垂直化分工协调发展网络体系。

（二）促进都市圈要素市场一体化

（1）要促进产业协作要素协调配置。梳理与都市圈产业协作相关的人才、资金和科技创新转化政策，制定跨行政区产业发展支持政策，统筹引进人才认定标准、经费补贴和福利待遇标准，协同科技成果转化资金支持和奖励标准以及政府产业引导基金使用范围、行业类型、标准等，切实将同城优势转化为都市圈高质量发展的动能。

（2）统筹产业协作项目用地保障。抓住当前市县级国土空间规划编制调整的关键时期，各市在本行政辖区范围内产业发展规划与国土空间规划衔接的基础上，还要对交界地带、共建园区等平台的用地规模、空间位置、用途管理方式等内容与国土空间规划进行对接，预留好发展空间。可考虑共同制定统一的用地规则和要求，统筹用地管理方式，支持交界地带和共建项目用地需求，增强产业协作项目用地保障。

（三）构建都市圈产业协作平台

（1）成立都市圈主导产业发展联盟。借鉴南京都市圈、杭州都市圈产业发展联盟的经验，明确都市圈主要产业方向，由政府组织，成立由企业家、代表企业、研究机构、专家团队等主体参与的产业发展联盟，聚焦原材料、供应商、展销、创新、人才、技术合作、招商、品牌等环节，联合举办产业推介活动、发布产业动态，加强主导产业在都市圈各城市之间的紧密联系和协同发展，以产业发展联盟推动共建产业链，培育形成产业生态圈，加快壮大产业规模和提升产业竞争力。

（2）搭建产业协同发展平台。联合设立都市圈产业发展基金，以转移支付、直接投资、帮助融资等方式为重点产业领域、重大产业项目提供有力支持。依托产业基金加大争取项目资金工作力度，用足用好地方政府债券政策，创新投融资模式。整合都市圈各类要素资源交易平台，统一异地市场准入制度与考核标准，打造集土地使用权、排污权、碳排放权、用水权、用能权、产权、技术、人才、资金等数据信息于一体的综合性管理平台，在数据集成基础上设立多个专业特色子平台，推动要素资源跨区统一管理、配置和交易。比如，打造科技资源共享及技术交易市场一体化平台，建设跨区域知识产权交易大数据中心，提高都市圈科技研发水平和科技成果转化质量；建立"共享用工""周末人才"等供需平台，通过柔性引才引智方式满足都市圈各类企业在解决个性难题上的人才需求等。

（3）共建产业园区。通过政府＋政府、政府＋企业、企业＋企业等模式组建园区开发平台，重点在临界地区、交通廊道沿线地区、产业协同发展基础良好地区合作共建产业园区或者飞地园区，以园区为载体，提升边缘地区承接中心城市产业转移能力，促进中心城市功能纾解和产业转型升级等。

（四）健全都市圈产业协同利益共享机制

通过税制改革，建立GDP分计、税收分享制度等健全都市圈产业协同发展利益共享分配机制，缓解都市圈内部的税源竞争，打造区域利益共同体，强化都市圈产业协同发展的内生动力。明确"总部＋基地""研发＋转化""终端产品＋协作配套"等不同模式，以及共建园区、飞地经济、产业迁移等不同合作形式的利益分配机制，以各方承担的责任和投入情况，以及产业分工和产品价值点为依据，明确税收征收方式、分成基数、比例标准和分配方式，确保项目投入收益自平衡，激发地方推进产业协作积极性。以跨界一体化示范区为突破口，先行试点财税共享政策，探索构建要素自由流动合作治理机制，形成"招商圈内落地""成果圈内共享""产业圈内补链""项目圈内推进"的新态势。

（五）建立健全都市圈科技创新服务体系

（1）构建一体化科技成果转移转化服务体系。依托统一的技术交易市场，不断完善科技成果信息发布、转移、转让、授权服务体系。鼓励高校、科研机构建立专业化技术转移机构，多渠道培养技术转移经理人，提高技术转移专业服务能力。定期举办创新创业大赛、科技成果拍卖会等活动，加速科技成果产业化、项目化。

（2）创新科技金融服务模式。探索建立都市圈跨行政区域联合授信机制，推动信贷资源统筹配置。鼓励联合设立科技创新引导基金，引导各类金融机构开发适合科技企业的金融产品，积极开展天使投资、知识产权质押、科技贷款、科技保险等，为创新型企业提供全生命周期科技金融服务。加快区域性股权交易市场建设，提高直接融资比重。

（六）实施产业协同动态评估与考核机制

（1）建立动态评估机制。重点围绕重点产业项目的推进、产业协同发展平台的搭建、产业联盟的运作、产业要素资源的配置等，开展定期工作会议和不定期督查，对在推进过程中落实不力的单位和负责人员予以通报批评、追责问责，提升产业协同发展的动力。建立合作协议和项目执行的实施监测评估制度，及时发现问题，改进措施方法，确保产业协作工作有序推进。

（2）推动都市圈城市政绩联合考核。进一步细化产业协同发展考评指标，适当减少对单个成员经济社会发展指标的考评，增加对都市圈整体技术创新、产业升级、产业平台、要素配置、园区共建、产业联盟等指标的考评。同时，根据各地区在都市圈发展中的角色定位和功能分工，差别化地设置指标及其权重。对于中心城市，加强对新兴产业发展、技术创新等方面的考评，以充分体现其在都市圈发展过程中的技术和产业引领功能。而对于周边中小城市，则加强在农业发展、传统产业升级等方面的考评，以更好地体现中小城市所扮演的初级产品生产和制造加工基地等角色。

■ 五、都市圈营商环境协同对策建议

（一）推动服务平台建设，营造公平竞争的市场体系

（1）建立健全都市圈信用承诺制度。在试点开展证明事项告知承诺制、企业投资项目信用承诺制的基础上，大力推行审批替代型、主动公示型、行业自律型、信用修复型等信用承诺事项在都市圈应用，加快梳理、编制都市圈信用承诺制事项清单，制定覆盖各领域规范的信用承诺书及相关标准。

（2）建立完善都市圈营商环境服务平台。建立都市圈市场主体维权服务平台，加强对市场主体的指导和服务，依法反映行业诉求，共同维护公平竞争的市场环境。构建都市圈营商环境交流平台，搭建都市圈政商交流渠道，通过面对面沟通、"零距离"交流，了解企业发展中存在的实际困难和问题。搭建科技创新服务平台，加快构建众创空间、孵化器等科技创新载体，促进科技创新发展，提高科技成果转化效率。

（二）推动体制机制创新，提升政务协同服务水平

（1）加速构建都市圈协同监管机制。加快推动适合都市圈发展、明确各城市职责的法律监管体系。协同开展营商环境领域违法案件调查处理，推动建立共商、共建、共享的多元化纠纷解决机制，共同建立沟通协调、预警处理、信息共享机制。

（2）强化都市圈监管执法协同。建立健全都市圈联合执法机制，推动各城市、各部门、各层级之间执法联动响应和执法协作，实现各城市、各部门之间执法优势互补、信息互联互通。构建都市圈司法协作交流机制，实现举措共商、资

源共享、优势互补、发展互助，重点推进跨区域专利行政执法协作机制建设，共同打击和遏制知识产权侵权行为。

（3）探索多元监管服务模式。深入实施数字监管、"互联网＋监管"、"双随机、一公开"监管。加快建立都市圈统一的数字监管平台，推进监管、执法、信用系统互联互通。营造包容审慎监管环境，探索应用"沙盒监管"、触发式监管等新机制，推行柔性监管方式，建立轻微违法行为免罚清单和一般违法失信积累关注机制，给予市场主体成长"容错""试错"空间。

（三）推动数据共享，营造高效便捷服务体系

（1）搭建都市圈政务服务"一网通办"服务平台。持续提升都市圈政务服务协同发展水平和能力，推动多领域、多部门、各城市服务事项"同事同标"，推动高频涉企便民服务事项异地通办，编制出台事项清单。大力推进"互联网＋政务"服务，开设都市圈办理专窗，探索建立都市圈一体化企业登记绿色通道。

（2）推动都市圈智慧化应用协同。推动政务信息化共建共用，强化政务信息系统集约建设、整合优化和互联互通，推进跨层级、跨地域、跨系统、跨部门、跨业务管理和服务精准高效协同。充分发挥省大数据中心作用，搭建都市圈一体化在线政务服务平台和一体化在线监管平台。建立跨部门、跨领域、跨地域的联动信用机制，加强信用信息归集、共享、公开和应用，促进失信行为标准互认，完善失信主体名单制度和信用修复管理，推进区域社会信用体系建设协调发展，打造诚信都市圈。

（3）建立跨区域信息共享机制。打破行政边界，推进跨区域数据信息共享，探索建立跨行政区域、跨部门的政府数据资源统筹管理制度，探索形成以应用为导向的跨区域数据交换机制。积极推进区域数据标准化体系及法人库等跨域数据标准建设，通过持续释放数据的流动性，为推进跨省域数据的共享共用提供基础。

■ 六、都市圈投融资协同对策建议

（一）探索都市圈财税分享实施路径

（1）加快省以下财政体制改革，界定省以下财政事权和支出责任，理顺省以下政府间收支关系和调整机制。选择较小的空间单元作为试点，比如都市圈毗邻地区，成德眉资同城化综合试验区、湘江新区九华片区、长三角一体化示范区等。

（2）分类施策，探索增量、存量税收分成机制。从税收增量部分入手，对新

设企业形成的税收增量属地方收入的部分在项目流转地和项目受让地之间进行分享。对存量项目在区域内转移的，比如企业迁建、总部搬迁等，实行定期基数返还、增量分成的财税利益共享模式。

（3）对园区共建、飞地经济、项目合作、招商引资异地流转等新建的跨区域合作项目，通过权责比例、确定财税利益分享比例。从个人所得税的征管和分享入手，逐步实现个人所得税向居住地倾斜、工作地与居住地合理分享。

（二）推进都市圈资本要素市场化配置改革

优先选择改革需求迫切、工作基础较好、发展潜力较大的都市圈，开展要素市场化配置综合改革试点，力争在要素市场化配置关键环节上实现突破。一是依托全国金融及信用平台，推进都市圈金融服务。依托全国信用信息共享平台，充分发挥征信平台和征信机构作用，建立都市圈公共信用信息同金融信息共享整合机制。用好供应链票据平台、动产融资统一登记公示系统、应收账款融资服务平台等公共平台，鼓励金融机构开发与都市圈中小微企业需求相匹配的信用产品。二是积极探索区域性股权市场服务都市圈市场主体能力，推进都市圈内企业特别是中小微企业股权交易和融资，鼓励科技创新和激活民间资本，加强对实体经济薄弱环节，探索都市圈区域性股权市场和全国性证券市场板块间合作衔接的机制。三是健全和统一交易鉴证、服务标准、交易监管、诚信建设等体制机制，逐步形成税费一致、服务融合、统一集成的都市圈要素交易体系。

（三）创新都市圈融资方式拓宽融资渠道

一是改革商业银行授权授信管理制度，探索以都市圈为考核单元，打破属地化原则，对都市圈内同一商业银行进行统一授信，增强金融服务都市圈中小城市能力。根据产业集群发展特征，发展都市圈供应链金融，推动区域创新链与产业链深度融合。二是推动省级政府有关政府投资基金、地方政府专项债券向都市圈倾斜。鼓励以都市圈为单元联合发行基础设施建设领域的不动产投资信托基金（REIT）、资产证券化（ABS），提升都市圈基础设施资产流动性。三是引导保险等长期资金参与都市圈建设，创新债权、股权、股债结合、资产支持计划和私募基金等投资方式，促进项目使用与资金回报周期相匹配。

（四）完善投融资项目全生命周期管理

一是对于都市圈基础设施项目实施方案、项目管理、绩效评价等，鼓励采用

ESG（environmental，social and governance，环境、社会、治理）评价方式，建立全方位、全过程、全覆盖的预算绩效管理体系。二是适度放开放宽地方资产管理公司收购不良资产、债务重组、债权融资的范围，鼓励中心城市实力较强的国资国企参与债务风险较大的都市圈中小城市不良资产处置。三是建立统一规范、公开透明的都市圈基础设施项目信息披露机制，建立精细化、专业化、市场化的基础设施项目运营管理机制。

第二篇

分　论

第八章　理论综述

都市圈经济发展协同治理重点在于探寻政府和市场如何突破行政壁垒和条块限制，通过有效治理手段协同推动都市圈经济健康高效发展，理论研究的视角包括区域经济理论、府际关系理论、博弈理论、协同理论、现代治理理论以及协同治理理论等。本书侧重于研究都市圈协同治理的内涵、体系与实施路径，将重点聚焦于区域经济理论、协同理论、现代治理理论与区域协同治理理论，更加关注化解区域协同治理合作困境的方法研究，为都市圈经济协同治理提供理论基础和解决思路。

一、区域经济相关理论综述

（一）国外区域经济理论研究综述

1.市场、交通、行政是中心地体系形成的三个原则——克里斯塔勒（W. Christaller，1933）的"中心地"理论

受韦伯区位论的影响，德国城市地理学家克里斯塔勒在1933年提出了"中心地"理论，主要明确了"中心地"、中心货物与服务、中心度和服务范围的概念，系统阐述了"中心地"的分布规律和模式。他认为"中心地"的基本功能是为周围的地区提供商品和服务，高级"中心地"的特点是数量少，服务范围广，提供的商品和服务种类多；低级"中心地"的特点是数量多，分布广，服务范围小，提供的商品和服务有限；最重要的"中心地"不一定人口最多，但一定在交通网络最关键位置上、能提供广泛的商品和服务。在"中心地"的概念中需要明确中心货物与服务即在"中心地"生产的货物与提供的服务、中心度和"中心地"的服务范围。中心货物与服务的核心是要明确中心的职能，中心度则要判断"中心地"中心职能作用的大小，最后要明确中心地提供货物与服务的可达空间距离。

克里斯塔勒认为，"中心地"体系的形成有三个基本原则来支配，即市场原

则、交通原则和行政原则，三个原则共同支配促进了城市等级体系的形成。在对外开放、交通联系便捷的地区，市场原则一般处于主导地位；在交通联系弱的偏远地区，行政原则主导协同治理发展的作用更为重要；在新城、新区和重要产业功能区，交通原则即优先发展交通基础设施、加强交通联系更占优势。

2.中心城市优先发展论——廖什（1940）的市场区位论和佩鲁（Perroux，1955）的"增长极"理论

德国经济学家廖什在克里斯塔勒"中心地"理论的基础上提出了以产业为核心的市场区位论，将市场规模与市场需求结构对区位选择和产业配置的影响纳入"中心地"理论范畴。廖什在《区位经济学》一书中论述了城市在经济发展中的重要地位和作用，在分析和比较农业区位论和工业区位论后，认为通过各种经济因素的相互作用，将形成单一市场的经济区、网络组织的经济区和区域经济体系。这些经济区是随着经济的发展，按照市场经济规律的作用，以大城市为中心，先形成单一的城市市场区域，逐渐发展成为市场网络，进一步再发展为以城市为中心的区域经济体系。市场区位论不仅阐述了城市在区域经济发展中的地位和作用，也揭示了城市群形成的客观规律，对城市群都市圈等区域经济发展理论有重要的基础理论作用。

"增长极"理论是法国经济学家弗朗索瓦·佩鲁在1950年提出的，认为社会经济要素在特定城市的集聚促使经济高效发展，同时在这种集聚基础上又进一步向外围地区扩散，带动外围区域发展。增长极应该承担形成规模经济、产生外部效应、促进资源优化配置的职能。增长极理论为大城市巩固核心地位及其带动周边城镇发展，并最终成为都市圈提供了理论基础。该理论认为经济增长总是首先在少数区位条件优越的节点上不断发展成为经济增长的中心，当增长极发展到一定规模后，极化效应与扩散效应相互作用，推动区域经济整体发展。佩鲁认为，要把有限的资源集中投入到发展潜力大、规模经济和投资效益明显的少数地区，促使增长极的综合实力快速强化，同周边地区形成发展的"势差"，然后通过市场的传导力量带动整个区域的发展。增长极理论的核心内涵即要将有限的资源和投入放到最具优势的城市，推动其优先发展形成规模经济，进而通过其扩散效应带动其他区域发展[①]。

3.中心—外围存在发展梯度论—弗里德曼（1966）的"中心—外围"理论

美国学者弗里德曼在1966年出版的《区域发展政策》提出的"中心—外围"

---

① 薛艳杰.增长极理论及其应用[J].地理教学，2004（10）.

理论最具代表性。弗里德曼认为在若干区域之间会有个别区域因为生产要素、区位、资源等原因率先发展起来而成为"中心",其他区域则因发展缓慢而成为"外围"。中心与外围之间存在着不平等的发展关系。总体上,中心居于主导地位,而外围则在发展上依赖于中心,并且会因为推行有利于中心的政策等措施使外围的资金、劳动力等向中心流动趋势强化。中心与外围之间存在发展梯度关系,中心率先发展,然后向外围扩散辐射,政府与市场在促进中心与外围发展中的作用缺一不可,既要强化市场对资源配置的基础性作用,也要充分发挥政府在区域经济发展中的协调作用[①]。

4.产业"集聚—扩散"理论——现代区位论(1990年至今)

现代区位论主要以克鲁格曼(P.Krugman)和波特(M.E.Porter)两位地理经济学家的学说为主,包含了规模经济、外溢性、集聚与分散力、区位竞争等内容。

规模经济是产业集聚最大的竞争力来源,由数量可观的企业集聚在一起形成产业链条,产生较大规模经济,能最大限度降低成本、提高效率并形成相关产业的核心竞争优势。

外溢性(外部性)是指先进入的企业会对后来的企业有较大的吸引性,先进入的企业会为后进入的企业创造基础设施、劳动力、中间产品、原材料供应渠道、专业知识等正面的外溢影响。

集聚与分散效应是指在外溢性的影响下,产业进一步集聚壮大,会产生因过度集聚造成的投资环境恶化,交通拥堵、环境污染等问题,使产业集聚的规模经济效益下降,集聚效应就会向分散效应转换,促使相关企业开始向外围边缘扩散,直到两种效应相对平衡。

(二)我国都市圈经济协同发展研究综述

1.我国都市圈经济协同发展内涵研究

高汝熹、罗守贵(2007)提出了都市圈发展的基本要素包含五个方面的内容:一是要有强有力的中心城市,以中心城市为主导,依托城市体系共同发展;二是要有市场化体系;三是产业融合,促进产业的集聚和整合;四是合理配置资源,保证资金和人力资源的有效流动,同时要发挥企业家的作用;五是要有竞争合作机制,正确认识都市圈内部城市之间的利益分配问题,形成互利共赢的发展格局。

---

① 人大经济论坛—经管百科。

李晶、王跃（2003）认为都市圈形成机制可从四方面进行研究，一是经济结构的转换与升级是都市圈形成的主要动因；二是集聚与扩散是都市圈空间组织形式转变的动力；三是交通建设是都市圈空间结构构建的先决条件和有序发展的关键；四是政策制度是都市圈形成、发展的宏观引导与调控关键。

2.都市圈发展阶段研究

国际经验表明，都市圈是在城镇化进入成熟阶段，中心城市经济、人口、产业扩张到一定程度，推高土地、人力等要素价格，大多出现大城市病，之后人才、资金、技术等要素会越过行政区边界或者价值高地向周边中小城市溢出，就慢慢地形成了都市圈。因此，都市圈产业协同也应该尊重城市和产业发展规律，要正确认识都市圈不同发展阶段的规律与特性，从而准确把握产业协同的重点与路径。

Yeates研究指出北美大都市圈的形成与演变可分为5个阶段：商业城市时期、传统工业城市时期、大城市时期、郊区化成长时期和银河壮大城市时期。

林宏（2007）通过对巴黎、伦敦、东京、纽约等都市圈的发展历程进行分析后提出，都市圈发展一般要经历"强核—外溢—布网—叠加—整合"五个阶段。中心城市要由小到大、由弱到强，然后产生"外溢"力量，带动郊区发展，通过基础设施网络的建设、市场的作用、资源的整合等发展成为相互渗透、融合的区域经济体系。

陈小卉在研究江苏都市圈时提出了雏形期、成长期和成熟期都市圈的发展阶段观点，认为徐州都市圈是雏形期都市圈，核心城市辐射功能较弱，城市间联系较少，经济发展水平低，都市圈空间处于放射状空间结构过渡的阶段。南京都市圈是成长期都市圈，南京的核心地位已经被周边城市认同，但都市圈内以交通为重点的基础设施缺乏规划建设，产业亟待进一步分工合作等。苏锡常都市圈是成熟期都市圈，区域城镇建设、经济水平很高，空间逐步走向均衡发展，但城市间竞争多于联合，空间资源配套的矛盾相对突出，基础设施重复建设、环境污染严重。

戴德梁行发布的《2019年中国都市圈发展报告》将我国都市圈划分为培育、成长、成熟三种不同的发展阶段。培育阶段呈现单向集聚，产业协同发展水平弱的特征；成长阶段集聚与疏解并重，产业协同平台、产业联盟加快建设；成熟阶段中心城市具有较强辐射带动能力，全球影响力大幅提升，产业垂直分工明显，园区共建共享更加成熟等。

（三）启示

通过对以上国内外相关都市圈协同治理理论的分析和研究，梳理总结如下推动都市圈协同治理的启示：

（1）中心城市的集聚、外溢和辐射是都市圈协同发展的根本内在逻辑。要推动都市圈经济协同治理，首先要有一个强大的极核（中心）城市，中心城市优先发展是都市圈形成和协同发展的基本动力，不论是从"增长极"理论、"中心—外围"理论还是"中心地"理论来看，中心城市的集聚、外溢和辐射是都市圈形成和协同发展的最基本的动力。

（2）政府、市场和交通等要素是都市圈产业协同发展的三个基本主导原则。都市圈协同发展是政府、市场和交通三个基本要素相互作用的结果，交通基础设施的支撑、政府产业政策的引导和支持、市场在资源配置中的主导地位三大要素相互或者共同作用，是都市圈经济协同治理的基本原则。

（3）都市圈产业协同治理要尊重都市圈发展阶段。都市圈处于培育、成长和成熟三个不同发展阶段其经济协同治理发展的重点也不同。培育阶段中心城市优先集聚发展更为重要、成长阶段中心城市转型升级和产业外溢是协同重点、成熟阶段中心城市与外围形成垂直分工合作的产业发展格局，因此对都市圈发展阶段的准确判断对于经济协同治理发展至关重要（图8-1）。

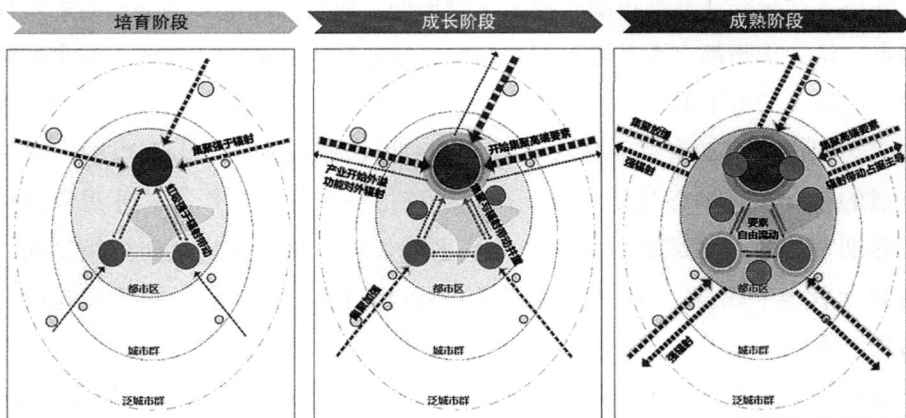

图8-1　都市圈不同发展阶段协同示意图

■ 二、区域协同治理相关理论综述

以协同理论和现代治理理论为基础，初步形成了交叉理论—协同治理理论，该理论的提出和完善对于实现区域协同共治具有重要的参考价值。关于区域治理模式的讨论中，目前形成了以"国家干预"为主的"政府模式"、以"市场主导"为主的"多中心治理模式"和以区域多方协作为主导的"新区域主义"三种理论范式。

（一）理论研究

1."协同理论"

"协同理论"[1]是德国物理学家赫尔曼·哈肯在20世纪70年代创建的，它是研究远离平衡的开放系统如何通过内部的子系统间的协同作用形成有序结构的机理和规律的理论。协同治理就是一种基于协同学理论所提出的有效治理形式，不仅有利于转变传统治理方式，还有益于推进治理技术和治理结构的可持续发展，随着政府治理环境的复杂化和动态化发展，协同治理的现实价值日益显现。

一个经济区域是由同一区域内的多个地方政府、企业、第三部门及公民个人等子系统构成的一个巨系统，区域内的各个子系统之间相互影响和作用，同时与外界环境之间保持物质、能量和信息的交换，"协同理论"对于地方政府合作的启示意义在于：第一，"协同理论"告诉我们，各个经济区内的地方政府必须要相互开放，相互合作，走协同发展的道路，只有协同发展，才能使分散的甚至是相互抵消的力量转化成合力，实现整体和局部效益的最大化；第二，区域合作局面的形成可以通过自组织的途径，而非系统以外上级政府的行政指令，地方政府应该在持续的相互作用中加强学习与创新，不断提高自组织能力；第三，在区域合作的过程中，影响合作效果的因素尽管为数众多，但起关键作用是序参量，只要控制好序参量，就能把握区域合作的发展方向。

2.现代治理理论

治理这一概念最早由世界银行在1989年使用，格里·斯托克归纳了治理的五个要点：第一，治理意味着一系列来自政府，但又不限于政府的社会公共机构和行为者。第二，在现代社会，政府与社会之间、政府和企业之间的责任和界限越来越模糊，政府逐渐把过去由自己承担的一部分职能向外转移给市场主体和社会组织。第三，治理明确肯定致力于集体行动的组织必须依靠其他组织，各个组织必须交换资源、谈判共同的目标。第四，在治理过程中，所有的参与者构成了

---

[1] 吕丽娜.我国区域经济发展中的地方政府合作困境及化解研究——侧重于协同治理的视角[D].武汉：武汉大学，2012.

平等互动的网络。第五，治理意味着在公共事务的管理中，除了政府的发号施令和运用权威之外，还存在着其他的管理方法和技术，政府有责任使用这些新的方法和技术来更好地对公共事务进行控制和引导。

美国学者詹姆斯·N·罗西瑙[①]对治理和统治进行了区分，认为治理是一种比统治更宽泛的现象，是一系列活动领域里的管理机制，它们未得到正式的授权，却能有效发挥作用。尽管统治和治理存在一定的共同之处，两者都需要权威和权力，两者的最终目的都是要创造条件保证社会秩序和集体行动，但有着本质的区别，正如戈丹所说："治理从头起便须区别于传统的政府统治概念。"两者的区别主要体现在两个方面：其一，权威的来源不同，统治的主体是政府，其权威也必然来源于政府，而治理既可以是政府权威，也可以是市场机制或合作网络的权威。其二，管理过程中两者权力的运行方向不同，统治的权力运行方向是自上而下的，政府通过对下的指令对公共事务进行单一方向的管理；而治理除了可以依靠等级制的统治秩序外，还可以依靠市场竞争、合作协商、建立伙伴关系等方式对公共事务实施管理，其权力运行是多向度的。

3.协同治理理论

协同治理理论是一种新兴的理论，它是自然科学中的协同论和社会科学中的治理理论的交叉理论，研究内容包括治理主体、治理主体间关系、治理体系与治理方式等，作为一门新兴的理论，协同治理理论还没有明晰的理论框架。吕丽娜将协同治理定义为"各种公共部门、私人机构和个人，在一套正式规则和一致同意的非正式制度安排下，通过对话、谈判、妥协及联合行动等诸多方式，调和相互冲突的利益，实现力量的增值，最大限度增进共同利益的持续活动过程"。

李汉卿[②]认为协同治理理论应当具有的几大特征：一是治理主体的多元化。治理主体不仅指的是政府组织，而且民间组织、企业、家庭以及公民个人在内的社会组织和行为体都可以参与社会公共事务治理。二是各子系统的协同性。协同治理强调政府不再仅仅依靠强制力，而更多的是通过政府与民间组织、企业等社会组织之间的协商对话、相互合作等方式建立伙伴关系来管理社会公共事务。社会系统的复杂性、动态性和多样性，要求各个子系统的协同性，只有这样才能实现整个社会系统的良好发展。三是自组织组织间的协同。自组织体系的建立要求削弱政府管制、减少控制甚至在某些社会领域的政府撤出，社会系统功能的发挥

① James·N·Rosenau. Governance without Government[M].Cambridge University Press，1992.
② 李汉卿.协同治理理论探析[J].理论月刊，2014（1）.

就需要自组织组织间的协同。虽然如此，政府的作用并不是无足轻重的，相反，政府的作用会越来越重要。因为，在协同治理过程中，强调的是各个组织之间的协同，政府作为嵌入社会的重要行为体，它在集体行动的规则、目标的制定方面起着不可替代的作用。四是共同规则的制定。在协同治理过程中，信任与合作是良好治理的基础，规则的重要性就犹如协同学中的序参量，决定着治理成果的好坏，也影响着平衡治理结构的形成。在这一过程中，政府组织也有可能不处于主导地位，但是作为规则的最终决定者，政府组织的意向在很大程度上影响着规则的制定。在规则制定的过程中，各个组织之间的竞争与协作是促成规则最后形成的关键。

4.区域治理模式理论

（1）传统区域主义理论。传统区域主义主张实行集中化的政府结构改革，按照"一个区域，一个政府"的原则，建立统一具有正式权威的区域政府，解决大都市区内部政府碎片化问题，因此也被称为"巨人政府论"[1]，该理论主要代表人物有伍罗德·威尔逊、弗兰克·古德诺等。

关于大都市区统一政府的构建，有的学者认为不必改变大都市区地方政府结构，只需要通过中心城市的治外法权、地方政府职能向州政府转移、扩大联盟政府在大都市区的管理权限等改革措施来解决问题；还有部分学者主张通过兼并、市政府合并、市—县合并、城市重组等根本性的变革方式来建构大都市政府。

传统区域主义所倡导的大都市区政府模式在化解区域地方政府合作困境时具有其合理性。统一的大都市政府面向更多的服务对象，可以降低公共服务的平均成本，实现规模经济效应；大都市政府可在较大的地域空间内实施整体规划，有利于实现区域内资源配置的帕累托最优；大都市政府作为统一的整体消除了市县政府机构的重复设置、职能交叉和责任推诿，有利于行政效率的提高。1998年安大略省多伦多大都市委员会及其各组成自治市合并为一个新的大多伦多市政府，法国建立城镇共同体和城市共同体，并且呼吁直接选举地区范围结构的联席会。

但是，从美国得克萨斯州、加利福尼亚州和北卡罗来纳州等州的实践来看，大都市区政府模式未能彻底解决大都市区的政治"碎片化"问题，相反还带来政府规模过大、官僚化、低效率及公民政治参与度下降、忽视弱势群体或者少数民

---

① Wood，Robert C. The New Metropolises：Green Belt，Grass Toots Versus Gargantuan[J]. American Political Science Review，1958，51（1）：108-122.

族偏好等新问题。

（2）公共选择理论。公共选择理论认为大都市区政治市场和经济市场的活动主体都是理性的"经济人"，即追求自身利益的最大化。在经济市场上，人们通过货币选票来选择能给其带来最大满足的私人物品；在政治市场上，人们通过政治选票来选择能给其带来最大利益的政治家、政治法案和法律制度。公共选择学派认为政治碎化是公共服务有效供给的必要条件，无需改变区域地方政府分散化的现状，以"地方经济竞争和分权、多中心的自我统治和民主行政机制"是区域发展最为有效的治理模式，通过地方政府间的竞争可以最大限度减少公共垄断的副作用，政权间的有效竞争将会激发出更多的责任和效率。该学派比较有影响力的学者包括查尔斯·蒂伯特、奥斯特罗姆夫妇和罗伯特·沃伦等。

奥斯特罗姆[①] 等在《大都市区的政府组织：理论质疑》一文中，明确支持大都市区政府的多中心特征，认为多个地方政府的相互作用构成了一个系统：由于竞争关系的存在，地方政府必须彼此考虑，达成各种协议性和协作性的承诺，或者是尝试建立解决这些冲突的集中机制，大都市区内的各种政治势力能够以集中的方式运作，使得相互作用的行为变得协调和可预期。罗伯特·比什和文森特·奥斯特罗姆在《理解城市政府：大都市区改革再思考》一书中进一步指出，考虑到供给方面，政府是自然垄断的，缺乏有效运作和降低成本的动力，而通过地方政府间的竞争可以最大限度减少公共垄断的副作用，大都市区内充足的重叠政权间的有效竞争将会激发出更多的责任和效率，由多重辖区构成的公共经济会比单一地区层次垄断组织构成的公共经济更有效率和责任心。

公共选择理论认为，可以利用授权和联盟原则实现政治融合，解决重叠的政府体系与规模经济相冲突的问题。州政府通过提供授权规则来使市民有权通过制度选择过程来创建、维持或修改地方政府，授权规则包括四类：第一类是联盟原则，类似于市政当局合并的过程，以保证市民建立一个一般政府或专区，并授予其权力，提供一些区域性的公共服务；第二类是边界调整原则，保证地方市民和官员改变现有政府的边界；第三类是财政原则，决定地方政府单位提高税收的权限；第四类是跨政权原则，确保地方政府单位能够与其他政府、私人企业建立相互关系。

（3）新区域主义理论。20世纪90年代，欧美学术界出现了一种旨在强调均

---

① Ostrom. V. C, M. Tiebout and R. Warren. The Organization of Government in Metropolitan Areas : A Theoretical Inquiry[J]. The American Political Science Review, 1961, 55（3）: 831-842.

权化、社会化、多元化的区域治理思潮，即抛弃传统的依靠大都市区政府结构调整来进行跨界治理的思路，转而强调区域层面的多元协商过程、政府与社会互动合作、发挥第三部门力量等做法，提出诸如"新城市主义""精明的增长""适宜居住的社区"以及可持续发展等新发展观，以实现大都市区经济社会的均衡、公平与可持续发展目标，这就是有别于传统区域主义的新区域主义理论[①]。这一理论思想产生以后，就成为20世纪90年代以来城市政策与大都市区治理的主流思潮。

区别于传统区域主义理论重点是以公共服务的规模效应为武器，针对大都市区内的政治"分割"问题，新区域主义则回避了政府结构重组，重在寻求区域协调有效的政策及其结果，通过多元区域管理机构之间的跨界合作协议或安排，进行区域公共服务的提供和利益共享，减少不同政区单元之间的经济福利差距，提高区域在全球化经济中的竞争力（表8-1）。

新区域主义与传统区域主义的比较[②]　　　　　　表8-1

比较内容	传统区域主义	新区域主义
区域治理的责任者	政府部门	包括政府部门、私人企业、非营利部门等在内的所有区域成员
区域治理的方式	通过上级对下级的命令和控制来解决区域性问题	区域成员的自组织，通过谈判共同制定区域远景目标，并运营各自掌握的资源来实现目标
区域治理的组织形式	设立统一的具有正式权威的区域政府	区域成员为了共同利益自发组织的区域联盟
区域治理的结构	科层结构	网络结构

美国学者Allan D. Wallis将大都市区治理的新区域主义特征总结为以下几点：一是治理而非管理。从传统的正式化的科层制、结构重组模式转向非正式结构以及政策的制定和执行过程。二是跨部门而非单一部门。大都市区治理责任并不一定完全由公共部门承担，其有效治理必须要将所有的区域参与者——商业群体、非营利组织、公民组织、大学、基金会等都整合进入区域性的问题解决之中，并与政府一起运作。三是协作而非协调。大都市区地方政府突破狭隘的能力和地域观念建立合作规则，协同解决或完成具体的区域性问题或任务。四是过程而非结构。大都市区治理更应强调的是促使多个关键利益相关者之间达成认同、形成区域愿景和目标、实现资源调配等过程，而不是正式的政府结构形式。五是网络化

① 陶希东.欧美大都市区治理：从传统区域主义走向新区域主义[J].创新，2019，1（13）：1-9.
② 吕丽娜.我国区域经济发展中的地方政府合作困境及化解研究——侧重于协同治理的视角[D].武汉：武汉大学，2012.

结构而非正式结构。有效的大都市区治理应该是一个通过政策的相关行动者间的稳定网络关系来达成的，该网络关系应该强调以项目、任务为导向，并拥有一个权威性的利益分配关系。

新区域主义的区域政策主张为我们提供了一种实现区域合作的新机制，它既不同于完全自上而下的国家干预过程，也不同于完全自下而上的自由市场过程，而是基于区域的自发宏观调控的自下而上的协调合作过程，使得各个利益主体的权利在这个区域内得到充分、合理的体现和合法保障，从而强化区域的整体实力。在国家内部和国家之间以及组织内部和部门之间互动日益频繁的今天，自组织的协调方式比自上而下的国家计划和自由市场的无为而治更有优势。

（二）国内关于区域治理困境化解的相关研究

国内学界对区域治理的研究经历了从行政区行政（行政区经济）—区域行政—区域公共管理—区域治理的演变过程，这种演变过程是我国学者对区域合作实践进行思考的结果。国内专家学者更多关注的是基于京津冀、长三角等典型区域协同发展的应用性研究，主要集中在区域治理体系、评价考核机制、治理对策研究等内容。

1.都市圈经济发展协同治理主体

从治理角度来看，都市圈发展核心是区域治理模式的创新，主体主要包括政府、社会组织、企业和公民等。国内专家学者普遍认为，我国跨区域协同应加快由"管理"向"治理"的转变，形成以政府为主体、利益相关者参与的多元化治理主体，通过互相博弈、谈判、协同寻求共同发展利益。

张紧跟[1] 等认为，我国当前的区域合作只是一种纯粹的政府管理，缺乏众多利益相关者的参与，要进一步提升区域合作质量，必须适时改进已有的区域合作策略，增进地方政府与企业以及其他非政府组织的协作互动，形成区域内多元利益相关者的协作性治理。

李长晏教授认为未来新的府际合作关系的特征应是"多面向、多层次、多利害关系人（利益相关者）"，将会考虑更多实际的区域治理落差、治理尺度及范围等因素，设计不同的府际合作与跨域治理方式。

王健等在理论层面上提出了区域"复合行政"的概念，认为它是解决当代中国区域经济一体化与行政区划冲突的新思路。他强调实现跨行政区划、跨行政层

---

① 崔晶.都市圈地方政府协同治理：一个文献综述[J].重庆社会科学，2014（4）：11-17.

级的不同政府之间，吸纳非政府组织参与，经交叠、嵌套而形成的多中心、自主治理的合作机制。

2.都市圈行政体制

西方国家的区域合作更多是市场选择结果，政府在推动区域合作的能动性有限，我国则更多依靠政府部门通过行政命令推动都市圈发展。从专家学者的意见来看，认为该模式这是基于我国基本国情和行政制度的理性选择，设立专门的区域协调机构是推动都市圈协同发展的重要方式。

刘君德通过分析我国大都市区行政体制的现存问题，认为建立跨界职能的政府是我国目前大都市区行政组织和管理体制改革的主体模式。

杨伟民认为都市圈协同发展应当组建专门的协调机构，并赋予都市圈治理的相应职能和权限，以成渝地区双城经济圈为例，他建议将省级交通部门的规划权限集中赋予跨省市协调办公室进行统一规划，甚至可以成立中央层面的议事协调机构，来统筹跨省市难以协调解决的问题。

陈剩勇、马斌提出，我国区域政府合作是现有体制下实现区域经济一体化的理性选择，构建区域政府合作机制必须有良好的制度环境、合理的组织安排和完善的区域合作规则。

杨保军认为，要有效调节区域矛盾，就必须有相应的规则、议事机制、仲裁机构乃至法律。芒福德指出，如果区域发展想做得更好，就必须设立有法定资格的、有规划和投资权利的区域权威机构。

米鹏举[1]认为以法律的形式建立监督惩罚约束机制是促进横向府际关系有序发展的关键，通过法律来对府际合作的主体、内容、方式等进行规定，是降低横向府际合作成本、增加合作效率的一种有效方式。

姬兆亮[2]同样认为，立足于我国权力结构的传统现实，以政府协同治理作为区域协调发展协同治理的实现路径，更具现实意义。一是因为政府作为重要的治理主体，在协同治理中仍然发挥着不可替代的作用，二是政府在"多中心"中仍然是一种特定的解决机制，三是政府和政府之间建立的协同治理是目前协同治理发展最为迅猛的区域，四是政府依其特有的资源往往是协同治理的对话机制和对话平台提供者，政府在维系协同治理的信任机制中具有重要意义。

---

[1] 米鹏举.我国区域治理与地方政府横向府际关系：现实困境与调整策略[J].内蒙古大学学报（哲学社会科学版），2018，50（6）：23-29.

[2] 姬兆亮，戴永翔，胡伟.政府协同治理：中国区域协调发展协同治理的实现路径[J].西北大学学报（哲学社会科学版），2013（2）.

3.政府治理职能

我国政府在资源配置中拥有绝对主导权，在区域协同发展中发挥着主体作用，但是，政府对区域经济的干预过度容易增加协调难度，严重影响市场配置资源效率。专家学者认为，现有体制机制下需要明确政府在推动区域协同发展中职能的范围和界限，为市场和企业发展腾出空间。

尹稚认为，都市圈合作制度化支撑的核心要点是政府与市场在资源配置、游戏规则制定中如何实现合作共赢，市场在配置资源中起到决定性的作用，但在中国的体制机制下，政府在政策引领开发管制和公共资源配置，以及体制机制改革方面有无可替代的作用，甚至从某种意义上来讲，中国的政府在资源配置上有很强的诱导力，同时也是资源配置规则的制定者。

窦建民认为，区域地方政府是造成"行政区经济"的始作俑者，又是化解人为行政分割，促进区域经济一体化的推动者，政府不但要承担"裁判员"的角色，更应担当"清道夫""服务员"的角色，通过积极破除体制机制障碍，有效推动区域经济协同合作。

杨伟民认为必须明确政府作用的范围和界限，才能为市场发挥作用、决定资源配置腾出空间，政府职责可以概括为"宏观调控、市场监管、公共服务、社会管理、保护环境"20个字。

谢德保[①]认为，政府在区域协调发展中的作用包括促进经济区域的形成和发展、大力进行以交通运输为重点的基础设施建设、积极采取财政货币政策促进生产要素的合理流动、加大对落后地区教育和科研的投入、重视生态环境保护、创造良好的法制环境等六个方面。

4.市场主体作用

专家学者认为，市场在跨区域资源配置中具有基础性作用，需要深化市场经济体制改革，积极发挥市场在资源配置中的主导作用，而政府所需要做的就是通过宏观调控和政策扶持对市场失灵的部分进行补充。

汪光焘[②]认为，高质量发展现代化都市圈要坚持发挥市场配置资源的决定性作用，利用市场打破当前行政区划体制下地域分割等行政命令难以解决的协调问题。通过推进机制体制的改革，加快完善产权制度、建设统一开放市场，营造规则统一开放、标准互认、要素自由流动的市场环境，让市场来决定都市圈人口和

① 谢德保.论政府在区域经济协调发展中的作用[J].北方经贸，2005（5）.
② 汪光焘，叶青，李芬，等.培育现代化都市圈的若干思考[J].城市规划学刊，2019（5）.

土地资源在城市之间、城乡之间的合理配置。

杨保军[①]提出，西方城市依据比较优势分工原则，在区域内形成以某个优势产业为核心的产业集群和企业集聚，围绕同一产业链条形成上下游分工合作，自然而然通过产业合作实现区域内部城市间的协同发展。而我国城市政府没有理解专业化分工的本质，要求构建门类齐全的工业体系，导致同一都市圈城市间也存在强烈的产业同质化竞争。他认为，区域内分工合理的产业体系并不是靠政府制定产业政策和产业布局形成的，更不是靠制止竞争来实现，产业发展应当更加依靠市场的力量。

孙虎、乔标[②]认为市场活力不足导致区域产业协同缺少自组织能力。与长三角产业协同发展多建立在企业上下游联系、群体间自发形成广阔而复杂的合作网络不同，京津冀地区的产业经济并非从市场经济一步一步地发展起来，市场机制作用不强，受到政府力量影响较大，导致区域内的产业雷同、行业过剩等，企业对于市场、成本等变化不敏感。

5.利益分配机制

区域经济协同发展的核心在于构建完善的成本分担和利益分享机制，通过合作做大"蛋糕"比单纯切分"蛋糕"对推动区域协调进程的作用要大。因此，专家学者认为不能仅仅立足于"问题导向"来推进区域协调，而更应该立足于"目标导向"来诱发和激励区域协调。

庄士成在研究长三角区域经济合作时指出，区域经济合作是区域经济各生产要素自由流动、优势互补的客观反映，区域合作中由于区域利益驱动始终存在着利益博弈。在现代社会主义市场经济发展中，区域合作的逻辑起点仍然是经济学中"经济人"理性假定，他们各自追求自身利益最大化。区域合作的难点在于利益格局失衡，如何通过长效机制建立区域利益平衡机制是推进区域合作的核心与痛点。

汪伟全认为，是否有完善的利益冲突与协调机制是地方政府间合作关系的前提与基础。地方政府间合作关系持续、健康、深入发展则必须构建利益分享、协调和整合机制，他还进一步研究利益共享的实现机制，提出应构建起"共赢"和"协同"的新型区域合作观念，培育区域利益共享的形成机制，构建区域利益共享实现机制，优化区域利益共享保障机制。

---

① 杨保军.区域协调发展析论.城市规划，2004（5）：24，42.

② 孙虎，乔标.京津冀产业协同发展的问题与建议[J].中国软科学，2015（7）：68-74.

冯伟林、陈慧[1]认为，区域经济协调发展中需要构建评价激励机制，由组织协调机构构建符合科学合理的评价指标对都市圈经济协调发展状况进行评价，对于评价结果优秀的地方政府由区域协调发展基金进行奖励，鼓励地方政府积极参与和推动都市圈协同发展。

杨保军[2]提出，在区域协调机制的梳理过程中，必须注重对利益的科学评估和有效分配，即在回答区域协调发展能够实现1+1＞2的集体理性之外，通过各种机制保障每一个城市都能够获得超过合作成本的绩效，这样，才能够有效鼓励地方融入集体理性的发展过程中。此外，除了传统采用货币计量的实物性收益作为利益的评判机制外，合作可能给予地方的虚拟权力和发展期权、形象提升等也应当纳入利益评判机制，并尝试提出了通过需求显示法来明晰集体行动方案中社会总效益和补偿效益。

专栏1：需求显示法

成员	方案A	方案B	方案C	税收
甲	30	10	5	20
乙	10	40	20	0
丙	25	5	10	15
社会价值	65	55	35	35

例如，A、B、C三个方案的社会价值分别是65、55、35，显然A方案的社会价值最大，因而集体行动方案应该是A。但是A方案对乙地区不公平，因此需要对有些成员进行征税。以甲地区为例计算征税额，首先计算只有乙、丙参加时，B方案最优，其社会价值为45，然后计算甲加入后的最优方案有没有变化，如果没有变化，则甲不需要缴税，如果有变化，那么两个方案的社会价值差额就是甲应该缴纳的税收额，即65-45=20。同样的方法计算出乙不用缴税，丙需要缴纳的税额为15，则甲乙丙三地缴纳的总税额为20+15=35。如果这个行动提供的公共产品的成本小于35，就不用再进一步分担费用，税收减成本的差额，以一次总付的方式，返还给三个地方；如果公共产品的成本超过35，还需要三个区域进一步分担成本。

① 冯伟林，陈慧.论成渝都市圈经济合作的协调机制构建[J].经济研究导刊.2014（33）：158-159.
② 杨保军.我国区域协调发展的困境及出路[J].城市规划，2004，28（10）：26-34.

（三）小结

（1）都市圈协同治理主体多元化。多元主体协同治理是我国在长期社会治理以及处理公共问题实践的经验总结。随着区域问题的日益复杂化，单靠政府的统治作用是极其有限的，区域治理的主体不仅包括政府，还包括企业、第三部门和公民个人等，可以依靠市场竞争、合作协商、建立伙伴关系等方式对区域公共事务实施管理。通过坚持政府主导，建立健全多层级政府、市场主体、社会组织、社会公众等多元化主体参与的区域协同治理机制，同时完善多元主体间的参与和沟通机制，基于共识协调各自利益诉求，凝聚形成推动区域协同治理的集体决策和行动。

（2）重视区域协同治理中的政府力量。在中国的体制机制下，政府部门是推动区域经济一体化进程的最关键力量，都市圈"多中心"治理体制中需要重视纵向府际关系的作用，有必要建立都市圈治理的区域权威机构，同时建立相应的规则、议事机制、仲裁机构乃至法律，但是需要明确政府部门应当发挥作用的职能领域，例如公共服务、基础设施、生态环保等，为市场主体在区域资源配置发挥主导作用创造更好环境。

（3）发挥市场在区域协同的自组织作用。打破行政区划体制下难以解决的区域协同问题，需要充分发挥市场的主体作用，尤其是产业协同发展领域，市场的自组织能力是形成合理分工合作的重要基础。深入推进市场体制改革，消除发展的区域制度差异，打破要素自由流动的区域壁垒，坚决破除地方保护主义和本位主义导致的地区藩篱和壁垒，才能充分发挥市场在区域协调发展新机制建设中的主导作用。

（4）利益评估和分配机制是协同治理的核心。都市圈协同治理的目标在于横向政府之间形成一种价值认同与协调，其基础是构建科学合理的利益评估和分配机制，保证各地方政府利益诉求得到回应，才能引导各地方政府协调发展以实现资源整体优化配置。目前，区域间协作获得收益和承担的成本难以有效评估，建议探索定量化方法建立科学有效的跨区域成本分担及利益共享机制，同时探索改革地方政府考核体系，创建以都市圈为主体的跨界考核机制，实行跨界联合考核。

第九章　范围界定

国内外学者对都市圈及其范围的研究成果非常丰富，但对都市圈内涵、都市圈范围划定方法尚未达成共识。梳理国内外学者的研究成果，总结提炼既有研究的都市圈理论内涵和范围划定方法，对科学合理划定都市圈范围具有重要价值。

■ 一、都市圈范围研究综述

（一）都市圈内涵研究

1.国外理论研究

最早提出城市经济圈这一概念的是德国经济学奥古斯特·廖什，在其1940年出版的《区位经济学》著作中，论述了城市在区域经济发展中的突出地位和重要作用，揭示了城市经济圈的形成机理和发展过程：随着经济的发展，按照内在经济规律的作用，以大城市为中心，首先会形成单一的城市市场区域，然后又逐渐发展为连绵的市场网络，最后会进一步发展为以大城市为中心的若干城市组成的经济圈。

都市圈的概念源于法国地理学家简·戈特曼，他在详细分析美国东北海岸城市群体三个多世纪的发展历程后，于1957年发表了《大城市连绵区：美国东北海岸的城市化》一文，在该文中戈特曼首创"大都市带"理论，认为大都市圈是多个大城市地区连接成的巨型化、一体化的居住和经济活动的群集地带。

亚洲经济先发国日本的有关学者也较早对都市圈理论进行了探索，1951年日本学者木内信藏研究城市人口增减的断面变化与地域结构的相关关系时提出了"三地带"学说，其思想进而被发展为"都市圈"理念，并且作为日本及许多西方国家城镇群体发展地区的重要空间组织特征之一。后来，日本行政管理厅对都市圈的界定为以一个以上的中心城市为核心的城市化地区，以一日为时间周期，可以接受中心城市功能服务的周边地区共同组成的空间城市地域实体。

日本《地理学词典》则对都市圈的定义给出了更为深刻的诠释：城市的中心职能通过对周边地区的辐射而发展，以城市为核心形成的职能地域、结节地域称为都市圈。事实上都市圈是一种具有多种职能的经济实体，而不仅仅是一种地域上的结构单元，在内容上都市圈与日常生活圈、经济圈、商圈相类似，在界限上是与相邻城市经济势能的强弱相互对比而确定。

2. 国内理论研究

1988年，北京大学周一星教授提出都市连绵区的概念（Metropolitan Interlocking Region，MIR），即由若干个都市区沿着主要交通干道连绵分布而形成的城乡一体化的区域。同时他还认为长三角、珠三角、京津唐、辽中南、山东半岛以及闽东南六大城镇集聚区因自身具有两个以上百万人口特大城市、有对外港口、交通便利、主要交通走廊两侧有人口密集的中小城市、经济发达、城乡关系紧密的基本特征能够形成都市连绵区。

1989年，中国人民大学教授周起业等合著《区域经济学》一书，提出大都市圈是指以大城市为依托，包括周围地区发展形成的中小城市，所形成的联系紧密的经济网络。他们对都市圈界定的地域范围类似于美国的都市区和日本的都市圈。中国社科院沈立人研究员把都市圈界定为"以大都市为核心，超越原来边界而延伸到邻近地区，不断强化相互的经济联系，最后形成有机结合甚至一体化的大区域"。他界定都市圈的地域范围类似于日本的大都市圈。

1996年，宏观经济研究院王建研究员提出了在中国规划建设"九大都市圈"的设想，提出都市圈的地理含义是指在现代交通技术条件下，直径为200～300公里、空间范围为4万～6万平方公里，人们可以在一天内乘汽车进行面对面交流的特定区域。

1998年，上海交通大学的高汝熹、罗明义教授发表《城市圈域经济论》，他在原有的城市经济圈概念的基础上对都市圈进行了重新定义，即都市圈是以经济发达且城市功能强的中心城市为核心，与在经济有内在联系和在地域上毗邻的若干个城镇所覆盖的区域共同构成的，其经济集聚和辐射能够达到且能够促进相应区域经济发展的最大地域范围，同时认为都市圈是一个经济社会圈而非一个行政区。

中国人民大学陈秀山教授主编的《中国区域经济问题研究》一书对都市圈进行了经济学意义上的定义，即由一个具有较高首位度的大都市作为经济中心和与该经济中心密切关联且通过中心辐射带动的若干腹地都市所构成的环状经济区域。他们对都市圈的认识似乎超出了日本大都市圈的地域范围，类似于城市群。

1999年，清华大学顾朝林教授提出大都市标准。大都市区是以大城市为核心，与之保持密切社会经济联系的城市化地区，使中心城市与周边地区共同构成内部相互联系、有一定空间层次、地域分工和景观特征的巨型地域综合体。

2003年，江苏省城市规划设计研究院张伟提出都市圈是由一个或多个中心城市和与其有紧密社会、经济联系的邻近城镇组成，具有一体化倾向的协调发展区域，是以中心城市为核心、以发达的联系通道为依托，吸引辐射周边城市与区域，并促进城市之间的相互联系与协作，带动周边地区经济社会发展的，可以实施有效管理的区域。除此之外，他还提出了淡化行政区划是构建都市圈的本质所在，这一观点在后来的研究中得到了广泛的认可。

2003年，浙江大学陈建军、姚先国两位教授在论述长三角两大行政区域上海与浙江的邻域渗透的区域经济关系时，指出在中国转型经济的环境下，都市圈的形成和发展的基础是区域经济发展的一体化，由此可以确定能否构成具有内生动力的都市圈主要牵涉经济发展水平的连续性、社会文化的连续性、时空距离的连续性和要素资源的互补性四个方面的因素。总体而言，区域内部各种要素的连续性是都市圈形成基础，都市圈的内涵与特征在这种区域经济关系中也得到了充分的体现。

2007年，宏观经济研究院肖金成研究员等在《中国经济时报》上发表《中国将形成十大城市群》一文，对城市群和都市圈的概念进行了辨析。他们认为，都市圈属于同一市场的作用范围，一般是以一个或两个大都市辐射的半径为边界并以该城市命名；城市是一个区域的中心，通过极化效应集中了大量的产业和人口，获得快速的发展；随着城市规模的扩大、实力的增强，对周边区域产生辐射带动效应，形成一个又一个城市圈或都市圈。每个城市群都有一个或多个都（城）市圈。上海财经大学张学良教授认为都市圈是以某个大城市为中心，以经济、社会联系为纽带，以发达的交通通道为依托，以时间距离为标尺来划分的大城市及其毗邻区域。他认为，与城市群相比，都市圈是突破城市行政边界、促进生产要素跨区域优化配置的更小空间尺度。在他这里，都市圈也有大小之分。

2009年，西北大学研究生张鹏在归纳都市圈的中心城市性、腹地广阔性和联系紧密性的基本特征的基础上认为都市圈是在城市化发展到一定阶段，在一个经济较发达的区域内，以一个或几个首位度较高的中心城市，连同辐射到周边城市、农村等腹地等所组成，通过日益强化的经济联系，并相互依赖，逐步形成一体化的具有人口优势、产业优势、开放的区域范围。这种观点与前人的研究相比，从首位度的角度强调中心城市的地位。

2019年，原建设部部长汪光焘提出都市圈是一种跨行政区划的、两个或者多个行政主体之间的经济社会协同发展区域，能够更好发挥辐射功能强的中心城市在发展中的主导作用、实现跨区域的资源合理配置，是顺应城镇化发展规律、跨行政区的城市空间形态，即中心城市建成区与周边中小城市建成区之间互动的城市空间形态。同年，《国家发展改革委关于培育发展现代化都市圈的指导意见》指出都市圈是城市群内部以超大、特大城市或辐射带动功能强的大城市为中心，以1小时通勤圈为基本范围的城镇化空间形态。

2020年，自然资源部印发《市级国土空间总体规划编制指南（试行）》，提出都市圈以中心城市为核心，与周边城镇在日常通勤和功能组织上存在密切联系的一体化地区，一般为1小时通勤圈，是区域产业、生态和设施等空间布局一体化发展的重要空间单元。

3. 研究小结

根据以上国内外学者对都市圈内涵的研究，可知都市圈是中心城市通过扩散辐射效应与周边地区发生相互作用的产物，并形成一定范围的连绵发展区域，中心城市与周边城市形成清晰的产业协作和功能分工。总体而言，都市圈一般具有以下特征：

（1）中心性。中心城市是都市圈不可缺少的内核，是增长极和辐射源。都市圈的核心城市是超大城市、特大城市或辐射带动功能强的大城市，中心城市的人口规模、经济规模在区域内占较大比重，对周边城市和地区有较强的吸引力和辐射力，是都市圈发展扩张的核心动力源。

（2）圈层性。都市圈域内有较高的城镇密集度，各类城镇环绕中心城市基本形成圈层状结构布局，城镇等级规模体系相对合理，整个区域城市化水平较高，非农业人口比例高于区域平均水平，且经济较发达。

（3）一体化。都市圈内中心城市与其他各城市间有着密切的社会、经济联系，形成合理的社会、经济职能分工，具有较强的一体化倾向。都市圈域的一体化包括要素市场的一体化（资金、劳动力、生产技术等要素在都市圈内的城市之间、城乡之间自由流动）、产业发展一体化、基础设施一体化、环境保护一体化和城市空间发展一体化等。

（4）通勤性。都市圈内有密集的交通基础设施网络，且以中心城市为核心向外延伸，将中心城市与都市圈周边地区紧密联系起来，形成密集的物流、人流、经济流、信息流，圈域内中心城市与周边各个城镇保持较高的通勤率。

（二）都市圈范围界定方法

目前，国内外对于都市圈的内涵认识尚不统一，对于都市圈的范围仍存在较大的分歧，是当前面临的一个重要课题。我国都市圈发展起步较晚，在研究国外都市圈形成的基础上，国内学者对都市圈范围界定的方法进行了比较多的探索，归纳起来总共有六种方法。一是密度集聚分布法，综合选用人口密度、GDP等都市圈核心特征指标，计算其占区域的比例，从而界定都市圈核心区域的空间范围。二是交通通勤分析法，通过测算外围区域与都市圈中心城市间的通勤人口占比，从而界定都市圈的空间范围。三是城市引力测算法，基于城市场强、引力、断裂点理论等算法或模型，结合城镇体系理论，确定研究区都市圈中心城市在一定空间范围内的影响区域。四是交通等时测算法，考虑都市圈中心城市的对外交通状况，以及在不同交通方式和技术条件下，一定时间范围内能够到达的距离，以此明确都市圈的空间范围。五是网络联系强度分析法，基于手机定位数据、高铁客流、金融投资流、客车班次等大数据源，利用复杂网络、流分析等技术手段得出不同区域的联系强度。六是综合校核分析法，结合都市圈所处区域的生态环境资源、重大基础设施以及历史文化资源等，通过定量计算或定性分析，对都市圈空间范围进行校核。以上六种方法具体见表9-1所示。

都市圈范围界定方法 　　　　　　　　　　　　　　表9-1

方法类别	方法简介	数据源	应用评价
密度集聚分布法	通过对都市圈内各区县中一项或多项能够凸显都市圈核心特征的指标进行计算，分析得出都市圈内的集聚特征	城镇人口密度、GDP等数据	多用于分析空间上指标的形态集聚与分散特征，数据获取容易，空间分析简便易行，但无法呈现城市间的关联情况
交通通勤分析法	通过传统调查法或基于大数据的通勤分析，分析都市圈内的通勤人口分布和占比，从而划定都市圈空间范围	历史交通调查抽样数据或手机信令、IC刷卡以及BAT互联网位置服务等数据	多用于判断中心城市与周边区县的人口联系强度，但研究维度过于单一，需辅助使用其他方法进行综合研究
城市引力测算法	基于断裂点理论，场强、引力等算法或模型，结合城镇体系理论，确定都市圈核心城市以及其他区县在一定空间范围内的影响区域	各类城市的社会经济统计数据	多用于测算城市的势力范围，但该方法是由空间距离和两城市的经济实力客观决定的，无法判断两城市是功能互补或同质化竞争关系
交通等时测算法	各种中心地的交通吸引范围，以各条交通线路上的交通流分界点所包围的范围来表示，一般指以某地为中心在一定时间内的可及范围	遥感（RS）、地理信息（GIS）、导航等数据	多用于通过当前交通条件计算城市交通联系的极限范围，能够最直接反映出城市腹地范围，但研究视角较为单一，无法呈现城市的发展水平和联系强度

方法类别	方法简介	数据源	应用评价
网络联系强度分析法	借助复杂网络等理论，计算各类指标数据的地理空间关联强度，采用门槛阈值、最大联系等方法，确定研究区内核心城市的主要联系范围	手机信令、高铁班次、投资关联度、汽车班次、人口迁徙以及BAT互联网定位等数据	多用于分析较大空间尺度城市间的联系强度，突破了一般的空间边界，研究指标往往需要合适的定性选取，不同地区需要因地制宜
综合校核分析法	基于区域历史文化、生态环境资源等方面，通过相关定量或定性方法，校核都市圈范围	区域历史文化资源、生态环境的各类统计数据与空间数据	多用于对已有都市圈空间范围进行综合校核，引入历史文化、生态环境等分析视角，但分析结果较为主观

资料来源：范晓鹏、庞鹏飞，《基于多源数据的西安都市圈空间范围识别》。

在上述界定方法下，国内学者对都市圈范围进行了较多的实证研究，为都市圈范围界定奠定了较好的基础。

1986年，北京大学周一星教授在分析我国城市概念和城市人口统计口径时，引进并提出都市区、城市经济统计区、城市连绵区等概念，并开展了持续研究。周一星对中国都市区界定时提出三部分内容：一是都市区由中心市和外围非农业化水平较高且与中心市存在着密切社会经济联系的邻接县（市）两部分组成；二是凡城市实体地域内非农人口在20万以上的地级市可视为中心市，有资格设立都市区；三是都市区的外围县级区域为基本单元。同时，周一星对外围地区的标准也做了梳理，一是全县（或县级市）的GDP中来自非农产业部分在75%以上；二是全县（或县级市）社会劳动力总量中从事非农经济活动的占60%以上；三是与中心市直接毗邻或已划入都市区的县（市）相毗邻；四是如果一个县（市）能同时划入两个都市区，确定其归属的主要依据是行政原则，在行政原则存在不合理现象时，则采用联系强度原则。

华东师范大学宁越敏教授根据"五普"数据提出中心城市的人口规模应在50万以上，外围地区城市化水平应达到60%。南京大学张京祥教授认为中心城市的人口规模应达到100万以上，同时中心城市GDP中心度应大于45%，并具有跨省级的城市功能，外围地区的人口应达到50万以上；张京祥教授还增加了对联系强度的要求，认为外围地区到中心城市的通勤率不应小于本身人口的15%，这个条件也是国外都市圈的常用划分条件。

武汉大学郭熙保教授提出了三个层次的都市圈划分标准，分别从圈域内总人口、中心城市总人口、外围城市城市化率、外围城市交通条件等方面对都市圈的级别进行度量：初级都市圈圈域内总人口1000万以上，圈域GDP达到1000

亿元以上，圈域范围在距离中心城市100公里范围内，中心城市人口在100万以上，外围地区城市化率在30%～50%，各地到中心城市有较便捷的公路、水路或铁路，以铁路为主；中级都市圈圈域总人口3000万以上，圈域GDP达到8000亿元以上，圈域范围在距离中心城市200公里范围内，中心城市人口在500万以上，外围地区至少出现一个圈域次中心城市，其城市人口规模次于中心城市，但应达到100万以上，城市化率在50%～70%，除公路、水路或铁路外，圈域内形成较为发达的高速公路网；高级都市圈圈域总人口在5000万以上，圈域GDP达到45000亿元以上，中心城市人口在800万以上，外围地区出现数个次级中心城市，城市人口分布在100万～800万人，城市化率达到70%以上（表9-2）。

中国都市圈范围界定标准 表9-2

学者	指标	范围界定参数值
周一星	非农人口规模、非农人口比例	中心城市非农人口大于20万，县GDP构成中非农占比大于75%，县非农劳动力比例大于60%
宁敏越	人口规模、城镇化水平	中心城市的人口规模应在50万以上，外围地区城市化水平应达到60%
张京祥、张伟等	人口规模、GDP中心度、通勤率	中心城市人口规模大于100万，邻近城市人口规模大于50万，中心城市GDP中心度大于45%，向中心城市通勤率大于15%
张欣炜、宁敏越	人口密度、城镇化水平	人口密度大于1500人/平方公里；城镇化率大于70%，未达到中心城市的标准，但城镇化率大于60%
孙胤社	人口规模、非农人口比重、农村非农人口比重	中心城市人口规模大于20万，周边县联系强度（由非农人口比重和非农劳动力比重计算而得）大于45
郭熙保、黄国庆	人口规模、GDP、城镇化率	初级标准：中心城市人口不小于100万，外围地区城市化率在30%～50%；圈域总人口在1000万以上，圈域GDP达到1000亿元以上，圈域范围在距离中心城市100公里范围内
		中级标准：中心城市人口达到500万水平，至少出现一个圈域次中心城市，其城市人口规模次于中心城市，但应达到100万以上，外围地区城市化率在50%～70%；圈域总人口在3000万以上，圈域GDP达到8000亿元以上；圈域范围在距离中心城市在200公里范围内
		高级标准：中心城市人口达到800万以上，出现数个次级中心城市，城市人口分布在100万～800万，外围地区城市化率达到70%以上；圈域总人口在5000万以上，圈域GDP达到45000亿元以上
王国霞等	人口规模、非农人口规模、距离	中心城市人口规模大于50万，中心城市非农人口规模超过100万，距离城市1小时范围内地区
罗成书	经济距离、引力与场强（三个指标由城市人口规模、距离、GDP计算而得）	三个指标有两个或以上值大于4

学者	指标	范围界定参数值
韩刚等	引力值、经济隶属度（由人口规模、GDP、行政区面积、距离计算而得）	引力值大于10，经济隶属度大于0.1%
周婕等	客运班次联系、总部分支联系、断点距离	结合多个指标根据"1小时高速可达、0.5小时高铁可达"原则筛选
王德等	通勤率	单向通勤率大于2%和双向通勤率大于3%

资料来源：王建军、周小天，《面向国土空间规划的都市圈划定方法研究》；匡济、司凌霄，《基于多源数据的杭州都市圈划定方法研究》；汪光焘、李芬等，《新发展阶段的城镇化新格局研究——现代化都市圈概念与识别界定标准》。

综上所述，前期国内学者对都市圈范围的研究多集中于城市人口、非农人口、生产总值、城镇化率等指标；后期随着科技的进步，基于卫星遥感、手机信令、人口迁徙、城市灯光等大数据，国内学者进一步丰富了都市圈范围的界定指标，提出引力值、通勤率、可达性等，更加精确地去界定都市圈范围。但是，仍存在一些不足有待解决，一是都市圈范围界定仍未形成统一的方法与指标体系，在实际划定时经常出现较大的差距与分歧；二是既有都市圈理论方法中，参数取值易受主观影响，随意性较大，导致都市圈范围有较大的波动；三是对都市圈基本单元的研究较少，尚未形成统一共识，已正式印发的几个都市圈均以县级行政辖区为基本单元，各省自行划定的都市圈范围常以地级市为基本单元。本课题基于既有研究基础，探寻目前都市圈范围划分时存在的问题，提出客观、科学、系统的范围划定方法及建议，为都市圈高质量发展提供支撑。

■ 二、国内都市圈范围划定基本情况

（一）国家批复都市圈范围概况

1.南京都市圈

南京都市圈地处长江下游，是长三角城市群的重要组成部分，是连通东部中部两大板块、衔接长江淮河两大流域的枢纽区域，也是我国最早启动建设的跨省都市圈，具有重要的战略地位。2021年2月，国家发展改革委关于同意南京都市圈发展规划的复函发布，成为第一个正式印发的都市圈发展规划。

南京都市圈以江苏省南京市为中心，与联系紧密的周边城市共同组成，主要包括：江苏省南京市，镇江市京口区、润州区、丹徒区和句容市，扬州市广陵

区、邗江区、江都区和仪征市，淮安市盱眙县，安徽省芜湖市镜湖区、弋江区、鸠江区，马鞍山市花山区、雨山区、博望区、和县和当涂县，滁州市琅琊区、南谯区、来安县和天长市，宣城市宣州区，面积2.7万平方公里，2020年末常住人口约2120万人，生产总值约28432亿元，人均生产总值13.4万元（图9-1）。

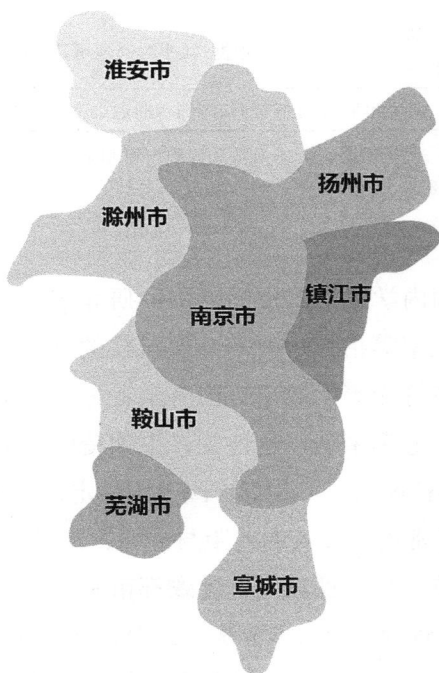

图9-1　南京都市圈范围

资料来源：《南京都市圈发展规划》

从中心城市在都市圈的经济地位来看，南京市2020年生产总值为14818亿元，占都市圈生产总值的52.1%；南京中心城区生产总值12879亿元，占都市圈生产总值的45.3%，在都市圈中的地位较强，对周边区域经济有较好的带动作用。

从都市圈空间半径来看，都市圈最大半径（南京中心城区与都市圈最远边界距离）为165公里；距离南京中心城区最远的区县是安徽省宣城市宣州区，相距120公里，道路交通出行时间约为140分钟。

从道路交通等时圈来看，南京市1小时道路交通圈半径55公里左右，与国际成熟都市圈的通勤边界大体相当。另外，根据住房和城乡建设部发布的《2021年度中国主要城市通勤监测报告》，南京市居民的通勤半径目前仅有31公里，远小于南京1小时道路交通等时圈半径和都市圈空间范围半径（图9-2）。

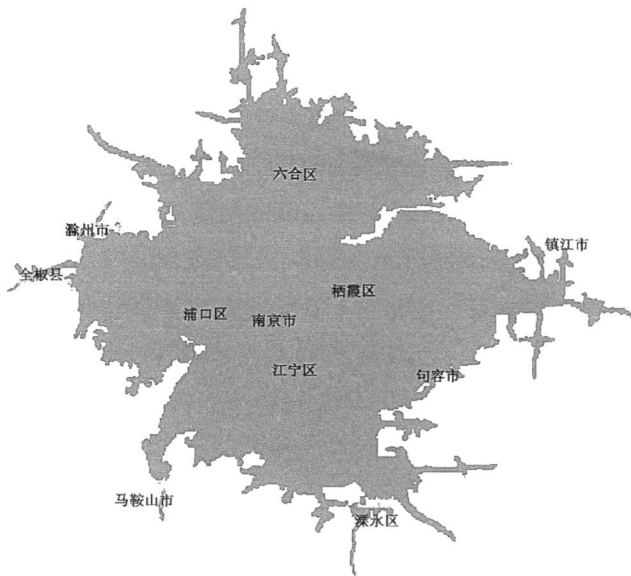

图9-2　南京市1小时道路交通圈

资料来源：作者自绘

2. 福州都市圈

福州都市圈由以福州市为中心、联系紧密的周边城市共同组成，主要包括：福州、莆田两市全域，宁德市蕉城区、福安市、霞浦县、古田县，南平市延平区和建阳区、建瓯市部分地区及平潭综合实验区，陆域面积2.6万平方公里。2020年末常住人口约1300万人，生产总值约1.5万亿元，人均生产总值约11.5万元，分别是福建省的33.5%、34.5%、1.09倍（图9-3）。

图9-3　福州都市圈范围

资料来源：《福州市都市圈发展规划》

从中心城市在都市圈的经济地位来看，福州市2020年生产总值为10020亿元，占都市圈生产总值的67.1%；福州中心城区生产总值6140亿元，占都市圈生产总值的41.1%，在都市圈中的地位较强，对周边区域经济有较好的带动作用。

从都市圈空间半径来看，福州都市圈最大半径（福州中心城区与都市圈最远边界距离）为161公里；距离福州中心城区最远的区县是南平市延平区，相距125公里，道路交通出行时间为140分钟。

从道路交通等时圈来看，福州市1小时道路交通圈半径仅为40公里左右。另外，根据住房和城乡建设部发布的《2021年度中国主要城市通勤监测报告》，福州市居民通勤半径目前仅有24公里，远小于1小时道路交通等时圈半径和都市圈空间范围半径（图9-4）。

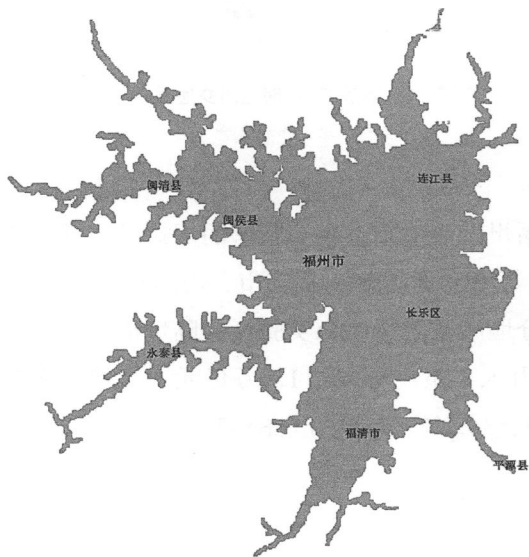

图9-4　福州市1小时道路交通等时圈

资料来源：作者自绘

3. 成都都市圈

四川省委、省政府把大力推进成德眉资同城化发作为推动成渝地区双城经济圈建设的支撑性工程、实施"一干多支"发展战略的牵引性工程，着力下好"先手棋"，打造具有国际竞争力和区域带动力的现代化都市圈。2021年11月29日，四川省政府正式印发《成都都市圈发展规划》。是继南京都市圈、福州都市圈以后，西部首个，正式印发的第三个都市圈规划。

成都都市圈以成都市为中心，与联系紧密的德阳市、眉山市、资阳市共同组成。主要包括：成都市，德阳市旌阳区、什邡市、广汉市、中江县，眉山市东坡区、彭山区、仁寿县、青神县，资阳市雁江区、乐至县，面积2.64万平方公里，2020年末常住人口约2761万人，生产总值21382亿元，人均生产总值7.7万元，分别是四川省的33.0%、44.0%、1.33倍（图9-5）。

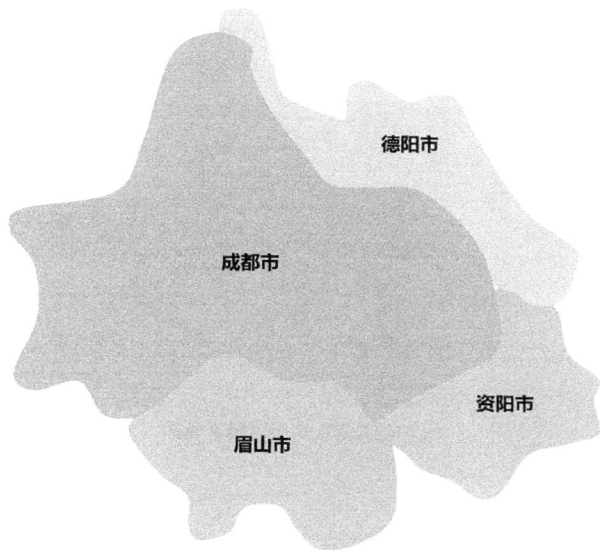

图9-5 成都都市圈范围
资料来源：《成都都市圈发展规划》

从中心城市在都市圈的经济地位来看，成都市2020年生产总值为17717亿元，占都市圈生产总值的82.9%；成都中心城区生产总值13871亿元，占都市圈生产总值的64.9%，在都市圈中有极强的影响力。

从都市圈空间半径来看，都市圈最大半径（成都中心城区与都市圈最远边界距离）为130公里；距离成都中心城区最远的区县是资阳市乐至县，相距100公里，道路交通出行时间为99分钟。

从道路交通等时圈来看，成都市1小时道路交通圈半径为55公里左右，与国际成熟都市圈通勤半径大体相当。另外，根据住房和城乡建设部发布的《2021年度中国主要城市通勤监测报告》，成都市居民通勤半径目前仅有28公里，远小于1小时道路交通圈半径和都市圈空间范围半径（图9-6）。

4.长株潭都市圈

长沙、株洲、湘潭三市是湖南发展的核心增长极，加快推动长株潭都市圈发展，是深入贯彻习近平总书记考察湖南重要讲话精神的必然要求，是全面落实"三高四新"战略定位和使命任务、奋力建设社会主义现代化新湖南的核心支撑，也是进一步促进各类要素高效集聚、优化区域经济布局的必由之路，对引领全省

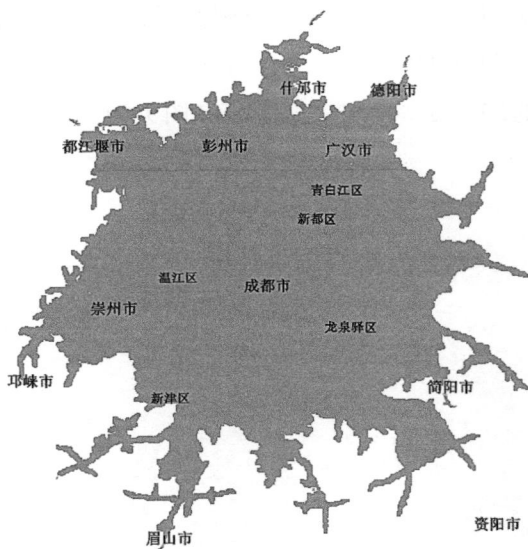

图 9-6　成都 1 小时道路交通圈

资料来源：作者自绘

实现高质量发展意义重大。2022 年 2 月，国家发展改革委发布《国家发展改革委关于同意长株潭都市圈发展规划的复函》，是中部首个、全国第四个获批的都市圈发展规划。

长株潭都市圈范围包括长沙市全域、株洲市中心城区及醴陵市、湘潭市中心城区及韶山市和湘潭县，面积 1.89 万平方公里，2020 年常住人口 1455 万人，地区生产总值 16308 亿元，人均地区生产总值 11.2 万元，分别是湖南省的 21.9%、39.2% 和 1.78 倍（图 9-7）。

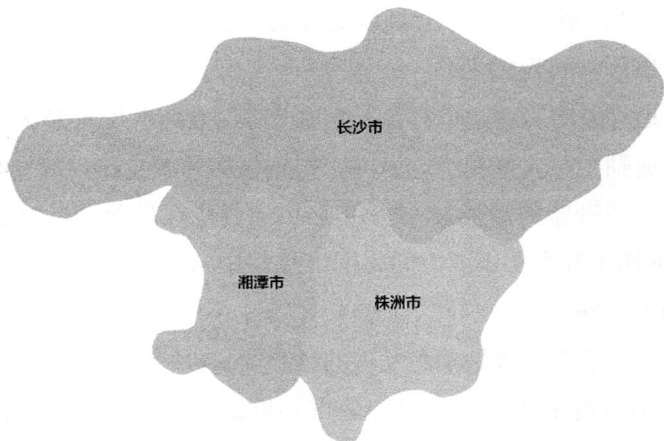

图 9-7　长株潭都市圈范围

资料来源：《长株潭都市圈发展规划》

从中心城市在都市圈的经济地位来看，长沙市2020年地区生产总值为12143亿元，占都市圈地区生产总值的74.5%；长沙中心城区地区生产总值为7709亿元，占都市圈地区生产总值的47.3%，在都市圈中有较强的经济地位，对周边区域经济发展有较大的带动作用。

从都市圈空间半径来看，长株潭都市圈最大半径（长沙中心城区与都市圈最远边界距离）为127公里；距离长沙中心城区最远的区县是醴陵市，相距81公里，道路交通出行时间为90分钟。

从道路交通等时圈来看，长沙市1小时道路交通圈半径为40公里左右，小于都市圈空间半径。另外，根据住房和城乡建设部发布的《2021年度中国主要城市通勤监测报告》，长沙市居民通勤半径目前仅有27公里，远小于1小时道路交通等时圈半径和都市圈空间范围半径（图9-8）。

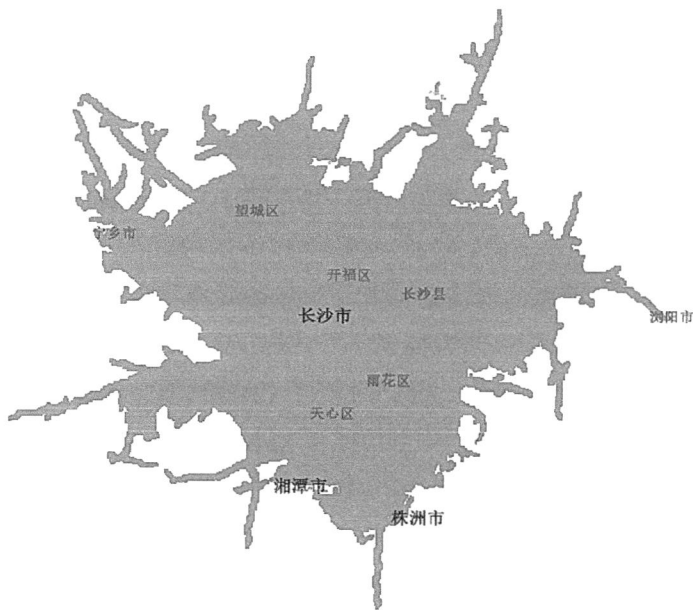

图9-8　长沙1小时道路交通圈

资料来源：作者自绘

5.西安都市圈

西安都市圈地处我国"两横三纵"城镇化战略格局中陆桥通道横轴和包昆通道纵轴的交汇处，是关中平原城市群的核心区域。2022年4月，《西安都市圈发展规划》正式获批，是继南京都市圈、福州都市圈、成都都市圈、长株潭都市圈发展规划之后，正式印发的第5个都市圈发展规划，也是目前西北地区唯一正式同意印发的都市圈发展规划。

西安都市圈范围包括西安市全域（含西咸新区），咸阳市秦都区、渭城区、兴平市、三原县、泾阳县、礼泉县、乾县、武功县，铜川市耀州区，渭南市临渭区、华州区、富平县，以及杨凌农业高新技术产业示范区，面积2.06万平方公里，2020年底常住人口1802万人，地区生产总值约为1.3万亿元，人均地区生产总值7.2万元，分别是陕西省的45.6%、49.7%和1.09倍（图9-9）。

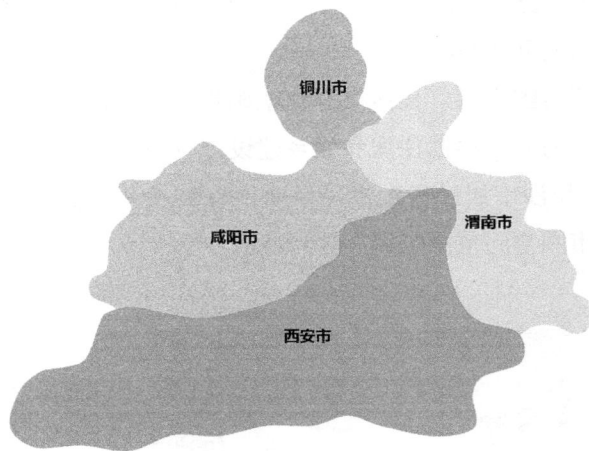

图9-9　西安都市圈范围

资料来源：《西安都市圈发展规划》

从中心城市在都市圈的经济地位来看，西安市2020年地区生产总值为10020亿元，占都市圈地区生产总值的78.7%；中心城区地区生产总值9738亿元，占都市圈地区生产总值的76.5%，在都市圈中有较高的地位和较强影响力。

从都市圈空间半径来看，西安都市圈最大半径（西安中心城区与都市圈最远边界距离）为136公里；距离西安中心城区最远的区县是渭南市华州区，相距80公里，道路交通出行时间为72分钟。

从道路交通等时圈来看，西安市1小时道路交通圈半径为50公里左右。另外，根据住房和城乡建设部发布的《2021年度中国主要城市通勤监测报告》，西安市居民通勤半径目前仅有29公里，远小于1小时道路交通圈半径和都市圈空间范围半径（图9-10）。

6.重庆都市圈

2022年8月，经国家发展改革委同意，重庆市人民政府、四川省人民政府共同印发《重庆都市圈发展规划》，这是中西部第一个跨省域都市圈规划。重庆都市圈由重庆主城都市区中心城区（以下简称中心城区）和紧密联系的周边城市共同组成，包括重庆市渝中区、大渡口区、江北区、沙坪坝区、九龙坡区、南岸

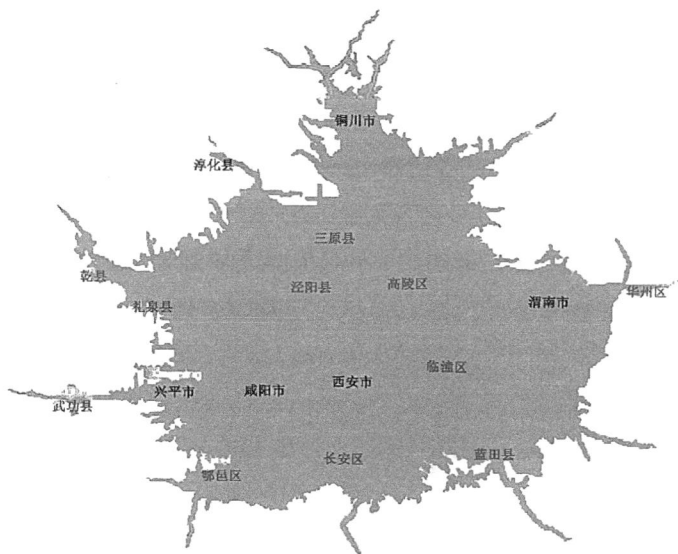

图 9-10　西安1小时道路交通圈

资料来源：作者自绘

区、北碚区、渝北区、巴南区、涪陵区、长寿区、江津区、合川区、永川区、南川区、綦江区—万盛经开区、大足区、璧山区、铜梁区、潼南区、荣昌区21个区和四川省广安市，面积3.5万平方公里，2020年底常住人口2440万人，地区生产总值约为20544亿元，人均生产总值8.4万元，分别是重庆市的76.0%、82.2%和1.08倍（图9-11）。

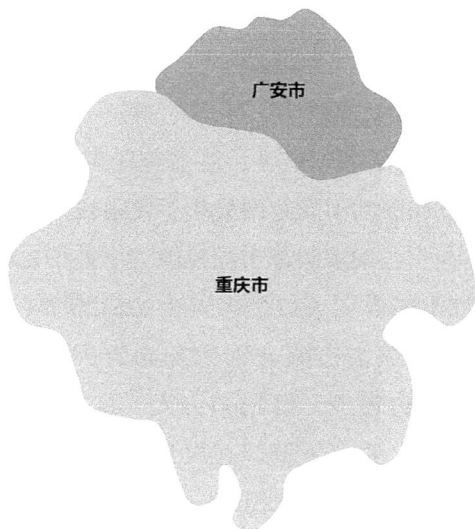

图 9-11　重庆都市圈范围

资料来源：《重庆都市圈发展规划》

从中心城市在都市圈的经济地位来看，重庆中心城区地区生产总值9822亿元，占都市圈地区生产总值的47.8%，在都市圈中的地位相对不高。

从都市圈空间半径来看，重庆都市圈最大半径（重庆中心城区与都市圈最远边界距离）为142公里；距离重庆中心城区最远的区县是广安市岳池县，相距108公里，道路交通出行时间为119分钟。

从道路交通等时圈来看，重庆市1小时道路交通圈半径为45公里左右，略小于国际成熟都市圈通勤半径。另外，根据住房和城乡建设部发布的《2021年度中国主要城市通勤监测报告》，重庆市通勤半径目前仅有39公里，远小于1小时道路交通圈半径和都市圈空间范围半径（图9-12）。

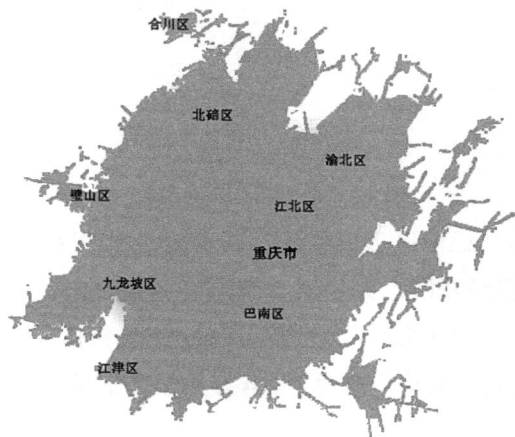

图9-12　重庆1小时道路交通圈

资料来源：作者自绘

7. 已印发都市圈基本情况对比

都市圈面积：重庆都市圈范围最大，涵盖重庆市的21个区和四川省广安市，面积3.5万平方公里；长株潭都市圈范围最小，仅限长沙、株洲和湘潭3市，面积1.89万平方公里；总体而言，国家级都市圈范围大多处于2万～3万平方公里。

人口特征：成都都市圈常住人口最多，为2761万人；重庆都市圈、南京都市圈、西安都市圈和长株潭都市圈分别为2440万人、2120万人、1802万人和1455万人；福州都市圈人口最少，仅1300万人。从人口密度来看，成都都市圈人口聚集度最高为1046人/平方公里，其次为西安都市圈的875人/平方公里，南京都市圈、长株潭都市圈人口密度相近，分别为785人/平方公里、770人/平方公里，重庆都市圈人口密度697人/平方公里，福州都市圈人口密度最低，仅为500人/平方公里。

经济水平：从GDP来看，各都市圈GDP均在万亿元以上，其中南京都市圈最高为2.84万亿元，其次为成都都市圈的2.14万亿元，西安都市圈最少为1.3万亿元。从人均GDP来看，南京都市圈最高为13.4万元/人，其次为长株潭都市圈、福州都市圈的11.2万元/人、11.5万元/人，西安都市圈人均GDP最小，为7.2万元/人。

都市圈发展阶段：根据人口、经济以及中心城市发展阶段判断，5个都市圈均为发展型都市圈。其中，南京都市圈的经济社会发展最为均衡与完善；长株潭与福州都市圈经济发展质量较好，但人口基数较少，都市圈体量较小；成都都市圈、重庆都市圈与西安都市圈人口吸引力强劲，但人均经济水平较弱（表9-3、表9-4）。

都市圈社会经济对比　　　　　　　　　　　　　　　表9-3

都市圈	面积（万平方公里）	常住人口（万人）	GDP（亿元）	人均GDP（万元）	人口密度（人/平方公里）
南京都市圈	2.7	2120	28432	13.4	785
福州都市圈	2.6	1300	15000	11.5	500
成都都市圈	2.64	2761	21382	7.7	1046
长株潭都市圈	1.89	1455	16308	11.2	770
西安都市圈	2.06	1802	13000	7.2	875
重庆都市圈	3.5	2440	20544	8.4	697

资料来源：都市圈各省市统计年鉴及第七次人口普查公报。

都市圈空间范围对比　　　　　　　　　　　　　　　表9-4

都市圈	都市圈最大半径（公里）	距中心城区最远区县	中心城区至最远县城的距离（公里）	中心城区至最远县城的道路交通时长（分钟）	都市圈中心城市现状通勤半径（公里）
南京都市圈	165	宣州区	120	140	31
福州都市圈	161	延平区	125	140	24
成都都市圈	130	乐至县	100	99	28
长株潭都市圈	127	醴陵市	81	90	27
西安都市圈	136	华州区	80	72	29
重庆都市圈	142	岳池县	108	119	39

资料来源：《2021年度中国主要城市通勤监测报告》以及作者整理。

都市圈范围：从印发时间顺序看，前期印发的南京都市圈、福州都市圈、成都都市圈空间范围较大，均在2.6万平方公里以上；近期印发的长株潭都市圈和西安都市圈范围相对缩小，均在2.0万平方公里左右；最新印发的重庆都市圈范围虽然达到3.5万平方公里，但包含了大量的山地和丘陵，真正可大规模开发的平坝面积仅0.3万平方公里。尽管如此，我国正式印发都市圈的空间范围仍然远超出1小时通勤圈范围。可见我国都市圈范围划定与国际上通行的以通勤率为基础划定的都市圈范围有一定差别，更多地考虑了经济、文化、行政等方面的影响因素。

都市圈的基本单元：都市圈的批复范围均以县级行政辖区为基本单元，但部分都市圈在都市圈范围基础上还有一个都市圈规划范围，规划范围则多以地市级行政辖区为基本单元。

（二）国内其他都市圈范围基本情况

1. 杭州都市圈

杭州都市圈包括杭州市辖区及桐庐县，湖州市辖区及安吉县、德清县，嘉兴市辖区及桐乡市、海宁市，绍兴市辖区及诸暨市。面积约2.2万平方公里，2020年底常住人口约2100万人，地区生产总值约为2.64万亿元，人均生产总值12.6万元（图9-13）。

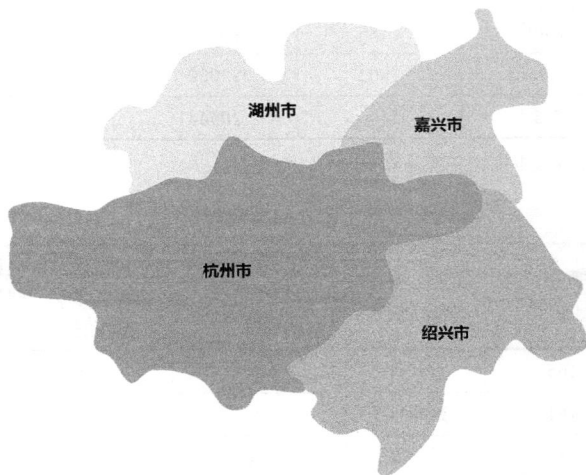

图9-13　杭州都市圈范围

资料来源：作者自绘

从中心城市在都市圈的经济地位来看，杭州市辖区及桐庐县生产总值为16106亿元，占都市圈生产总值的58.5%，在都市圈中有较强的地位，对周边区域经济有一定带动作用。

从都市圈空间半径来看，杭州都市圈最大半径（杭州中心城区与都市圈最远边界距离）为131公里；距离杭州中心城区最远的区县是杭州市桐庐县，相距71

公里，道路交通出行时间为83分钟。

从道路交通等时圈来看，杭州市1小时道路交通圈半径为50公里左右，与国际成熟都市圈通勤半径大体一致。另外，根据住房和城乡建设部发布的《2021年度中国主要城市通勤监测报告》，杭州市居民通勤半径目前仅有33公里，远小于1小时道路交通圈半径和都市圈空间范围半径（图9-14）。

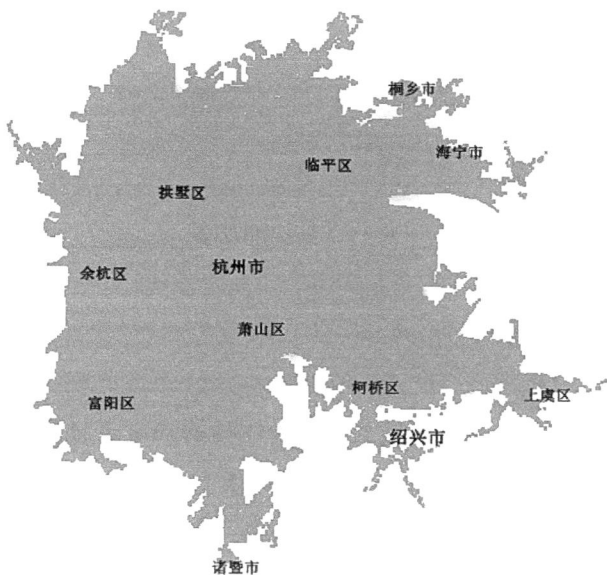

图9-14　杭州市1小时道路交通圈
资料来源：作者自绘

2.武汉都市圈

武汉都市圈主要涵盖武汉市、鄂州市、仙桃市全域，黄石市市辖区及大冶市，咸宁市咸安区及嘉鱼县，孝感市孝南区、孝昌县、汉川市、云梦县，黄冈市黄州区、团风县，总面积2.53万平方公里[①]。2020年底常住人口2194万人，地区生产总值约为1.9万亿元，人均生产总值8.7万元（图9-15）。

从中心城市在都市圈的经济地位来看，武汉市2020年地区生产总值为15616亿元，占都市圈地区生产总值的82.2%，在都市圈中有较高的地位，对周边区域经济发展具有较大带动作用。

从都市圈空间半径来看，武汉都市圈最大半径（武汉中心城区与都市圈最远边界距离）为165公里；距离武汉中心城区最远的区县是潜江市，相距137公里，

---

① 中国城市和小城镇改革发展中心，《湖北省都市圈市域（郊）铁路规划》，2021年12月。

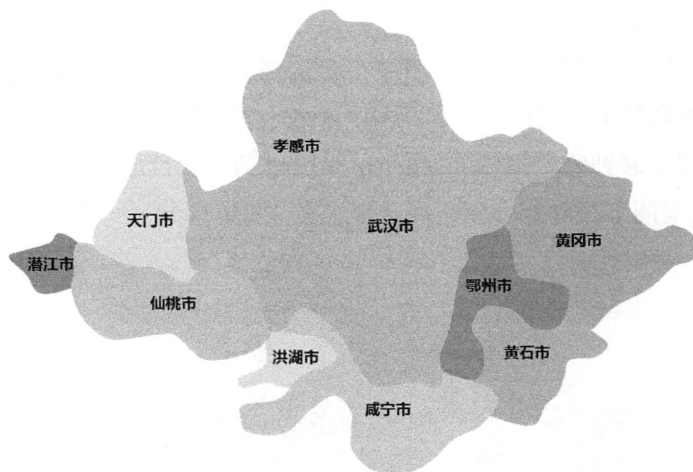

图 9-15　武汉都市圈范围

资料来源：课题组自制

道路交通出行时间为131分钟。

从道路交通等时圈来看，武汉市1小时道路交通圈半径为50公里左右，与国际成熟都市圈通勤半径大体一致。另外，根据住房和城乡建设部发布的《2021年度中国主要城市通勤监测报告》，武汉市居民通勤半径目前仅有29公里，远小于1小时交通圈半径和都市圈空间范围半径（图9-16）。

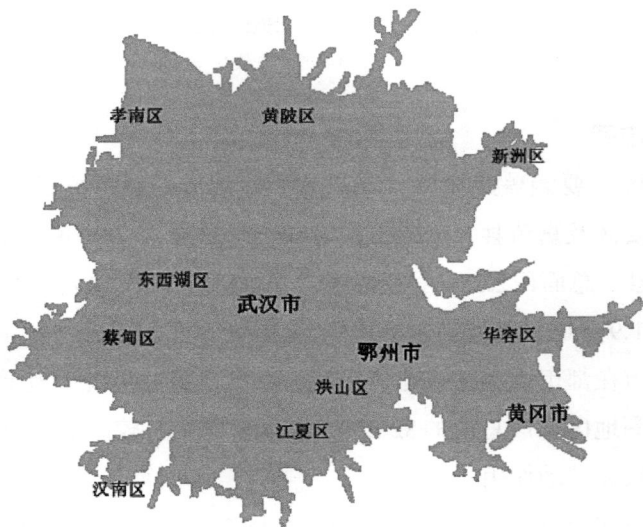

图 9-16　武汉1小时道路交通圈

资料来源：作者自绘

3.大南昌都市圈

大南昌都市圈包括南昌市、九江市和抚州市临川区、东乡区，宜春市的丰城市、樟树市、高安市和靖安县、奉新县，上饶市的鄱阳县、余干县、万年县，含国家级新区赣江新区，面积4.5万平方公里[①]，2020年底常住人口1715万人，地区生产总值约为11984亿元，人均生产总值7.0万元（图9-17）。

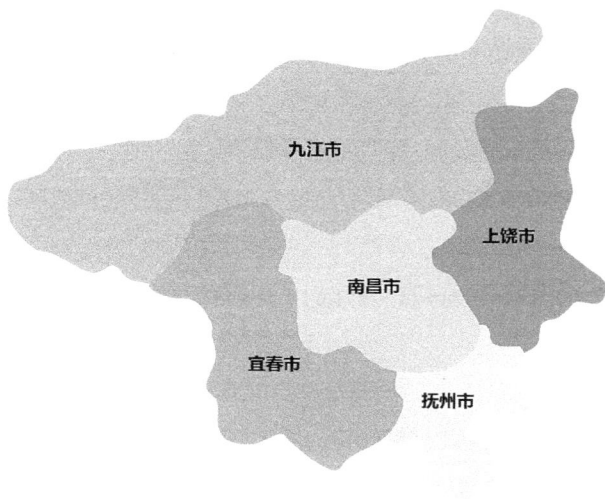

图9-17 大南昌都市圈范围

资料来源：《大南昌都市圈发展规划（2019—2025年）》

从中心城市在都市圈的经济地位来看，南昌市2020年地区生产总值为5746亿元，占都市圈地区生产总值的47.9%，在都市圈中的经济地位一般，对周边区域经济发展有一定带动作用。

从都市圈空间半径来看，大南昌都市圈最大半径（南昌中心城区与都市圈最远边界距离）为190公里；距离南昌中心城区最远的区县是九江市彭泽县，相距152公里，道路交通出行时间为162分钟。

从道路交通等时圈来看，南昌市1小时道路交通圈辐射半径为40公里左右，小于国际成熟都市圈通勤半径。另外，根据住房和城乡建设部发布的《2021年度中国主要城市通勤监测报告》，南昌市通勤半径目前仅有23公里，远小于1小时道路交通圈半径与都市圈空间范围半径（图9-18）。

---

① 《大南昌都市圈发展规划（2019—2025年）》。

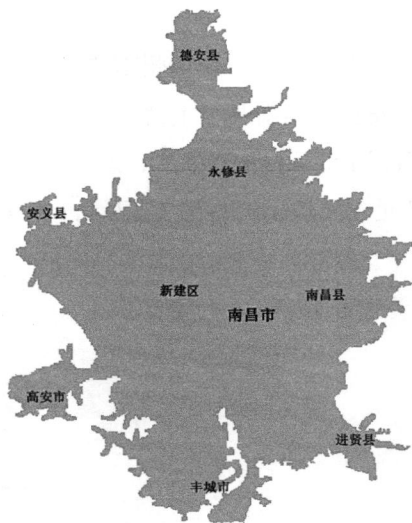

图9-18 南昌市1小时道路交通圈

资料来源：作者自绘

4.广州都市圈

广州都市圈包括广州市、佛山市全域，以及肇庆市的端州区、鼎湖区、高要区、四会市，清远市的清城区、清新区、佛冈县，总面积2.03万平方公里①。2020年底常住人口3239万人，地区生产总值约为38285亿元，人均生产总值11.8万元（图9-19）。

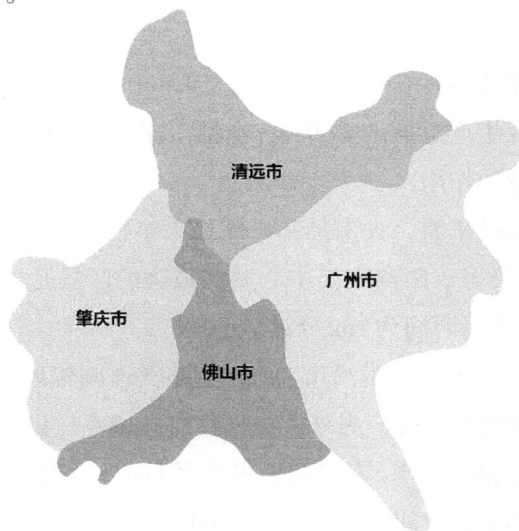

图9-19 广州都市圈范围

资料来源：课题组根据《广东省都市圈国土空间规划协调指引》定义的范围自制

---

① 广东省自然资源厅关于印发《广东省都市圈国土空间规划协调指引》的通知。

从中心城市在都市圈的经济地位来看，广州市2020年地区生产总值为25019亿元，占都市圈地区生产总值的65.3%，在都市圈中有较强的地位，对周边区域经济有较大带动作用。

从都市圈空间半径来看，广州都市圈最大半径（中心城市与都市圈最远边界距离）为141公里；距离中心城市最远的区县是清远市佛冈县，相距87公里，道路交通出行时间为92分钟。

从道路交通等时圈来看，广州市1小时道路交通圈半径为45公里左右，略小于国际成熟都市圈通勤半径。另外，根据住房和城乡建设部发布的《2021年度中国主要城市通勤监测报告》，广州市通勤半径目前仅有31公里，远小于1小时道路交通圈半径和都市圈空间范围半径（图9-20）。

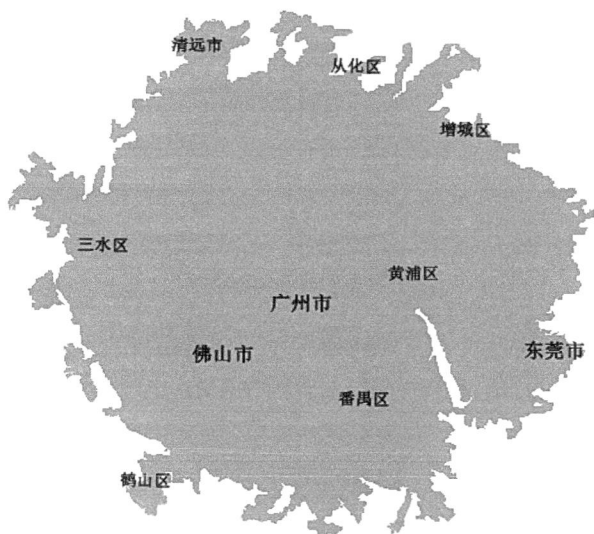

图9-20　广州1小时道路交通圈

资料来源：作者自绘。

5.都市圈基本情况对比

都市圈范围：几个都市圈范围差异较大，大南昌都市圈面积达到4.5万平方公里，而杭州都市圈、武汉都市圈和广州都市圈面积分别为2.2万平方公里、2.53万平方公里和2.03万平方公里。

人口特征：在都市圈范围差异较大的情况下，常住人口数量难以客观反映都市圈的人口集聚情况。从人口密度来看，广州都市圈人口密度最高达到1596人/平方公里，其次为杭州都市圈的940人/平方公里，武汉都市圈的人口密度分别为867人/平方公里，大南昌都市圈人口最低，仅为381人/平方公里。

经济水平：在都市圈范围差异较大的情况下，地区生产总值难以客观反映都市圈的经济发展情况。从人均GDP来看，杭州都市圈、广州都市圈较高，分别为12.6万元/人、11.8万元/人，其次为武汉都市圈的8.7万元/人，大南昌都市圈人均GDP为7万元/人。

都市圈发展阶段：根据人口、经济以及中心城市发展阶段判断，5个都市圈均为发展型都市圈。其中，广州都市圈、杭州都市圈、武汉都市圈经济社会发展较为均衡与完善；大南昌都市圈因为空间范围过大，经济与人口吸引都相对较弱（表9-5、表9-6）。

都市圈社会经济对比 表9-5

都市圈	面积（万平方公里）	常住人口（万人）	GDP（亿元）	人均GDP（万元）	人口密度（人/平方公里）
杭州都市圈	2.2	2101	26439	12.6	940
武汉都市圈	2.53	2194	19000	8.7	867
大南昌都市圈	4.5	1715	11984	7.0	381
广州都市圈	2.03	3239	38285	11.8	1596

资料来源：都市圈各省市统计年鉴及第七次人口普查公报。

都市圈空间范围对比 表9-6

都市圈	都市圈最大半径（公里）	距中心城区最远区县	中心城区至最远县城的距离（公里）	中心城区至最远县城的道路交通时长（分钟）	都市圈中心城市现状通勤半径（公里）
杭州都市圈	131	桐庐县	71	83	33
武汉都市圈	165	潜江市	137	131	29
大南昌都市圈	190	彭泽县	152	162	23
广州都市圈	141	佛冈县	87	92	31

资料来源：《2021年度中国主要城市通勤监测报告》与作者整理。

都市圈的基本单元：这四个都市圈的基本单元不同，杭州以地市级行政辖区为基本单元，其他三个都市圈均以县级行政辖区为基本单元。

（三）国内都市圈范围划定存在问题

（1）地方政府存在划大都市圈范围的非理性冲动。都市圈不是行政辖区单元，都市圈发展规划也不是法定规划，都市圈发展也未纳入地方政府的绩效评价范围，纳入都市圈并不会给地方政府造成硬性约束。而从资源配置权力角度看，"圈"越大能够调动的资源越多，"圈"越大中心城市发展的"腹地"越大，打造省域经济增长极的可行性似乎越强。我国都市圈的中心城市大多是省会城市或副省级以上城市，这些中心城市的经济功能、社会功能和行政功能都远远强于外围城市，被"划"入都市圈对外围县市而言利大于弊，加之对上级政府支持都市圈发展政策的"预期"，外围县市往往表现出"划"入都市圈的非理性冲动。

（2）部分都市圈划定范围过大。结合国际成熟都市圈的发展经验，其辐射半径一般为50~70公里，都市圈总面积在0.79万~1.54万平方公里。对比国内都市圈范围，已正式印发的都市圈除长株潭都市圈外，其余都市圈范围均超过2万平方公里，其中南京都市圈、成都都市圈、重庆都市圈总面积均超过2.6万平方公里，远大于国际成熟都市圈范围；其他研究中的都市圈有些面积更大，大南昌都市圈范围达到4.5万平方公里。从辐射半径来看，已批复的六个都市圈空间最大半径达到127~165公里，最远区县县城距离中心城区达到80~125公里；其他研究中的都市圈空间最大半径达到141~190公里，最远区县县城距离中心城区达到86~152公里，超过现阶段我国都市圈适宜半径尺度。都市圈范围过大提高了统筹协调难度，增加了建设成本和建设时间，不利于实现土地集约高效利用与城市间的功能协调。

（3）尚未建立统一的都市圈界定标准。虽然《关于培育发展现代化都市圈的指导意见》明确指出，都市圈是城市群内部以超大特大城市或辐射带动功能强的大城市为中心、以1小时通勤圈为基本范围的城镇化空间形态，但是对1小时通勤圈的概念内涵并没有清晰界定，我国都市圈规划的现状是空间范围都远超出1小时通勤距离。从已批复的都市圈来看，中心城市与外围最远的区县之间道路交通时长在72~140分钟，而中心城市的通勤半径距离仅在24~39公里；从研究中的都市圈来看，中心城市与外围最远的区县之间道路交通时长多超过2小时，而中心城市的通勤距离则仅在23~33公里。目前，我国都市圈在范围划定时更多考虑了行政因素和中心城市扩张经济版图的决心，缺乏客观系统的都市圈划分标准和指标。在定量划分上，两个城市之间的经济联系如何测算并没有公认的科学方法，有学者利用重力模型测算经济联系，有学者利用交通联系数据推算经济联系，每种方法中都有大量需要人工赋值的参数与标准，导致经济联系测算的人为影响大，计算结果偏差大；以经济联系作为都市圈范围划定的依据，必然使都市圈范围划定弹性增大，随意性增强。此外，一些发达地区利用大数据等新手段开展了都市圈的监测和评估，但仍不系统不全面，对都市圈发展的指导意义不强，亟须建立标准的、系统的、客观的都市圈范围划定及评估体系，为都市圈发展和治理决策提供科学依据。

（4）都市圈划分基本单元尚不明晰。我国的都市圈划定大多以县级行政辖区为基本单元，但也有部分都市圈以地级市行政辖区为基本单元，还有学者建议以乡镇行政辖区为基本单元。都市圈的基本单元选择应与都市圈发展阶段相适应，方便都市圈相关数据资料的获取，有利于现代化都市圈建设和相关政策落地实施。我国现有地市级行政区333个，其中60%以上的面积超过1万平方公里，而国际上成熟的大都市圈范围一般都在2万平方公里左右；另外地市内部情况复杂，有些地市包含大量生态功能区，不适宜作为我国都市圈的基本单元。以乡镇行政区作为都市圈基本单元虽然能够更精细地刻画都市圈特征，但是乡镇在行政和经济功能上并不健全，容易导致都市圈相关政策难以落实，而且乡镇数量过多，不利于都市圈基础数据收集统计，同样不适宜作为现阶段我国都市圈的基本单元。

（5）未充分考虑都市圈发展阶段。不同发展阶段的都市圈具有不同的空间结构，如成熟期都市圈呈现多核心网络化特征、成长期都市圈核心城市突出，副中心城市雏形出现、发育期都市圈中心—外围特征明显，从而具有不同的辐射半径。已正式印发的都市圈范围总面积基本在1.8万～3.5万平方公里，大南昌都市圈发展阶段明显滞后于已印发的5个都市圈，但是其范围却远大于已批复的5个都市圈。另外，从国际都市圈的成长经验来看，不同发展时期，都市圈的范围并不相同，我国都市圈大多处于发育期和成长期，而都市圈范围划定却远远超过国际成熟都市圈，对都市圈可持续发展并不一定有利。

三、国际都市圈范围划定经验借鉴

（一）东京都市圈

1.东京都市圈基本情况

东京都市圈范围界定有狭义和广义之分口。广义的都市圈也称首都经济圈，是指"一都七县"——即东京都，神奈川县、埼玉县、千叶县近邻三县，茨城县、群马县、栃木县和山梨县外围四县，面积36898平方公里，人口4449万人；除山梨县以外的"一都六县"为关东地区，面积32433平方公里，人口4368万人。狭义的都市圈一般是指"一都三县"，即东京都、神奈川县、埼玉县、千叶县，总面积13565平方公里，人口3694万人（图9-21、表9-7）。

在日本总务省的国势调查中，东京都市圈范围为东京都区部、横滨市、埼玉市、千叶市、川崎市、相模原市，包括茨城县、栃木县、群马县、埼玉县、千叶

图9-21 首都经济圈"一都七县"范围

资料来源:《东京都市圈轨道交通体系》

首都经济圈"一都七县"人口数据（2020年）　　　　表9-7

地区	面积（平方公里）	人口（万人）	人口密度（人/平方公里）
东京都	2194	1406	6408
神奈川县	2416	924	3825
埼玉县	3798	735	1935
千叶县	5158	629	1219
茨城县	6097	287	471
群马县	6362	194	305
栃木县	6408	193	301
山梨县	4465	81	181
合计	36898	4449	1206

资料来源:《东京都市圈轨道交通体系》。

县、东京都、神奈川县、山梨县、静冈县的市町村，面积13452平方公里，人口3727万人。

在日本国土交通省组织的第六次东京都市圈交通调查中，东京都市圈范围包括东京都、神奈川县、埼玉县、千叶县全域（一区三县）以及茨城县筑波市、石冈市、古贺市、鹿岛市等南部地区，面积约16000平方公里，5岁以上常住人口约3660万人（图9-22）。

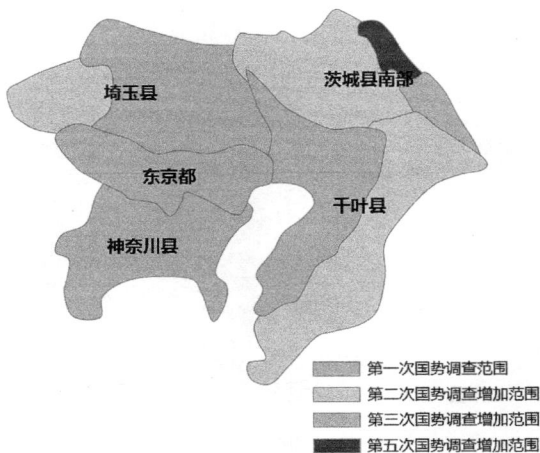

图9-22 国土交通省交通调查东京都市圈范围

资料来源：《第6次（2018年）东京都市圈居民出行调查》

2.东京都市圈发展历程

都市圈的发展过程主要是指都市圈各城市规模扩张和圈域范围扩大，东京都市圈的发展具体可以分为3个阶段。

（1）都市圈的雏形期阶段（1920—1960年），东京都市圈发展的重点主要是推动核心城市的产生与城市间基础设施的建设。首先，东京核心城市的产生是东京都市圈形成的有利条件。核心城市首先产生于自然条件、地理位置、经济基础等方面更具潜力和优势的城市。东京作为都市圈内的超级核心城市，在区域竞争中获取更多的生产要素，使得其城市规模、层次以及竞争力远远领先于圈内其他城市，导致了东京城市经济的外溢和功能的向外辐射，而落后的城市则面临升级等。其次，大型基础设施建设是东京都市圈形成的必要条件。东京都市圈依靠政府行政手段对基础教育、基础产业和交通设施等进行培育，并在政策、资金等方面给予倾斜扶持，进而缩小圈内各城市的差距，实现区域共同发展。显而易见，东京城市的辐射与基础设施的建设把圈内核心城市与非核心城市连接到一起，形成了更大范围的地域圈层结构，即东京都市圈雏形的出现，此时都市圈范围在10～20公里。

（2）都市圈的扩张期阶段（1960—1980年），东京都市圈在这一时期的规划重点是发展。在大都市圈空间架构基本形成的基础上，大都市圈过程的延续主要表现为两个方面的变化，一是内部发展，指都市圈内城市的合理分工和功能定位的完善；二是外部扩张，指都市圈空间结构的日趋扩大和通联网络的日益发达。这一阶段主要是通过以市场为导向，构建一体化的都市圈经济。伴随着高速公路以及轨道交通技术等基础设施的建设，东京都市圈开始向郊区分散与转移，出现明显的郊区化趋势，进入了全面的扩张发展。都市圈中心城市制造业外移、分工体系和城市功能定位逐步完善、城市空间进一步扩展、城市间产业与经济关联度加强，并出现多个增长点，都市圈进入全面的扩张期阶段。这一阶段都市圈范围快速扩张，半径扩大至40～50公里。

（3）都市圈的成熟期阶段（1980年至今），东京都市圈在成熟期阶段的发展重点是综合协调圈内城市的发展，实现都市圈整体效益和长远发展。20世纪80年代末，经济全球化和信息技术的发展，加快了东京都市圈生产性服务业的崛起，产业结构显现出"三、二、一"的发展态势，生产要素与资源的配置高效、有序。圈内核心城市、次核心城市和其他非核心城市之间进入了协调发展的状态，尤其在城区建设、交通体系的建立以及生态环境保护等方面的联系大大增强。此时，都市圈的空间结构也基本成形，人口和面积趋于稳定，空间发展走向均衡。都市圈的空间结构完成了由"一极向多极"的转变，整体空间布局进入一个新的模式：多中心分散型网络结构。这一阶段都市圈更加成熟，其范围半径仍稳定在55公里左右（图9-23）。

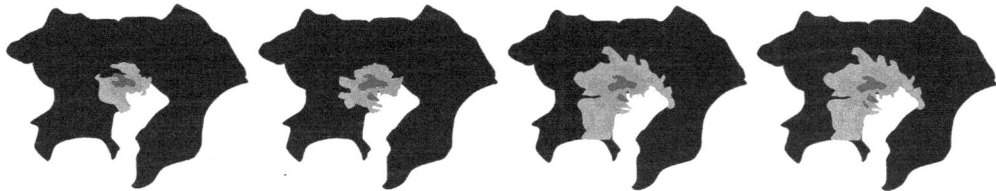

图9-23　东京都市圈范围变化

资料来源：课题组根据日本历次国势调查数据自制

3.东京都市圈范围界定标准

1950年，日本行政管理厅将都市圈定义为：以一日为周期，可以接受城市某方面功能服务的地域范围，中心城市的人口规模须在10万人以上。

20世纪60年代由于经济高速增长，公务性行业在大城市地区高度集中，开始从商业行政管理的角度来研究大都市圈，由此提出了"大都市圈"概念，规定中心城市为中央指定市，或人口规模在100万人以上，并且邻近有50万人口以上的城市，外围地区到中心城市的通勤率不小于本身人口的15%，大都市圈之间的物资运输量不得超过总运量的25%。据此，日本全国被划分为首都圈、近畿圈等八大都市圈。

20世纪70年代开始探讨大城市圈层结构和空间增长过程。1975年日本总理府统计局对于都市圈的界定标准为：以人口100万以上的政令指定城市为中心城市，外围区域向中心城市的通勤率不低于1.5%。日本学者富田和晓、Glickman与川岛、山田浩之与山岗一幸在研究过程中，对都市圈的界定标准分别以中心城市人口分别为30万、10万、5万以上和分别10%、5%、10%的外围地区到中心城市的通勤率等为基本条件。

2010年，日本总务省将都市圈定义为由一个或多个中心城市以及其相关联的周边市、町、村构成的区域，其标准为：常住地区15岁以上的就业人口和15岁以上的上学人口在1.5%以上构成的"通勤圈"和"上学圈"即形成都市圈。据此日本政府在全国划分出三大都市圈（东京、中京和京阪神）以及地方都市圈（表9-8）。

日本都市圈判定标准　　　　　　　　　　　　　　　　　　　　　　表9-8

年代	都市圈判定标准	主要判定指标
1960	提出了都市圈的判定指标和阈值，规定中心城市为中央指定市，或人口规模在100万人以上，并且邻近有50万人以上的城市，外围地区到中心城市的通勤率不小于本身人口的15%，大都市圈之间的物资运输量不得超过总运量的25%	人口规模、通勤率、货运量比例
1975	人口100万以上的政令指定城市为中心城市，外围区域向中心城市的通勤率不低于1.5%	人口规模、通勤率
2010	常住地区15岁以上的就业人口和15岁以上的上学人口去往中心城市通勤在1.5%以上构成的"通勤圈"和"上学圈"就形成都市圈（通勤率=外围到中心县通勤人数/外围县15岁以上居住人口数）	中央核、通勤率

资料来源：日本总务省统计局.平成10年住宅·土地统计调查用语の解说《地域》.[EB/OL].日本总务省统计局.三大都市圈等関连资料[R/OL]。

（二）纽约都市圈

1.纽约都市圈基本情况

纽约都市圈包括纽约市及其周围的纽约州、新泽西州和康涅狄格州3个州的23个郡，总面积2.35万平方公里，人口约2200万。其中，核心区为曼哈顿区，总面积59平方公里；中心区由5个区组成，即曼哈顿区、布朗克斯区、布鲁克林区、皇后区及斯塔滕岛，总面积789平方公里；近郊区包括除中心城外的部分行政区（如哈德森、埃塞克斯等）及新泽西州的部分地区，总面积3000平方公里；远郊区包括长岛、威彻斯特、亨特顿等在内的都市圈外围区域（图9-24）。

2.纽约都市圈发展历程

总体来说，纽约都市圈的形成主要经历了以下四个阶段：

（1）城市孤立分散的阶段（1870年以前），即美国南北内战之前，美国城市

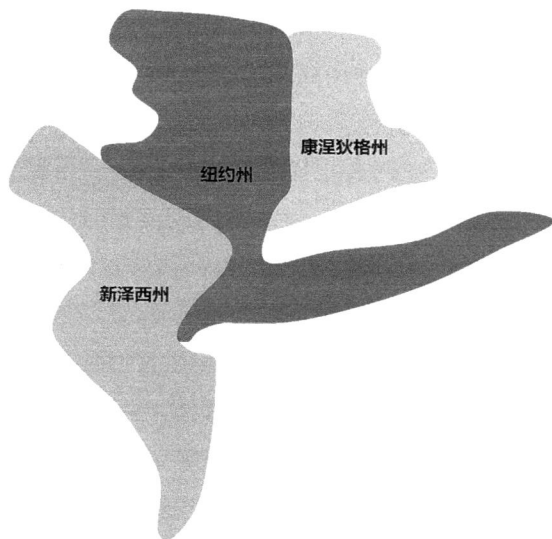

图9-24　纽约都市圈范围

化处于起步阶段，城市化速度较慢，农业占据了主导地位，产业结构明显，出现
"一、二、三"格局。伴随着美国城市化的进程，这一阶段的经济与人口开始向
城市集聚，城市规模逐步扩大，但城市间的联系仍旧较少，且各城市独立发展。
由于集聚能力较弱，许多小城市出现了人口松散分布的状态，空间结构不明显。
然而，随着美国城市化进程的加深，以纽约、费城和波士顿为主的港口城市得到
了迅速发展，外向型经济的发展带动了区域的集聚能力，城市进一步发展，进入
了第二阶段。

（2）纽约都市圈雏形阶段（1870—1920年），这是美国内战结束后的重要时
期，先进的工业化社会代替了落后的农业化社会，产业结构开始发生变化，由之
前的"一、二、三"格局变成了"二、三、一"格局。同时，由于铁路网络的形
成和工业革命的进一步发展，城市化进入了鼎盛时期。城市数量增加，规模急剧
扩大，各城市建设区基本成型，形成了以纽约、费城为核心的区域发展轴，城市
空间结构开始显多中心发展的态势。1920年，纽约都市圈人口700万人，半径约
为20公里。

（3）纽约都市圈快速发展阶段（1920—1980年），这一阶段美国的社会经济
进入了工业化后期的发展，其中非农劳动力约占89%，第二、三产业的产值占据
了三大产业结构总产值约94%。中心城市规模较第二阶段继续扩大，城市发展不
断地向周边郊区扩展，超越了建成区的地域界限，逐渐形成了大都市圈。这一阶
段，人口从700万人增加至1800万人左右，辐射半径从20公里扩大至50公里。

（4）大都市圈发展成熟阶段（1980年以后），这一阶段科学技术发展迅速，交通和通信革命随之而起，产业结构向知识密集型转变，促进了城市产业结构的优化。同时，随着城市郊区化持续，劳动力、资金、技术等生产要素继续向除中心城市外的周边区域转移，纽约都市圈形成了以纽约、费城为核心的点—轴扩散发展模式，城市间要素流动增强，经济空间联系紧密，成熟的纽约都市圈形成。这一阶段都市圈发展更加成熟，其范围半径稳定在52公里左右。

3. 纽约都市圈范围界定标准

1910年，美国首次提出大都市区（Metropolitan District）概念。其标准是人口在10万及10万以上的城市及其周围10英里范围内的郊区，或虽超过10英里但与中心城市连绵不断、人口密度达到150人/平方英里的地区。

1949年美国联邦预算局提出了一种统计区的概念，称为"标准大都市区（Standard Metropolitan Areas，SMA）"。1959年改称"标准大都市统计区（Standard Metropolitan Statistical Areas，简称SMSA）"，规定中心城市人口在5万以上，外围区域需满足三个标准，一是具有75%以上的非农业人口；二是至少有15%职工在中心县（中心城市所在县的其余部分）工作且就业者中有超过25%的职工常住于中心县、市中；三是50%以上的居民所在的次级统计单元人口密度大于150人/平方公里，或非农职工人数不低于中心县非农业职工的10%，或非农职工人数在1万人以上。这种界定方法既考虑了城镇实体空间地域范围，也包括了城镇就业影响范围，统计单元与行政单元较吻合，但同时也由于行政区划（县）大小差异悬殊导致了SMSA可能包括部分人口稀疏的地区。

1980年，采用"主要大都市统计区（Primary Metropolitan Statistical Areas，PMSA）"。1983年，SMSA改名为"大都市统计区（MSA）"。MSA定义在SMSA基础上有所补充。若该区总人口达到或超过10万，并且有5万人口以上居住在人口统计署划定的城市化区域中，即使没有中心城市，也可划为都市区。此外，还规定人口在百万以上的都市区内，其单独的组成部分若达到一定的标准，则可划为"主要大都市统计区（PMSA）"，而任何包含几个PMSA的都市复合体都可称为"联合都市统计区（Consolidated Metropolitan Statistical Areas，CMSA）"。MSA、PMSA、CMSA统称为都市区（Metropolitan Areas）。

1990年，美国又将大都市统计区更名为"大都市区（Metropolitan Areas，简称MA）"，并对其界定标准作了细节上的调节和补充。规定每个都市圈应有一个人口5万以上的城市地区（UA，urbanized area）作为核心，围绕这一核心的都市区地域由中心县和外围县构成。中心县是该城市化地区的中心市所在的县，外围县则是与中心县邻接且满足以下条件的县：非农业劳动力比例在75%以上；人口密度大于50人/平方英里且每十年人口增长15%以上；至少15%的非农劳动力向中心县以内范围通勤或双向通勤率达到20%以上（表9-9）。

美国大都市区判定方法发展 表9-9

年代	概念	标准
1910	首次提出大都市区	人口在10万及10万以上的城市及其周围10英里范围内的郊区，或虽超过10英里但与中心城市连绵不断、人口密度达到150人/平方英里的地区
1949	标准大都市区（SMA）	
1959	标准大都市统计区（SMSA）	规定每个SMSA应有一个人口5万以上的中心城市，外围区域的人口密度在150人/平方英里以上，75%以上劳动力从事非农业活动，外围向中心城市的通勤率在15%以上
1980	主要大都市统计区（PMSA）	
1983	大都市统计区（MSA）	在SMSA的基础上进行了补充，若该区总人口达到或超过10万，并且有5万人口以上居住在人口统计署划定的城市化区域中，即使没有中心城市，也可划为都市区
1990	统一采用大都市区（MA）	规定每个都市圈以一个人口不少于5万的城市为核心，围绕该城市的部分外围县组成。外围县标准为：非农业劳动力比例在75%以上；人口密度大于50人/平方英里，且每十年人口增长15%以上；至少15%的非农劳动力向核心城市以内范围通勤或双向通勤率达到20%以上
2000	基于中央核的统计区域（CBSA）	每个CBSA至少有一个人口普查局定义的人口不少于5万的城市化地区或者人口不少于1万的城市簇。外围县满足以下两条件之一即可划分为大都市区的外围县：（1）外围县到中心县的通勤率在30%以上；（2）外围县25%以上的就业人口居住在中心县

资料来源：根据相关文献整理。

2000年，美国将大都市区更名为基于中央核的统计区域指CBSA（Core Based Statistic Area），规定每个CBSA由中央核、中心县、外围县三部分组成。其中，中央核：人口普查局定义的人口不少于5万的城市化地区（Urbanized Area）或者人口不少于1万的城市簇（urban cluster）。城市化地区和城市簇统称城市地区（Urban Area）；中心县：至少50%的人口居住在规模不小于1万的城市地区，或者中心县至少5000人居住在人口规模不小于1万人的单个城市地区；外围县：居住在外围县但工作在中心县的就业人口占外围县总就业人口的25%，或者外围县25%的就业人口居住在中心县等。

（三）经验启示

成熟都市圈空间半径稳定在50～70公里。国际大都市圈的发展大多起步于

20世纪初，经过几十年的扩张，到二十世纪八九十年代，空间范围趋于稳定。尽管近三十年来，国际成熟都市圈的人口和就业岗位仍在不断增长，但都市圈的空间半径一直稳定在50公里左右。例如，东京都市圈从20世纪20年代开始扩张，人口和都市圈范围迅速增长，但到了20世纪90年代以后，都市圈的空间范围不再增加，虽然都市圈的人口从1985年的3000万增长至2018年的3700万，但其空间半径一直在50公里左右（图9-25）。纽约都市圈的人口和空间范围同样从20世纪20年代开始迅速扩张，但到了20世纪90年代，尽管都市圈的人口从1990年的1800万增长至2018年的2000万，但空间半径也一直保持在50公里（图9-26）。

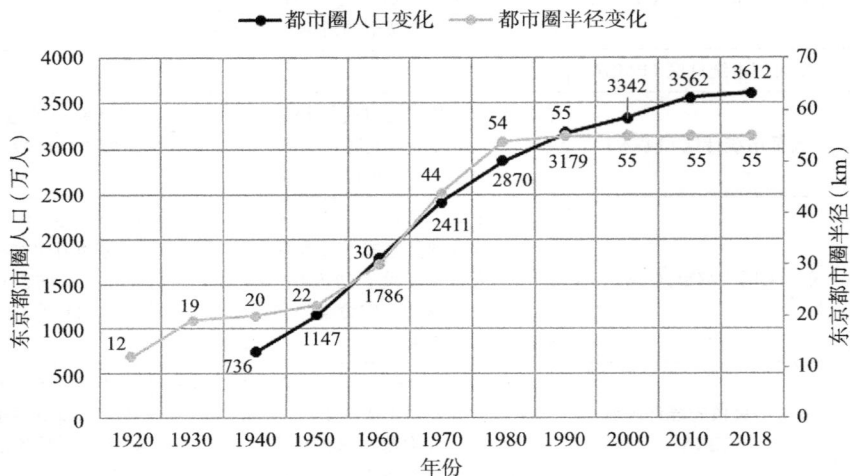

图9-25 东京都市圈人口与空间半径变化图

图9-26 纽约都市圈人口与空间半径变化图

通勤率是衡量都市圈范围的主要指标。由于通勤率是衡量中心城市对外围地区经济吸引强度的最显著和关键性指标，国际上常以"通勤率"这一指标来界定都市圈的范围。通勤率一般是指外围地区至中心城市通勤的人数与该地区常住人口的比率，通过对通勤率的测算获得不同吸引强度的通勤圈范围。这一判定方法起源于美国，日本和欧洲也参考这一方法，根据各自城市发展特点和区域经济一体化目标，提出了自己国家对都市区判定的具体指标阈值。从通勤强度测度通勤圈的范围是国际通用方法，通勤率作为衡量通勤强度的重要指标，真实反映了统一的劳动力与就业市场的活力和吸引范围，反映出就业中心和外围地区的社会经济互动关系，也反映了城市交通网络系统客流供需关系，这一测度方法普遍为国外都市圈测定使用，具有相对稳定性和系统性。

国际都市圈均以县或最小行政单元作为都市圈空间基本单元。美国自1949年定义标准大都市区（等同于都市圈）以来，一直以县作为标准大都市区的基本单元，主要是因为县是常用的统计基本地理单元，经济和人口的统计数据丰富可信；但是县范围内并非所有的国土、人口和中心城市之间都有着密切的联系，以次县单元作为都市圈的基本单元可以有效避免这一问题，近年来随着调查统计技术的进步，开始越来越多地被采用，但为了便于数据的历史比较，以县为基本单元的统计方法仍然保留。日本大都市圈在国势调查中一直以市、町、村为基本单元，规定若一个市、町、村前往中心城市通勤、通学的15岁以上的人口数达到该市、町、村通勤人口数的1.5%以上，则该市、町、村纳入该大都市圈范围。

■ 四、都市圈范围划定建议

（一）明确都市圈范围划定的量化标准

（1）正确理解1小时通勤圈的概念内涵。1小时通勤圈是都市圈范围划定的基础，但1小时通勤圈并没有一个固定的尺度，随着交通设施完善和技术进步，1小时通勤圈的范围也会不断变化。当前，部分地方和研究机构对1小时通勤圈的把握有不同理解，如有的观点认为可以把1小时通勤圈理解为高速铁路1小时到达，使得都市圈范围超出适宜的空间尺度。事实上，密切的通勤联系是都市圈区别于城市群或其他城镇化空间形态的主要特征，我们培育发展都市圈，必然要遵循全球都市圈发展的共性规律。通勤具有高频、刚性的特点，与区域性交通有本质区别，把"1小时"理解为高速铁路通达时间失去了通勤应有的内涵。我们认为，现阶段1小时通勤圈主要指都市圈周边城市组团至中心城市城区"站到站"通勤时间在1小时左右,"门到门"通勤时间严格把握在2小时以内。从国际成熟都市圈的发展经验和既有通勤交通工具的技术水平判断,目前,1小时通勤圈的半径一般在50公里左右,最大不超过80公里。当前我国主要城市的通勤半径大多为20～40公里,随着交通设施逐步完善,未来1小时通勤半径可能达到50公里,最大也不会超过80公里。因此,我国都市圈范围划定应以50～80公里半径为基础,不能以高速铁路、高速公路1小时交通圈的范围代替1小时通勤圈(表9-10)。

我国主要城市现状通勤半径　　　　　　　　表9-10

城市	通勤半径(公里)	城市	通勤半径(公里)	城市	通勤半径(公里)
北京	41	深圳	39	上海	39
广州	31	重庆	39	天津	37
杭州	33	南京	31	沈阳	31
武汉	29	郑州	28	成都	28
西安	27	青岛	25	大连	34
哈尔滨	33	济南	31	温州	31
乌鲁木齐	29	厦门	29	长沙	29
长春	29	苏州	28	石家庄	27
昆明	27	佛山	26	徐州	26
常州	26	无锡	25	宁波	31
兰州	28	银川	28	西宁	27
贵阳	26	福州	24	南昌	23
呼和浩特	22	海口	21	南宁	21

资料来源:《2021年度中国主要城市通勤监测报告》。

(2)将通勤率作为都市圈范围划定的核心指标。通勤率是国际上都市圈范围划定的通用指标,但我国尚未开展都市圈通勤率调查统计,现阶段无法直接采用。不过,截至2021年底我国移动电话用户已达16.43亿,移动通信基站996万个,手机信号已经覆盖所有行政村,中东部地区的乡镇每隔2～3公里设有一个基站,城区则300～500米有一个基站。利用手机在不同基站之间的移动大数据,能够替代通勤率作为现阶段我国都市圈范围划定的参考指标。

(3)将经济人口密度、道路交通等时圈等指标作为都市圈范围划定的辅助指标。我国都市圈建设刚刚起步,仅依据通勤还不足以准确刻画现阶段我国都市圈发展的实际情况,经济人口密度、道路交通等时圈等指标能够从不同角度反映都市圈发展的特征,适宜作为我国现阶段都市圈范围划定的辅助指标。

（二）充分考虑都市圈的发展阶段

由于都市圈发展阶段的不同，中心城市辐射范围也有所不同。因此，都市圈的范围并非固定的，而是动态变化的。结合国内外发展经验及研究现状，在都市圈培育阶段，中心城市更多地受益于周边城市，要素和资源从周边向内集聚，城市首位度逐步提高、内部差异扩大，在该阶段都市圈辐射半径一般为10～20公里；在发展阶段，中心外部集聚而内部扩散，与成员城市共同集聚外部要素而快速成长，城市间开始形成相对明确的功能分工，该阶段都市圈范围一般为20～50公里；在成熟阶段，中心城市与外围城市形成稳定的互动发展状态，该阶段都市圈范围一般为50～80公里。

（三）选择适宜的都市圈基本单元

都市圈基本单元选择既要能够精准刻画都市圈的特征，又要便于都市圈基础数据的获取，还要有利于都市圈相关规划和政策的落地实施。一方面，都市圈基本单元不能过大。有的都市圈以地市级行政区作为基本单元，据统计，我国300多个地市级行政区中60%以上的面积都超过1万平方公里，且地市内部经济发展水平、地形地貌等差异较大，作为划定都市圈的基本单元尺度过大。另一方面，都市圈基本单元也不能过小。如以乡镇级行政区作为基本单元，虽然能够更精细地刻画都市圈特征，但是乡镇在数据统计、行政职能等方面并不健全，既不利于都市圈基础数据统计，也不利于都市圈相关政策实施。相对而言，县级行政区比较符合我国都市圈当前发展实际。我国现有县及县级市1866个，大多数面积在500～2000平方公里，县级行政区能够较好的刻画都市圈特征。县级行政区是我国功能齐备的最基本的社会经济单元，以县级行政区作为都市圈基本单元，有利于都市圈相关数据资料的统计获取，有利于都市圈相关政策的落地实施。我国都市圈大多尚处于培育发展阶段，都市圈的空间结构和人口及产业布局未来还可能发生很大变化。未来，随着我国都市圈发展逐渐成熟，人口、产业及空间布局日趋稳定，需要对都市圈做更精细的刻画，制定更精准的政策时，可以再逐步过渡到以乡镇行政辖区为都市圈基本单元。

（四）综合考虑城市间的合作基础、地形地貌、主体功能区等因素

我国建设现代化都市圈的主要目的是打破行政壁垒、交通壁垒的限制，在都市圈范围内形成统一开放的市场、协调共进的产业、均衡普惠的公共服务和绿色

美丽的生态环境。应参考中心城市与周边县市合作基础及周边县市主体功能定位、地形地貌等因素，综合确定都市圈范围。如重庆都市圈山地丘陵很多，尽管表面上看范围超过3万平方公里，但真正可以利用的平坝面积仅有0.3万平方公里。再如主体功能确定为重点生态功能区的县市应当以做好生态保护为主，不宜开展大规模开发建设，将其划入都市圈范围，既不利于都市圈建设，也不利于生态功能保护。

（五）范围划定要有利于推进重大规划和政策实施

建设现代化都市圈是我国一项区域发展政策，落实这一政策必须与其他相关重大规划和政策协同共进。在都市圈范围划定时，应该综合考虑国家、省、市相关重大规划和政策需要，适当扩大或缩小都市圈范围，以便相关规划和政策的设施，从而更好地推动社会经济高质量发展。

第十章　产业协同

　　都市圈协同治理能力的提升是实现国家治理体系和治理能力现代化的重要组成部分。近年来国家先后出台了《关于建立更加有效的区域协调发展新机制的意见》《关于培育发展现代化都市圈的指导意见》，明确了都市圈协同治理的重点和方向，为都市圈经济协同治理发展提供了有效的政策依据。都市圈是以中心城市为核心的区域经济发展到一定阶段产业、交通、公共服务等协同发展形成的一种空间形态。截至2022年底，我国已正式印发了南京、福州、成都、长沙、西安、重庆六个都市圈发展规划，促进都市圈高质量发展已经成为我国城镇化高质量发展的重要任务。然而要实现都市圈的高质量发展最为关键的内容就是要实现都市圈产业的高效协同发展，因此，研究都市圈产业协同发展需要在遵循区域经济产业协同发展的基本规律和相关理论的前提下，准确把握我国都市圈产业协同治理的实践探索与面临的突出问题，借鉴国际都市圈产业协同治理的经验，从而提出都市圈产业协同治理的相关路径与对策建议。

一、都市圈产业协同治理综述研究

　　梳理掌握国内外学者专家对都市圈产业协同发展的相关理论和基础研究是都市圈产业协同治理研究的基础前提工作，也是研究都市圈产业协同发展治理方式、协同动力的学理基础。

（一）国内外都市圈产业协同发展相关研究综述

　　国际上以克鲁格曼（P.Krugman）和波特（M.E.Porter）两位地理经济学家提出的现代区位论是解释都市圈产业协同发展最具代表的理论。该理论主要包含了规模经济、外溢性、集聚与分散力、区位竞争等内容，系统阐述了产业在区域协同发展过程一般需经过规模集聚和扩散辐射两个阶段。在发展初期需经历集聚形成规模效益，打造产业的核心竞争优势，先由数量可观的企业集聚在一起形成产业链条，产生较大规模经济，最大限度降低成本、提高效率进而形成竞争优势；随着产业的集聚形成规模效应后会产生因过度集聚造成的投资环境恶化，交通拥堵、环境污染等问题，使产业集聚的规模经济效益下降，集聚效应就会向扩散效应转换，促使相关企业开始向外围边缘扩散，直到达到两种效应的相对平衡。

国内以陆铭、尹稚、陈鸿宇等专家为代表，近年来对都市圈产业协同发展提出了各自的观点。

上海交通大学陆铭教授认为，都市圈范围内高度集聚制造业、创新产业、现代服务业等，核心地带和外围形成高度分工，核心地带负责产业链的两端（一端是设计、研发、咨询、金融等，另一端是消费、文化、旅游等），外围则以制造、居住等功能为主，以及民宿、乡村等生态功能。都市圈的核心地带和外围这些功能有机组合，在都市圈范围内形成非常清晰的分工格局。

清华大学尹稚教授认为，需在都市圈范围内寻求解决"大城市病"的药方，疏解中心城市核心城区功能、人口过度密集的压力，将都市圈尺度的城市区域作为大城市空间治理的结构性供给地域。都市圈需要重点提升中心城市辐射带动能力，即中心城市未来更多地承担高端职能，而中小城市未来将更多偏向于制造业发展的职能。在发挥各地区优势实现分工合作的基础上，培育多个专业化的城市功能组团，缓解中心城市人口与产业压力。

广东经济学会常务副会长陈鸿宇认为都市圈产业协同发展能大幅提升产业链现代化水平。他认为经过多年经济快速发展，我国中心城市经济和人口快速集聚，土地、房租和通勤等生产和生活成本快速上升，对人才、资本等要素形成挤出效应，越来越多的要素资源被耗费在非生产性领域，创新等生产性领域所获得的资源支撑下降，对中心城市的技术创新与产业升级过程产生了较大的不利影响。而都市圈产业协同发展有利于引导要素资源有序地向中心城市周边地区扩散，可以降低拥挤给中心城市带来的不利影响，增强对高端资源要素的吸引力，促使更多资源用于创新等生产性领域，从而有助于强化中心大城市的技术创新和产业升级功能，加快在关键核心技术领域实现突破的步伐。因此，都市圈产业协同不仅要强化中心城市作为技术创新和产业升级引擎的功能，而且还要促进中心大城市与周边其他地区进行高效的分工协作，提高本地产业链的迂回程度，构建完善的区域产业网络，通过产业跨地区协同集聚提高参与全球竞争的能力。中国区域科学协会副会长肖金成认为都市圈产业协同重点要对区域产业结构优化调整升级。中心城市要主动放弃低附加值的产业，向外围转移劳动力密集、低附加值的产业，进行非核心功能纾解。在制造业转移过程中积极发展现代服务业，包括金融、保险、咨询等占地和人数不多，但附加值高的产业。这样能有效的疏解中心城市功能，转移中心城区低端产业，促进都市圈的协调发展。

（二）都市圈产业协同治理的动力机制研究

区位临近和资源互补促进协调发展。区域内产业合作是经济发展到一定阶段的自然发展的过程，但会受到区域自身所在地方的影响，区位条件、交通联系以及资源禀赋等的差异成为影响都市圈产业协同发展的重要因素。一个区域的产业发展到一定阶段后，为了再获取更广阔的发展空间和更为低廉的生产成本，就要寻求与其他区域进行合作。按照邻里效应，寻找的目标更容易聚焦在周边地区，同时选取区位优越、资源丰富、经济条件好的地区进行合作，从而实现相互促进、协调发展。

产业结构差异是协同发展的前提。由于都市圈内产业发展的层次结构差异，使发展水平参差不齐，为了获取经济发展利益的最大化，就需要区域间的合作，在区域内补链、强链，增强产业的区域竞争力。因此，管理的高层次集聚，生产的低层次扩散，控制和服务的等级体系扩散方式构成了区域产业协同发展的前提和基础。

市场利益驱动是协调发展的内生动力。在市场经济条件下区域经济会面临市场不稳定和不确定因素造成的损失，为了化解损失，都市圈内市场主体就会自觉地去寻求合作以求得获得彼此的帮助，降低不确定因素带来的经济损失风险，提高自身持续稳定发展的保障。因此，市场机制是推动区域产业协同发展的内在动力，通过产业结构调整、投资机制、技术信息的转移与传递等实现高效协同。

二、我国都市圈产业协同治理实践探索

经过多年发展与实践探索，我国都市圈产业协同治理发展已经取得了一定的成绩和进行了有效的实践探索，总结分析我国都市圈产业协同治理现状和相关典型经验做法对研究和制定有效的都市圈产业协同治理对策有非常重要的支撑作用。

（一）我国都市圈产业协同发展现状

1.南京都市圈基本形成特色化、差异化发展的产业体系
南京都市圈是我国第一个跨省级辖区的都市圈，也是正式印发的第一个都市

圈，包含33个区、11个县级市和16个县，范围跨苏皖两省，是连通中东部两大板块、衔接江淮两大流域的枢纽区域，在长江经济带及长三角一体化发展战略中具有重要地位。2020年南京都市圈地区生产总值达4.2万亿元，占全国4.1%；人均GDP达11.8万元，接近高收入国家水平。

《南京都市圈发展规划》明确提出，要联合打造"创新都市圈"和科创共同体，共建产业创新中心，探索建立"研发在南京，生产在周边"的合作机制。同时，促进城市功能互补、产业错位布局和特色化发展，规划建设宁马等合作产业园，推动产业分工协作发展。2021年南京与镇江协同编制G312产业创新走廊发展规划，与扬州积极推动G328科创走廊前期研究等工作。

2021年南京都市圈成功举办"2021年南京都市圈创新合作大会"等活动，上线运行"都市圈创新生态图谱"。都市圈城市33家龙头企业积极参与开放供应链供需对接，南京、马鞍山、镇江、常州共同组织开展装备制造产业供应链对接活动，成功举办2021世界智能制造大会、2021淮安·长三角台资产业合作促进会等重大活动。都市圈已基本形成各具特色差异化发展的产业体系；其中南京以智能电网、软件信息、集成电路等为主导产业，扬州以汽车零部件、数控机床等为主导产业，镇江以新材料、医疗器械等为主导产业，淮安重点发展绿色食品产业，芜湖重点发展汽车制造业，马鞍山重点发展特种钢材产业，滁州发展智能家电，宣城发展新能源，常州、溧阳和金坛重点发展电力设备。

2.杭州都市圈初步形成垂直分工合作的产业格局

杭州都市圈位于长江三角洲经济圈的南翼，主要以杭州为中心联结湖州、嘉兴、绍兴、衢州、黄山五市为节点，打造长三角的"金南翼"。杭州都市圈引导各城市立足比较优势，立足长三角城市群，围绕中心城市逐步形成了垂直分工合作的产业发展格局。杭州市以技术密集型和资本密集型产业为主，湖州、绍兴和嘉兴市则以劳动密集型产业为主。杭州市拥有最高水平的信息传输、软件和信息技术产业集中度（LQ=7.51），增长情况远远超过其他行业（LQ change=81.37%），这与杭州市"互联网之都"的地位相吻合；以房地产业（LQ=4.51）、金融业（LQ=2）为代表的资本密集型产业集聚水平也明显增强，在全国范围内同样具备竞争优势；尽管制造业、建筑业的就业人员基数庞大，但是其行业集中水平已经呈现出明显的下降趋势。湖州、绍兴和嘉兴的产业结构单一并且类似，制造业集聚水平（绍兴LQ=1.8，湖州LQ=2.01，嘉兴LQ=2.43）高于其他行业，2009—2019年集中度有了强劲增长（LQ change>28%），承载的就业人数比例大于30%，具有明显的劳动密集型产业特征。除制造业以外，文化、体育和娱乐业以及房地产业是湖州、绍兴、嘉兴最具发展潜力和活力的行业，行业集聚水平超过了其他行业，其集中度在10年内得到明显增强（图10-1～图10-3）。

3.成都都市圈围绕中心城市能级提升促进产业协同发展

成都都市圈主要包括成都市、德阳市旌阳区、什邡市、广汉市、中江县、眉山市东坡区、彭山区、仁寿县、青神县、资阳市雁江区、乐至县，面积2.64万平方公里，2020年末常住人口约2761万人。成都都市圈目前尚处于向心集聚式

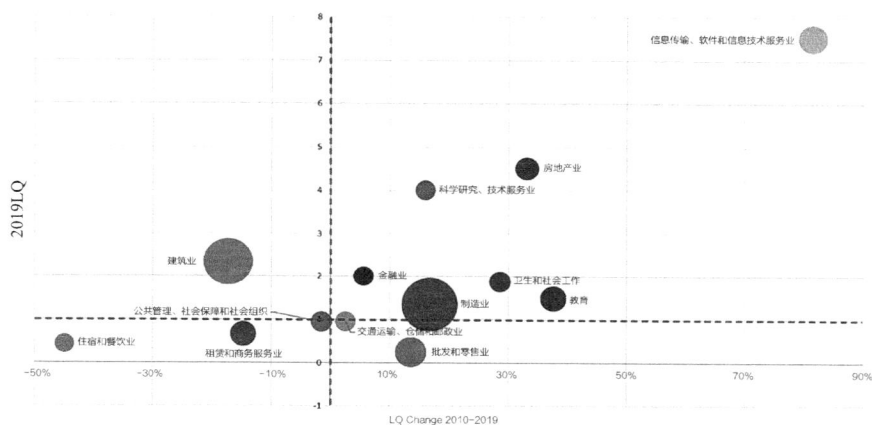

图10-1 杭州区位熵2010—2019年变化

（来源：课题组根据各市统计年鉴整理）

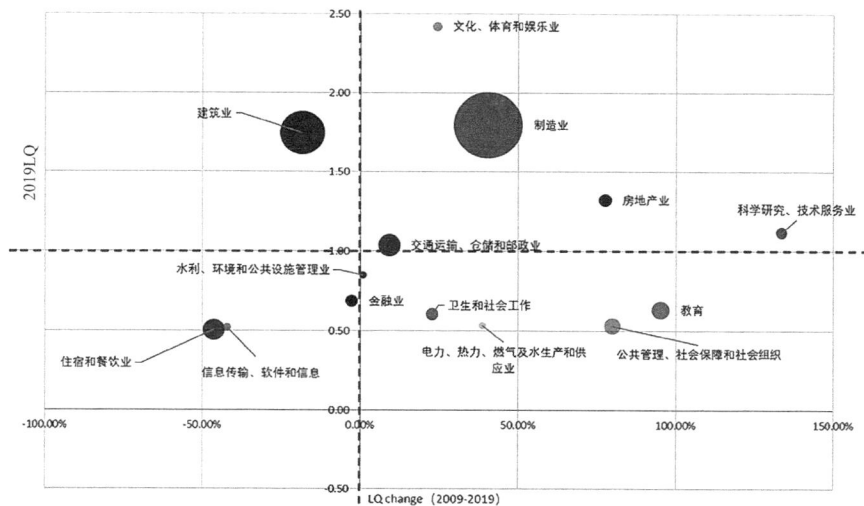

图10-2 绍兴区位熵2009—2019年变化

（来源：课题组根据各市统计年鉴整理）

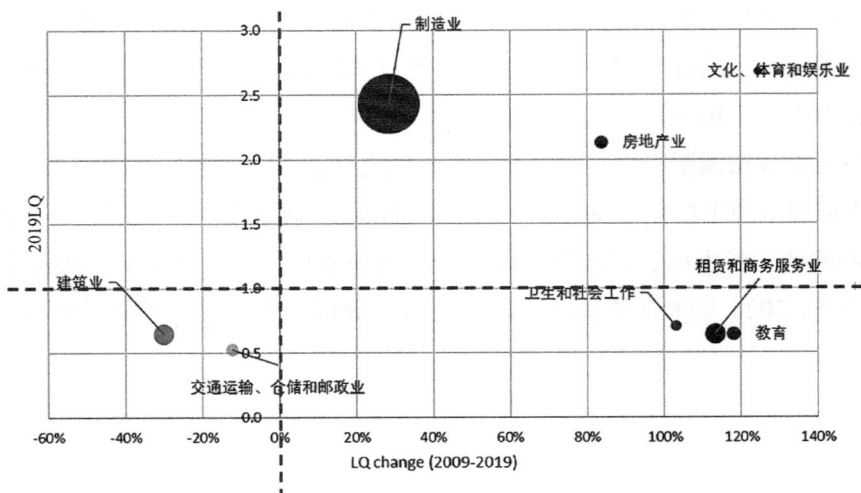

图10-3 嘉兴区位熵2009—2019年变化

（来源：课题组根据各市统计年鉴整理）

的成长发展阶段，人口、产业从周边和外围地区向内集聚，中心城市经济快速发展，城市首位度逐步提高，具有良好的产业发展潜力。成都作为国家中心城市"五中心一枢纽"功能不断增强，已成为我国中西部地区的经济组织中枢，正加快建设践行新发展理念的公园城市示范区。

产业协同规划重点围绕成都重大产业链和产业生态圈进行规划和布局。重点依托成德临港经济产业带、成眉高新技术产业带、成资临空经济产业带建设，聚焦新一代电子信息、装备制造、轨道交通等领域，突出成都制造业创新发展引擎作用，强化德眉资服务配套和产业承接能力，推动链式关联、梯度布局，一体构建成都都市圈产业功能区。制定制造业同城化发展引导目录，推动形成"研发＋转化""总部＋基地""终端产品＋协作配套"等产业分工模式。规划建设彭州—什邡、青白江—广汉、金堂—中江、四川天府新区成都直管区和眉山片区、蒲江—丹棱、新津—彭山、简阳—雁江—乐至等交界地带融合发展试点，形成了一批交界地区协同发展产业园区，启动建设了青白江—广汉、简阳—雁江、蒲江—丹棱等8个交界地带融合发展示范区。

产业协同和创新协同水平大幅提升。都市圈推进科创平台开放共享，发布都市圈创新资源指南，集聚科创平台2000余家，成资、成德、成眉协同创新中心挂牌运行。开展都市圈"高精尖缺"外籍人才跨区域兼职创新创业，推动"菁蓉汇校企双进"等成都科技活动走进德眉资。2018—2021年，成都都市圈现代产业协作引领水平指数呈现逐年高速增长趋势，由0.0025上升至0.1926，其中

2020年和2021年指数分别较上年增长58%、100%以上，都市圈现代产业协作引领能力大幅提升。2021年，都市圈联合发布产业发展引导目录，编制重点产业链"1+3+4"产业图谱，推动组建电子信息、医药健康、现代商贸等15个产业生态圈联盟，1483家企业开展跨市域产业协作，成功举办首届成都都市圈产业生态建设企业供需对接大会，面向3000余户规模以上企业发布供需清单，512户成都企业为德阳重装龙头企业，130户眉山企业为成都电子信息龙头企业提供产业配套，37户资阳企业与84户成都企业建立轨道交通等产业协作关系。联合推出大熊猫、三星堆、东坡文化、石刻文化等11条都市圈精品旅游线路（图10-4）。

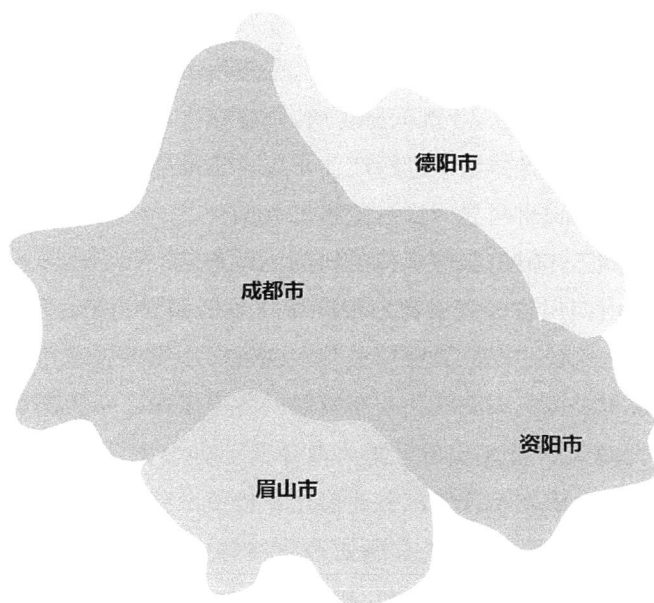

图10-4　成都都市圈规划范围示意图（来源：网络）

（二）我国都市圈产业协同治理实践探索

1.市长联席会议为平台的协同治理方式

在我国都市圈经济协同治理发展过程中，基于我国行政管理体制和行政边界分割的特色情况，各城市普遍以市长联席会议的方式推动都市圈经济协同治理。杭州都市圈、南京都市圈、长株潭都市圈等都以市长联席会议作为协同治理的决策机制，部署都市圈重大经济协作政策、项目、规划等工作。

杭州都市圈形成以市长联席会议决策、政府秘书长工作会议协商、协调会办公室议事、专业委员会项目合作执行为框架的"协调+统筹"合作模式，截至2019年底，已累计召开10次市长联席会议，共设15个专业委员会、8个联席会议。每年通过市长联席会议签订各类战略合作协议，共计确定约30余项跨区域合作事项，先后推动落地重大基础设施建设、产业合作、联合促销等多领域的合作项目累计400余项，有效强化区域产业协作，协同谋划都市圈产业布局"一张网"，推动构建圈内产业合理分工、优势互补的现代产业集群。

南京都市圈形成了都市圈决策层（都市圈党政领导联席会议）、协调层（市长联席会议）、执行层（都市圈秘书处和区县政府）三级协调机制，下设综合协调、基础设施、产业发展、社会事业、城乡规划和跨界地区协调等5大类17个专业委员会推动多领域合作。以滁州来安县为例，在市长联席会议机制推动下，打造汊河科技新城，全面承接南京轨道交通装备产业转移，累计签约入驻亿元以上工业项目37个，协议总投资221.1亿元；此外，在滁州市政府的大力推动下，南京江北新区在盱眙县打造宁（南京）淮（安徽）特别合作区，围绕智能装备制造、人工智能终端产品制造、半导体制造进行产业布局，宁淮产业跨界统筹联动格局初步形成，南京辐射带动滁州两县项目占比超过70%。

2.成立都市圈工作推进实体机构的协同治理方式

成都都市圈由四川省成立成德眉资同城化发展领导小组，由四川省委常委、成都市委书记担任组长。成德眉资同城化发展领导小组办公室负责统筹推进、组织协调和督促落实成德眉资同城化改革发展的各项工作，牵头谋划同城化发展的重大规划、重大政策、重大项目、重大改革等。办公室下设专职领导小组办公室，组建了创新产业协作、现代服务业协作和自贸试验区、现代高效特色农业示范区、文旅产业融合发展、现代金融协调发展等专项合作组，建立了省直部门指导、四个城市分管领导参与协调、相关单位具体推进实施的工作机制。截至2022年10月底，在同城化领导小组办公室的统筹推动下，成德临港经济产业带、成眉高新技术产业带、成资临空经济产业带建设成效显著。

3.都市圈联合招商的政府+市场协同治理方式

长株潭都市圈由省工信厅和长株潭三市在全国共同举办联合招商推介会，围绕都市圈重大产业链和项目联合推介与招商，提升招商竞争优势和效率。2021年三市在深圳举办了"智能制造、智享未来"湖南先进制造业推介会，联合发布《2021年度长株潭都市圈先进制造业招商引资项目册》和城市形象宣传片，共同发布192个重点项目，涵盖汽车产业链、显示功能器件产业链、工程机械产业链、先进轨道交通装备产业链、先进储能材料产业链等领域，注重工业新兴及优势产业链的延链补链，一次招商会共计签约18个项目，总投资203.7亿元。

4.依托产业发展联盟的市场协同治理方式

南京都市圈联合成立了南京都市圈智能制造发展联盟，在各市的共同推动下，成功举办了世界制造智能大会。依托世界智能制造大会平台及其办会资源，在南京成立长三角智能制造协同创新发展促进中心、落地长三角智能制造协同创新发展联盟秘书处，启动长三角智能制造协同创新网络建设，全面促进世界智能制造大会生态体系建设，构建"全球视野、中国战略、长三角引领"智能制造新格局。

杭州都市圈成立数字协作发展联盟。都市圈内集聚了浙江省76%以上的数字经济规模和全国70%以上的云计算能力，杭州都市圈数字协作发展联盟由杭州市联合浙江省企业信息化促进会，在杭州都市圈合作发展协调会办公室的领导下成立。联盟成立后大力推进了都市圈各城市在数字经济领域的密切协作，基本形成了杭州都市圈产业数字化赋能信息综合服务体系。联盟建立了杭州都市圈跨区域数字产业协作机制，促进数字协作工作的长期化、常态化，推进成员城市数字领域交流合作、资源共享，带动杭州都市圈制造业数字化转型。桐乡依托数字协作发展联盟和世界互联网大会资源，积极壮大自身数字经济规模，自首届大会以来，桐乡数字经济企业由355家增加到2021年的2433家，规模以上数字经济核心制造业产值从49亿元增长到164.1亿元。

长株潭都市圈组建成立了长株潭先进储能材料产业联盟。长株潭三市先进储能材料产业发展基础良好，已经形成了链条完善、龙头企业引领、中小企业集聚、产业技术先进、上下游配套充分、产学研开放合作的全国先进储能材料产业集聚区。2021年三市成立以长沙市委常委、市人民政府常务副市长任链长，株洲市委常委、统战部长任副链长，湘潭市人民政府党组成员、副市长任副链长的先进储能材料产业发展联盟。以链长牵总、盟长（联盟）搭台、校长（高校）支撑、行长（银行）支持的"四长牵总"联动工作机制推动产业快速发展。根据《长株潭先进储能材料产业联盟章程》，产业联盟的核心任务是联合长株潭地区先进储能材料产业优势企业，依托高等院校和科研机构，通过搭建政产学金合作平台，打造城市矿山和知识产权两个高地，拓展新的应用场景，培育三市区域内两个以上市场占有率超过30%的主导产品，联合攻关1~2个关键技术难点，力争到2025年实现长株潭先进储能材料产业总产值达到2000亿元。

5.合作共建跨行政区产业园的政府＋市场协同治理方式

南京都市圈自2007年以来，逐步合作建成多家跨行政区的产业园区，包含政府与企业、园区与园区等多种合作模式、多种产业类型，如宁滁合作产业园、宁淮现代产业集聚区、南京经济技术开发区涟水工业园、江宁经济技术开发区淮阴工业园、江宁经济技术开发区淮阴工业园等，通过产业转移实现都市圈优化整体产业空间格局。以宁马产业合作示范园为例，示范园打破地区间行政壁垒，推动规划契合、设施汇合、产业耦合、功能聚合等，实现南京与郑蒲港新区间的优势互补和资源有效配置。在管理模式上，按照"统一规划、分步实施、政府推动、市场运作、封闭运行、滚动开发"原则，成立南京郑蒲港新区合作共建联动开发协调委员会，作为最高决策机构，协调解决合作共建联动开发过程中出现的重大问题。在开发建设模式上，由南京江北新区在园区成立管委会，派驻人员负责园区投资开发和管理工作，同时负责规划、招商、财政、税务、环保、安全、市场管理等工作，园区管委会组建"一站式服务中心"，涉企市级审批事项实行"二号章"管理，实现封闭运作。截至2021年底，共有105家企业落户园区，总投资超过130亿元。

杭州都市圈打造杭嘉一体化合作先行区。海宁发挥地处杭州东大门的区位和交通优势，积极推动"与杭同城、与杭同频"发展。地处海宁西部的长安、许村两镇分别与杭州的下沙、临平交界，与杭州有5条高速公路连接，地铁直达杭州中心城区。便捷的交通联系引导了大批杭州企业转移至两镇。其中长安镇依托融杭优势积极发展战略性高端产业，已初步形成以电子信息、智慧医疗和高端装备制造业为主导产业的工业格局。截至2020年5月，两镇共计承接400家优质杭迁企业，下沙奥特莱斯60%以上的客流来自杭州，杭海国际数字贸易新城、杭州湾智慧医疗产业园、新华三电子信息产业园等重大项目相继建设完成。

深圳都市圈发挥市场对资源配置的主导作用加速企业在都市圈的投资。政府层面主要推动高效便捷的都市圈交通网络建设和公共服务一体化建设，促使圈内企业积极跨区域布局项目或园区。随着深莞惠之间高速公路、高铁、城际等交通设施逐渐完善，半小时经济生活圈逐步形成，人流、物流、资金流、信息流快速流动，推动了企业跨区域投资和布局的积极性。在深圳—东莞之间经济生活圈日益紧密，企业跨城布局的成功案例比比皆是，华为、比亚迪、TCL、OPPO、vivo、德赛集团跨城投资成为都市圈产业协同的典范。随着都市圈基础设施和投资环境的逐步优化，深圳企业加速了在东莞投资速度。

6.发布都市圈产业协同行动清单的协同治理方式

长株潭都市圈发布产业协同"四清单"。2020年9月由株洲市工信局牵头，联合长株潭三市工信、科技、财政、两型社会建设服务中心等单位共同发布了开放共享创新平台清单、重大关键共性技术联合攻关清单、工业品相互采购清单、新产品示范运营清单"四清单"，其中可开放共享创新平台128家，长株潭三市分别是50、50、28家；重大关键共性技术联合攻关45项，长株潭三市各15项；可相互采购工业品318种，长株潭三市分别为135、118、65种；可示范运营新产品102项，长株潭三市分别为32、38、32项。"四清单"覆盖长株潭三市各县市区涉及各个产业链条，比如，工业品相互采购清单中，三市立足各自实际，以产业链分类确定采购清单，以产品采购为纽带，把各个产业链串连起来，将对推动产业链现代化建设起到积极推动作用。"四清单"核心作用是推动科技创新，畅通研发—试验示范—产业化通道。"四清单"相互联系，相互促进，推进都市圈科技创新形成一个有机整体。

成都都市圈定期发布都市圈机会清单，促进项目对接。由成都市政府牵头发布年度成德眉资同城化机会清单，将产业发展、创新创业等需求以场景项目化、指标化、清单化方式向社会公布，从"给优惠"到"给机会"，主动为投资者、企业和人才提供参与都市圈产业协作的机会。2020年成都创新创业交易大会上，成德眉资同城化区域发布700条机会清单，占同期发布数量的85%。同时，通过组织产业协作论坛、政企互通对接会、产业市场需求对接会等方式，促进科技成果、企业需求和金融资源对接。

7. 建立都市圈要素交易平台的协同治理方式

成都都市圈依托成都中心城市的专业化交易功能，构建都市圈产权交易网络平台，提升资源要素配置效率，辐射带动都市圈经济协同发展。构建都市圈农村产权交易市场，借力中心城市高等级交易平台走出去。成都农村产权交易所创立于2008年，是全国首个综合性农村产权交易市场。截至2022年4月底，成都农交所累计交易各类农村产权达到1540亿元，占全国同类机构交易额的一半左右，是目前国内交易制度最健全、功能最完善的农村产权交易机构。2017年以来，成都农村产权交易所在德阳、眉山、资阳三市以"合资共建"模式专设农村产权交易机构，与成都农村产权交易所联网运行，实现了交易机构、平台系统、服务体系、鉴证应用、资金结算"五统筹"。截至2021年11月底，德阳、眉山、资源交易所分别完成农村产权交易额达到78亿元、13.6亿元和5.5亿元。

三、都市圈产业协同面临主要问题

我国都市圈产业协同治理虽然取得初步成效，但基于中心城市能级不足、发展阶段、分配机制、要素配置等原因还面临诸多问题。

（一）产业同质化问题普遍存在

由于我国大部分都市圈尚处于培育阶段或成长阶段，无论是中心城市还是其他中小城存在明显的行政界限，且为了追求短期经济效益，产业布局和产业项目招商引资存在较大趋同，导致部分都市圈内部产业高度同质化。产业同质化发展一方面加速产能过剩，阻碍都市圈各城市发挥各自产业比较优势，另一方面导致圈内产业资源分散，难以形成集聚效应，导致产业链稳定性较差。同时，企业集中生产同一产业链产品，导致了区域内形成产品竞相降价的低水平竞争格局。

以南京都市圈为例，各城市制造业细分门类区位熵大于1的城市较多，7个城市中化学原料与制品工业有5个区位熵大于1、金属制品业有6个大于1、电气装备制造业有5个大于1、仪器仪表制造业有6个大于1等，说明这些城市在这些制造业细分领域产业规模较大，在都市圈范围内同质化发展明显（图10-5）。

	南京	镇江	扬州	淮安	芜湖市	滁州市	马鞍山
农副食品加工	0.189	0.599	0.411	2.041	0.620	1.466	0.566
食品制造业	0.551	0.318	0.171	0.474	0.428	0.797	1.562
酒饮茶制造	0.260	0.110	0.164	0.644	0.198	1.256	0.158
纺织业	0.110	0.542	0.890	1.731	0.350	0.455	0.118
服饰业	0.976	0.975	0.973	2.899	0.612	0.797	1.010
皮毛制鞋	0.168	0.562	1.737	2.071	0.844	1.058	0.049
木材加工	0.114	1.285	0.478	3.047	1.311	0.860	0.259
家具制造业	0.285	0.214	0.361	0.500	0.501	0.830	0.341
造纸和纸制品业	0.236	2.195	0.556	1.132	0.520	0.611	2.042
印刷制造业	0.871	1.733	0.950	2.195	1.110	1.092	0.449
文教体制品	0.558	0.750	2.307	2.790	0.283	2.246	0.221
化学原料与制品	2.617	1.915	1.134	1.126	0.460	1.376	0.764
医药制造业	1.069	0.298	0.514	0.470	0.753	0.189	0.496
化学纤维制造业	0.287	0.278	3.993	0.373	0.050	0.595	0.000
橡胶和塑料制品业	0.478	0.936	0.866	1.126	1.060	1.161	0.288
非金属矿物制品业	0.556	0.956	0.615	1.200	1.555	2.059	0.964
黑色金属冶炼加工	1.279	0.880	0.902	0.817	0.912	0.173	6.380
有色金属冶炼加工	0.377	1.016	0.566	0.301	0.999	0.773	0.146
金属制品业	0.593	1.773	1.542	1.497	1.019	1.557	1.792
通用设备制造业	0.987	1.180	1.554	1.476	1.467	0.896	1.820
专用设备制造业	0.812	1.942	1.490	1.275	0.851	0.908	0.966
汽车制造业	1.760	0.827	1.342	0.268	2.501	0.825	0.318
铁路船舶航空制造	2.443	1.990	1.157	0.164	0.655	0.639	0.137
电气装备制造业	1.468	2.499	3.066	0.964	2.790	2.562	0.692
计算机电子制造	1.145	0.631	0.555	0.527	0.558	0.858	0.123
仪器仪表制造业	3.520	1.201	4.590	1.581	1.056	1.838	0.322

图10-5　南京都市圈各城市制造业细分门类区位熵分布情况（2019年）

（来源：各市第四次经济普查数据）

（二）市场机制不健全，要素自由流动性不畅

在城市行政等级的影响下，市场力量尚不能在各城市间要素配置中完全发挥主导性作用，以致资源、要素过度集中于行政等级高的城市，都市圈内部"核心—边缘"结构呈现不断强化，极化效应不断增强的显著特征。人力资源、科技

创新能力和融资服务能力是产业发展的关键要素、都市圈内各市均制定相应支持政策，但由于政策实施以行政区为主，各类政策实施的范围、标准差异较大，成都作为副省级城市，支持政策力度大，造成各类要素向成都集中流动。如德阳的四川宏华集团有限公司，为了留住企业研发人才，将研发中心迁移到成都。同时都市圈内周边城市在基础设施、公共服务软硬条件上都与成都存在明显落差，对项目和企业的吸引力下降。近年来，德阳市的东方电气集团、中国第二重型机械集团有限公司等装备制造领军企业纷纷将总部迁往成都。

（三）共建产业园区利益分配机制不健全

部分都市圈内产业合作项目或共建园区等因为缺乏健全的基于成本共担、利益共享的合作机制，导致合作困难或错失合作机会。目前各地出台的政策和法律，是以有利于本城市的经济发展为出发点，在招商引资、土地批租、外贸出口、人才流动、技术开发、信息共享等方面存在较大差异，难以实现错位竞争和资源的最优配置，缺乏统一有效的合作规则，例如政府主导的合作园区建设中涉及利益分成、税收分享、GDP统计归属等多方面问题，都需要合理的合作和分配机制来协调。在成都都市圈，彭什川芎现代农业产业园区计划通过成都、彭州两市共同创建国家农业产业园区，但由于完善的利益分配机制迟迟没有完成，导致合作园区和项目对共建投入要素的范围、标准和价值认定未达成共识，相应的税收分配技术、比例标准和方式也未确定，导致实质性产业合作难以开展。

（四）缺乏都市圈产业协同发展的考核机制

都市圈规划实施过程由一个个区域合作事件组成，区域合作的动机是发展共赢。在地方政府合作过程中，如果合作对一方的经济发展没有益处，既缺乏信任基础，还要付出协调的交易成本和额外的工作精力，即使有协调机制和政策的存在，对合作预期不占利的一方也不会有合作的积极性。由于经济发展水平、行政等级、财政实力、政策资源等区域发展条件的不一致，地方政府在跨区域合作的过程中经常会出现经济欠发达地区基于经济发展诉求积极性高但话语权较低的现象，而经济较发达城市则因为缺少利益驱动积极性较低，这是因为都市圈规划实施和协调发展缺乏动态评估机制和对政府的考核机制导致。以成都都市圈为例，成德眉资四市2021年11月签订跨区域合作项目财税利益分享框架协议，计划探索园区共建、飞地经济、项目合作、招商引资等新建跨区域合作项目以及企业迁建、总部迁移等存量跨区域合作项目利益协商分配机制，但截至2022年底，因为缺乏相关的考核机制，签订的框架协议还没有相关项目的落地实施，还仅仅停留在框架协议阶段。

四、国际都市圈产业协同治理经验做法

（一）柏林—勃莱登堡都市圈

柏林—勃莱登堡都市圈是德国11大都市区之一，包含了首都柏林和勃莱登堡州所辖行政范围，总面积约3万平方公里，人口约621万，2021年实现国内生产总值约2416.1亿欧元。为了推动首都柏林区域经济社会发展，优化区域空间结构和缓解首都空间资源紧缺等问题，1996年，柏林和勃兰登堡州签署了两州之间在经济、空间资源、市场、人才、交通、公共服务等方面的战略合作协议，推动都市圈经济发展。

1.成立具有行政权力的都市圈空间规划机构

由柏林和勃莱登堡两州联合成立"联合区域规划部"，协调两州的发展利益。为推动两州的协同发展，1996年成立了跨州规划合作机构即"联合区域规划部"，该机构同时也是柏林"城市发展部"和勃兰登堡州"基础设施和区域规划部"的组成部分，机构人员隶属于上述两州的规划部门，工资由各自部门承担，而联合区域规划部的其他运作费用，则由柏林和勃兰登堡州平均分担。为了确保规划决策的公正性，规划部设置了两名领导，分别来自两州。区域联合规划部以"平等分配发展机遇及潜力、强化共同的经济需求、促进两州共同发展、保护生活依赖的自然资源、增进区域竞争力"为目标，主要任务是制定两州联合的、强制性的法定规划，即"柏林—勃兰登堡州发展规划"和"柏林—勃兰登堡州发展程序"。该机构拥有直接的行政权力来制定和执行州层面的规划决策，这使得跨州的经济协同在规划和要素保障方面能得到高效的落实与执行。譬如该机构主导了都市区空间总体结构平衡项目和柏林—勃兰登堡货物综合运输工程项目，大幅优化了都市区城镇空间格局和物流运输网络。在20多年的实践过程中，90%以上的跨州规划问题都能在联合发展规划部的内部得到解决，仅有少数矛盾和问题需要两州最高决策者共同协商解决。

2.建立非正式合作途径，鼓励社会各阶层参与

除了正式的规划合作途径外，联合发展规划部也积极引导市民参与都市区发展，支持各种类型的公私合作以及区域论坛，通过建立各界广泛参与的非正式区域协作网络，来解决问题、强化交流、凝聚共识和建立信任。例如，在柏林和勃

兰登堡州各自举办的"城市/州论坛"、在两州东西南北四个方位交界处的次区域地方政府设立的"邻里论坛"和勃兰登堡州远郊地区的地方"自助发展计划"——这些基于各州、区域或地方层次的非正式区域对话平台吸引了政府、市场、学界和公民等社会各界参与者，共同为区域合作的热点问题提供智力支持，为推动区域整体发展谋求朝野共识（图10-6）。

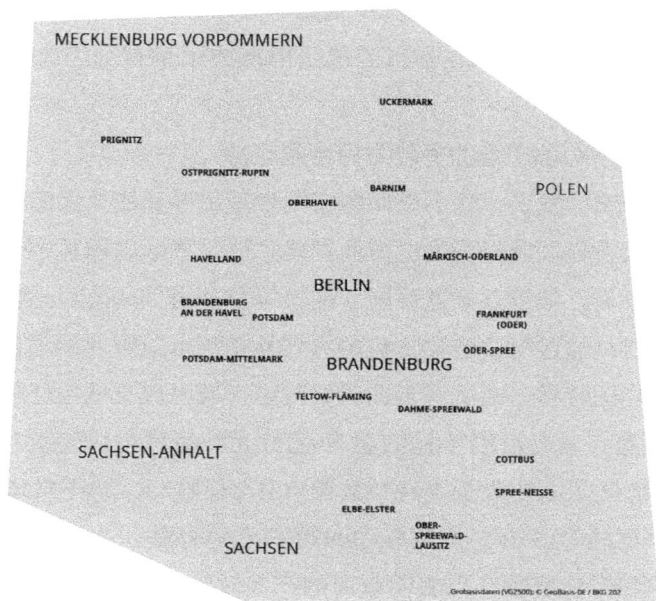

图10-6　柏林—勃兰登堡都市区范围示意图

（来源：https://deutsche-metropolregionen.org/）

东京都市圈，是以东京市区为中心，辐射半径80公里，由东京都、埼玉县、千叶县、神奈川县共同组成的都市圈，即通常意义上的"一都三县"。东京都市圈总面积13565平方功能过来，占全国面积的3/5%。都市圈人口3694万人，占全国人口约30%，城市化水平达到百分之九十以上。日本第二大城市横滨距离东京市中心银座直线距离仅为30公里，已经实现了完全的连绵城市建设区。

2018年东京都市圈GDP达到16170亿美元，约占日本全国的32.5%，是世界经济规模最大的都市圈。从三次产业结构来看，第三产业已扩大到约75%，而第二产业也维持在22%左右。东京都市圈内产业门类齐全，集中了日本全国1/3以上的制造业、建筑业和运输业，四成以上的零售批发业和房地产业，五成以上的金融业和通信信息业。

1.中央政府推动多轮都市圈规划促进产业协调发展

在东京都市圈发展过程中，日本中央政府先后推出了五次都市圈相关规划和法律法规，打破行政区划的壁垒，改革行政体制，推动各城市形成错位发展的产业体系。东京主城区不仅是政治、文化、商业和工业中心，也是世界金融中心。金融机构主要集中在东京中心城区，知识密集型产业持续向中心城区集聚，其他产业逐步向外转移和布局，工业和制造业分布在外围城市，通过制造业的迁移，核心区功能得到纾解，在都市圈范围内形成了垂直分工合理、梯度发展的产业体系。

2.国家、城市对都市圈的多种财税金融支持

东京大都市圈的发展，除了依靠国家的规划引导和法律保障外，还充分利用财政税收等手段引导区域经济内的产业发展。一是国家以项目的形式对地方基础设施进行直接投资，如重点交通设施、港口等，并对一些落后地区的城市发展提供贷款支持。二是通过财政转移支付的方式补贴都市地域发展项目，引导和鼓励企业向大都市外围转移。横滨对于在新城特定区域内成立或搬迁来的总公司、研究机构、工厂等，最高可给予补贴金50亿日元，最高可以连续减免税收1亿日元，总计达5亿日元，外资企业这一数额可达6亿日元，对于环境、能源、医疗健康、观光、会展等产业给予最高1000万日元的补贴。三是通过政策性，银行进行导向贷款和专项贷款，以表明政府的产业政策，引导市场主体的投资方向。譬如中央政府还向民间出售了例如国家铁路、国家通信公司之类的国营企业一部分股票，进一步吸引民间资本助力都市圈产业配套设施建设，通过这一措施进一步强化都市圈内部城市之间的设施联系，为都市圈产业发展奠定良好的基础设施环境（图10-7、图10-8）。

（三）纽约都市圈

纽约都市圈产业协同发展的动力是圈内主要城市在科技、信息等技术推动下产业转型升级的过程中形成的。都市圈产业结构的升级是推动都市圈发展的内在动力，要加快都市圈的发展，必须要有一个能够协调圈内各城市的由政府主导的协调机构。纽约区域规划协会是横跨纽约、新泽西和康涅狄格部分地区的都市区制定城市规划理念的非营利性的民间组织，主要对都市圈的经济发展、社会结构、空间布局以及各项经济发展过程中出现的问题进行综合研究和规划，共编制了三次大的规划，确立短期、中期和长远的经济发展目标，统筹落实协调各个城市的行动和计划，每次规划特别注重产业布局的协调发展和要素的合理有序流

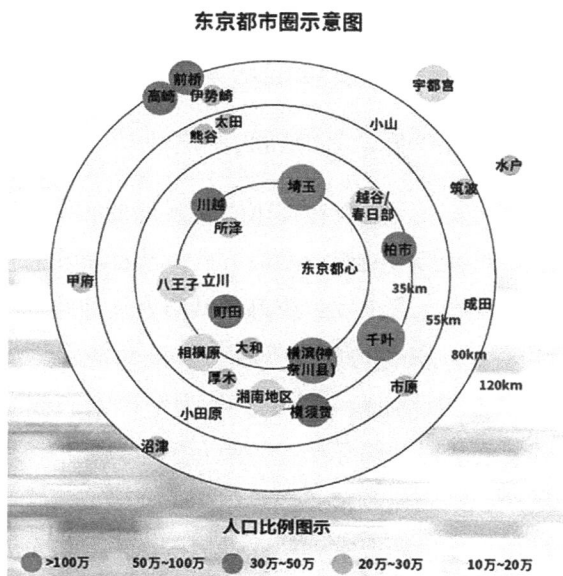

图10-7 东京都市圈大中小城市体系示意图

（来源：2019 中国都市圈发展报告）

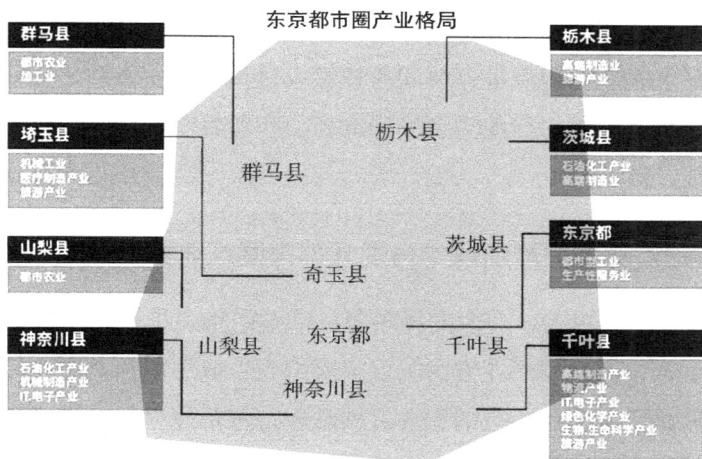

图10-8 东京都市圈产业空间布局

（来源：2019 中国都市圈发展报告）

动，制定的相关政策要能推动主要城市的产业转型升级，加强各级城市的内部经济联系，正面对待城市间的竞争、合理处理内部的利益分配等，共同形成都市圈经济合作不断发展的动力系统。

五、促进都市圈产业协同治理的对策建议

（一）科学编制都市圈产业专项规划明确产业功能定位

推动都市圈产业协同发展首先要在都市圈发展规划的框架下编制产业专项规划和行动计划。一是要明确都市圈产业发展方向。从都市圈总体发展目标和协调各城市经济发展水平与发展诉求出发，统筹各城市发展战略和重大行动计划，尊重各城市发展基础和资源比较优势，明确城市产业功能定位，制定产业发展清单、转移清单、共建产业链、创新链清单等，为都市圈产业发展明确方向。二是要科学研判都市圈发展阶段，引导产业空间布局协调发展。坚持产业差异化发展，从规划层面降低产业同质化竞争，减少内耗，实现资源优化配置。尊重都市圈发展规律，以专项规划促进产业空间协同发展，从产业链分工界定方面统筹考虑，引导高附加值的高科技产业、现代服务业向中心城市布局，低附加值制造业及配套服务业向外围城市转移，打造都市圈产业垂直化分工协调发展网络。三是要促进产业协作要素配置政策的协调。梳理与都市圈产业协作相关的人才、资金和科技创新转化政策，制定跨行政区产业发展支持政策，统筹引进人才认定标准、经费补贴和福利待遇标准，协同科技成果转化资金支持和奖励标准以及政府产业引导基金使用范围、行业类型、标准等，切实将同城优势转化为都市圈高质量发展的动能。

（二）构建产业发展联盟或平台提升都市圈产业竞争力

（1）要成立都市圈主导产业发展联盟。借鉴南京、杭州都市圈产业发展联盟的经验，明确都市圈主要产业方向，由政府组织，成立由企业家、代表企业、研究机构、专家团队等主体参与的产业发展联盟，聚焦原材料、供应商、展销、创新、人才、技术合作、招商、品牌等环节，联合举办产业推介活动、发布产业动态，加强主导产业在都市圈各城市之间的紧密联系和协同发展，以产业发展联盟推动共建产业链，培育形成产业生态圈，加快壮大产业规模和提升产业竞争力。

（2）搭建产业协同发展平台。联合设立都市圈产业发展基金，以转移支付、直接投资、帮助融资等方式为重点产业领域、重大产业项目提供有力支持。依托产业基金加大争取项目资金工作力度，用足用好地方政府债券政策，创新投融资模式。整合都市圈各类要素资源交易平台，统一异地市场准入制度与考核标准，打造集土地使用权、排污权、碳排放权、用水权、用能权、产权、技术、人才、

资金等数据信息于一体的综合性管理平台，在数据集成基础上设立多个专业特色子平台，推动要素资源跨区统一管理、配置和交易。比如，打造科技资源共享及技术交易市场一体化平台，建设跨区域知识产权交易大数据中心，提高都市圈科技研发水平和科技成果转化质量；建立"共享用工""周末人才"等供需平台，通过柔性引才引智方式满足都市圈各类企业在解决个性难题上的人才需求等。

（3）共建产业园区。通过政府＋政府、政府＋企业、企业＋企业等模式组建园区开发平台，重点在临界地区、交通廊道沿线地区、产业协同发展基础良好地区合作共建产业园区，以园区为载体，提升边缘地区承接中心城市产业转移能力，促进中心城市功能纾解和产业转型升级等。

（三）健全都市圈产业协同发展利益共享分配机制

通过税制改革，建立GDP分计、税收分享制度等健全都市圈产业协同发展利益税收共享分配机制，缓解都市圈内部的税源竞争，打造区域利益共同体，强化都市圈产业协同发展的内生动力。明确"总部＋基地""研发＋转化""终端产品＋协作配套"等不同模式，以及共建园区、飞地经济、产业迁移等不同合作形式的利益分配机制，以各方承担的责任和投入情况，以及产业分工和产品价值点为依据，"一事一议"明确税收征收方式、分成基数、比例标准和分配方式，确保项目投入收益自平衡，激发地方推进产业协作积极性。以跨界一体化示范区为突破口，先行试点财税共享政策，探索构建要素自由流动合作治理机制，形成"招商圈内落地""成果圈内共享""产业圈内补链""项目圈内推进"的新态势。

（四）实施都市圈产业协同发展动态评估与考核机制

（1）建立动态评估机制。重点围绕重点产业项目的推进、产业协同发展平台的搭建、产业联盟的运作、产业要素资源的配置等，开展定期工作会议和不定期督查，对在推进过程中落实不力的单位和负责人员予以通报批评、追责问责，提升产业协同发展的动力。建立合作协议和项目执行的实施监测评估制度，及时发现问题，改进措施方法，确保产业协作工作有序推进。

（2）推动都市圈城市政绩联合考核。要进一步科学精准地细化针对都市圈不同成员在产业协同发展方面的考评指标设计，适当减少对单个成员经济社会发展指标的考评，增加对都市圈整体技术创新、产业升级、产业平台、要素配置、园区共建、产业联盟等指标的考评，同时，要根据各地区在都市圈发展中的角色定位和功能分工，差别化地设置指标及其权重。对于中心城市，加强对新兴产业发展、技术创新等方面的考评，以充分体现其在都市圈发展过程中的技术和产业引领功能。而对于周边中小城市，则加强在农业发展、传统产业升级等方面的考评，以更好地体现中小城市所扮演的初级产品生产和制造加工基地等角色。

第十一章　交通协同

　　国家发展改革委印发的《关于培育发展现代化都市圈的指导意见》中将都市圈定义为，城市群内部以超大特大城市或辐射带动功能强的大城市为中心、以1小时通勤圈为基本范围的城镇化空间形态。将1小时通勤圈作为都市圈基本范围界定依据反映出交通基础设施在都市圈发展中的基础作用，交通互联互通和一体衔接成为推动现代化都市圈发展的重要支撑。

　　从地方实践来看，交通基础设施建设硬实力不断夯实，都市圈1小时通勤网正在加快形成，但是与"硬实力"相比，跨行政区交通协同治理的"软实力"还远远落后，严重制约着都市圈交通协同运行效率和服务水平。因此，提升协同治理水平是提高都市圈交通竞争力的关键，本章节将系统梳理都市圈交通协同治理的相关理论研究成果，对都市圈交通协同治理的典型问题进行归纳总结，借鉴国际大都市圈的治理经验提出相应建议。

■ 一、都市圈交通协同治理研究综述

（一）理论综述

1.都市圈交通相关理论

　　都市圈是城镇化发展的重要空间形态，是城市群的核心组成部分。随着我国对都市圈发展的日益重视，人们逐渐意识到综合交通体系在都市圈跨行政区划范围的基础性引领作用，如何通过综合交通体系建设引领都市圈空间拓展、布局和社会经济发展已引起学术界的广泛关注和研究。

　　1939年，克里斯泰勒建立了中心地理论，明确交通、市场和行政是中心地形成的三原则。1956年，欧文认为在都市圈内部交通发展中，以有轨交通、公共汽车、小汽车等为主要交通工具的交通模式将带来不同的城市用地布局，要采取对居住、工作岗位调整的区域规划思路，营造更为有序的城市交通环境。1960

年，盖伯格提出"互动是城市空间生成的基本因素"，将"可达性"确定为城市空间发展的核心要素。1961年，洛顿·温戈以居住消费与通勤消费为主要因子，建立了城市交通与土地利用的经济学模型。1979年，Nithin在扩大要素研究的基础上，凝练出四个影响交通行为的主要因素：区域规模（包括人口和住房规模等）、密度、设计（包括街道空地分布、商业服务设施的可达性等）和布局（包括土地利用结构、城市结构、城市中心特性等）[1]。

与国际都市圈相比，我国都市圈发展起步较晚，针对都市圈综合交通体系的研究尚未形成完整体系。但是，经过十几年的探索和实践，国内专家学者在跨区域交通规划领域提出了许多新的规划思想和方法。例如，姚祖康教授提出了"区域城市"概念，并运用系统科学、经济学、地理学等学科的基本原理，建立针对都市圈交通规划的"整体协调法"，并应用于上海、广东等大都市区交通规划的实践。管楚度教授[2]从城市互补动力学角度证明了"城市群交通"的存在性，并列举了实例进行验证。庞德良指出交通运输系统的不断完善促进了都市圈内中心城市、核心城市、重要功能组团之间的经济联系不断增强，出行需求十分频繁，并逐步呈现同城化、一体化发展趋势，立体式、快速化的现代交通运输体系，改变了时空结构，促进都市圈内各要素的重新集聚和扩散，对都市圈形成和发展起到了推动作用。杨涛教授与杨绍峰等依据《南京都市圈规划（2002—2020）》提出了"一小时交通圈"概念，杨涛教授与陈斌[3]等将南京都市圈划分为：主城、通勤圈、日常消费圈和辐射圈。此外，杨东援教授、韩皓博士等在大都市交通系统的战略规划方面，根据本国的国情提出自己独特的观点与见解。

近年来，多层次轨道交通体系成为都市圈综合交通体系的热点研究内容。潘昭宇[4]提出了多层次轨道交通的规划技术体系，要求重点解决好功能分工、需求分析、四网融合、枢纽衔接、运营一体等关键问题。陈小鸿教授[5]等以上海都市圈为例，把握大城市空间与交通网络互动、优化的关键在于把握出行活动的时空约束关系及基本规律，针对不同空间尺度界定骨干交通模式的服务目标，即构建

① 陈斌.都市圈圈层演化及其与交通发展的互动关系研究——以南京都市圈为例[D].南京：南京林业大学，2018.

② 管楚度.交通区位论及其应用[M].北京：人民交通出版社，2000.

③ 陈斌，杨涛.南京都市圈交通圈层演化特征实证研究[J]，现代城市研究，2006（10）.

④ 潘昭宇.多层次轨道交通规划研究[M].北京：中国铁道出版社，2021.

⑤ 陈小鸿，周翔，乔瑛瑶.多层次轨道交通网络与多尺度空间协同优化——以上海都市圈为例[J].城市交通，2017（1）.

适应圈层、轴带、珠链等不同空间形态的轨道交通系统结构及模式。顾保南[①] 总结出轨道交通网络的三种结合类型和服务效果差异，提出轨道交通网络整合的概念。李连成[②] 则从认识探讨、国际经验、国内实践、政策研究四个维度系统梳理和界定都市圈与市域（郊）铁路的概念。

从国内研究成果来看，构建完善的综合交通体系是推动都市圈经济社会发展的基础性要求，其与都市圈空间结构、产业布局、圈层结构等因素具有密切关系。目前，都市圈综合交通体系更加关注于多层次轨道交通系统，尤其是市域（郊）铁路，轨道系统层级结构与运营管理的互联互通成为都市圈交通协同发展的痛点和难点。与轨道交通相比，对城际公交等方式关注程度不高。

2. 都市圈交通综合治理研究综述

（1）都市圈交通治理主体和模式。汪光焘[③] 提出，为了弥合都市圈城市之间的交通割裂，最大限度地发挥资源要素在都市圈范围的配置效率，改变当前以政府为主体的交通管理模式，需要构建政府主导的政府、企业、社会组织、公众多元主体"价值—信任—合作"新型关系[④]，通过政府力量和市场力量的交织，推动交通共联、市场共构、环境共保等多方面联动合作，从而实现生产要素高效运转和资源合理配置。

尹稚认为，都市圈协同合作的核心要点是政府与市场在资源配置、游戏规则制定中如何实现合作共赢，在中国的体制机制下政府在政策引领开发管制和公共资源配置，以及体制机制改革方面有无可替代的作用。

陆铭认为都市圈轨道的规划到运营都可以让企业作为主体来参与，政府、企业、专家学者三方民主化决策推进。

（2）都市圈交通组织架构和机制。杨伟民认为，都市圈协同发展应当组建专门的协调机构，并赋予都市圈治理的职能和权限，以成渝地区双城经济圈为例，他建议将省级交通部门的规划权限集中赋予跨省市协调办公室进行统一规划，甚至可以成立中央层面的议事协调机构，来统筹跨省市难以协调解决的问题[⑤]。

陆铭认为，都市圈需要成立跨区域的类政府机构，它可能不是一级政府实体，但应该有配置公共服务和基础设施、进行跨地区政策协调和设定标准的功

① 顾保南，寇俊.特大城市多层次轨道交通网络整合问题思考[J].城市交通，2017（9）.
② 李连成.现代化都市圈与市域（郊）铁路[M].北京：中国市场出版社，2020.
③ 汪光焘，王继峰，赵珺玲.新时期城市交通需求演变与展望[J].城市交通，2020（4）：01-10.
④ 汪光焘，陈小鸿.城市交通治理现代化理论构架与方法初探[J].城市交通，2020，18（2）：1-14.
⑤ 杨伟民.招商引资政策一体化是当务之急[N].四川日报.2020-10-19.

能，在制度设定上，类政府机构的职能更像政府，在投资功能上，更像一个国有企业。可以由各方的财政部门和企业联合成立公司，比如轨道交通公司解决跨区域交通基础设施的建设和运营问题。

汪光焘认为，中国推动区域交通运输一体化的主要抓手是交通运输体制优化和制度建立，前者为运输合作组织职能和岗位责权的调整及配置，后者包括交通法律法规和各种规章制度，通过建立法治化赋权机制，提出规范和约束政府、市场企业及公众行为的包容性管制方针。

郭继孚认为，都市圈交通发展必须打破行政区划限制，建立都市圈内统一的轨道运营补贴机制，他强调运用智慧化手段打破行政区划限制提高都市圈交通治理水平。

从专家意见来看，都市圈交通协同治理应当体现高位统筹，由更高层级政府建立都市圈交通协调机构，自上而下能够充分发挥行政效力，提高各政府之间协调效率。都市圈交通应当采用多元化治理模式，充分发挥企业、社会组织、公众等在都市圈交通基础设施治理中的积极作用，优化完善当前以政府为主体的交通管理模式。同时，专家还建议把大数据、信息化等科技手段融入跨区域交通治理，通过信息化手段打破行政限制提高治理水平。

（二）政策梳理

2019年，国家发展改革委印发《关于培育发展现代化都市圈的指导意见》（发改规划〔2019〕328号），是我国关于都市圈发展的顶层设计文件。基础设施一体化作为都市圈发展的重要内容，该文件分别从畅通都市圈公路网、打造轨道上的都市圈和提升都市圈物流运行效率三个方面提出交通基础设施协同发展的要求，包括加快打通"断头路"、畅通交界地区公路联系，构建多层次轨道交通网络和公路网络，探索区域交通管理运营"一张网"以及打造"通道+枢纽+网络"的物流运行体系，推动物流资源优化配置等措施内容。在都市圈协同发展机制部分中提出，"都市圈建设由相关地方负责统筹推进，建立城市间多层次合作协商机制。有条件的地方可以探索设立都市圈发展及重点领域协调推进机制，负责推动落实都市圈一体化发展重大事项。积极构建都市圈互利共赢的税收分享机制和征管协调机制，加强城市间税收优惠政策协调。鼓励社会资本参与都市圈建设与运营。"该指导意见为都市圈协同合作设定了基本规则，鼓励地方政府和社会主体自主自发探索都市圈的协同合作模式。

2017年，国家发展改革委印发《关于促进市域（郊）铁路发展的指导意见》

（发改基础〔2017〕1173号），2020年，国务院办公厅转发《关于推动都市圈市域（郊）铁路加快发展意见》，重点鼓励发展多层次、多模式、多制式的轨道交通系统，完善城市综合交通运输体系，更好地适应都市圈和城市群发展新要求，两份文件对都市圈市域（郊）铁路的功能定位、技术标准、规划审核、实施要求、运营管理、投融资方式以及保障措施等方面提出要求。跨行政区划的市域（郊）铁路规划建设一般由省政府或中心城市为主体进行统筹建设，市域（郊）铁路指导文件更多强调的是政府部门和社会主体的主体责任和义务，提出"全面放开市场准入，培育多元投资主体，支持城市政府与企业共同出资成立一体化投资主体，吸引包括民间资本、外资在内的社会资本参与投资建设和运营管理"。

2020年，国家发展改革委印发《关于支持民营企业参与交通基础设施建设发展的实施意见》（发改基础〔2020〕1008号），提出"遵循交通基础设施经济属性和发展规律，聚焦重点领域，优化市场环境，强化要素支持，鼓励改革创新，减轻企业负担，切实解决民营企业参与交通基础设施建设发展的痛点堵点难点问题，构建民营企业合理盈利的参与机制，充分发挥民营企业作用，提升交通基础设施发展质量和效率，为经济社会高质量发展提供有力支撑"。该实施意见目的在于进一步激发民营企业活力和创造力，加快推进交通基础设施高质量发展，为社会主体参与都市圈交通基础设施建设和运营提供了有力保障。

二、都市圈交通基础设施协同现状及问题

（一）都市圈交通发展现状及问题

1.发展现状

以城际铁路、市域（郊）铁路、高速公路、国省干道以及城市快速路等为代表的交通基础设施是都市圈一体化落实最好、发展最快的领域。

都市圈轨道交通建设不断加速。南京都市圈已建成宁和线、宁溧线、宁天线、宁高线等市域（郊）铁路；成都都市圈除新建成蒲（雅）铁路、成灌（彭）铁路以外，成资、成德、成眉市域（郊）铁路正在加速推进中；截至2019年底，杭州都市圈城市轨道交通运营里程110公里，都市圈城际铁路一期加快建设，杭诸、杭湖两列城际通勤列车运行；西安都市圈西户铁路改造、西安—渭南市域列车、西安北站至机场城际铁路等轨道承担跨城交通出行功能。"两轨"工程之一的长株潭城际铁路，相比2018年，2021年城际铁路开行对数从51对增至86对，增开列车对数超过50%，城际铁路逐步实现"公交化"运营。

都市圈公路网络不断完善。都市圈高速路网不断完善，以成都—德阳为例，两地已形成6高4快4轨的交通基础设施路网，天府大道北延线、G5成德绵高速扩容、成都三绕等标志性工程全力推进。郑州都市圈高速环线不断完善，连霍高速、郑民高速、京港澳高速、郑云高速、G107、G234、郑开大道、华夏大道、中原西路等高快路网体系初步形成，截至2019年底，郑州与开封、新乡、焦作、许昌四市间高等级公路通道分别达到5条、4条、2条、8条，都市圈范围内建成跨黄河桥梁13座（含1座公铁两用）。

都市圈交通服务水平不断提升。长株潭城际铁路列车开行对数从2018年的51对增至2021年的86对，增开50%，城际铁路逐步实现"公交化"运营；成都都市圈成都与德阳之间动车开行数量达110余列，发车间隔控制在20分钟左右，来往客流相比公交化开行前增长200%。截至2022年9月底，我国正式印发的南京、福州、成都、长株潭及西安五大都市圈开通的城际公交线路已超过80条，为培育发展现代化都市圈发挥了重要作用。都市圈内城市基本实现城市交通一卡通互联互通，例如成都"天府通卡"实现四市一卡通刷、一码通乘、优惠共享；长株潭三市发行"潇湘一卡通"可在三市范围内乘坐公共交通。

交通对都市圈发展带动作用明显[1]。一是促进要素高效流动集聚。2010年沪宁城际开通后，2010—2015年沪宁走廊沿途各县及县级市（区）城际之间客流规模平均增长率达191%，极大带动沿途经济社会发展；二是支撑都市圈空间布局集约优化。长三角城市群京沪、沪宁、沪杭、杭甬等城际骨干通道，有力支撑长三角宁沪杭甬"Z"字形城镇主轴。成渝地区双城经济圈依托成渝高铁有效带动了沿线资阳、内江、荣昌、永川等城镇发展；三是提高绿色低碳发展水平。2009—2012年，随着广珠城际、武广高铁等开通，粤港澳大湾区铁路客运占比从10.3%提高到23.0%。2013—2017年，随着沪宁城际、京沪高铁等开通，长三角城市群铁路客运占比从9.1%提高到19.3%；四是提升便民惠民服务水平。京津城际铁路实现北京、天津及沿途城市半小时直达，沪宁、沪杭、宁杭等城际铁路实现长三角主要城市之间1小时左右通达，广深港、穗莞深、广珠等城际实现粤港澳大湾区主要城市之间1小时通达，如上海金山铁路加强了上海金山区与中心城区之间的交通联系，有效满足了沿线居民的快速通勤需求，日均客流达到约3万人次（表11-1）。

---

① 史育龙，潘昭宇.推进城市群和都市圈交通现代化 促进大中小城市协同发展。

印发都市圈交通发展现状 表11-1

印发都市圈	轨道交通	高快速路网	城际公交	公交一卡通	跨城通勤量
南京都市圈	宁和线、宁溧线、宁天线、宁高线等	沪蓉、宁芜高速、宁荣快速路等	10条	金陵通	3.8万人以上
福州都市圈	—	莆炎高速福州段、长平高速、长福高速等	1条	榕城一卡通	—
成都都市圈	成灌（彭）铁路、成蒲（雅）铁路、成都18号线、成绵乐城际	京昆、成渝环线、成乐、天府国际机场、成资渝、成都绕城、厦蓉高速等	10条	天府通卡	9.6万人次/日
长株潭都市圈	长株潭城际	京港澳、长潭西、西二环高速、芙蓉大道等	9条	潇湘一卡通	4.4万人次/日
西安都市圈	西户铁路改造、西安—渭南市域列车、西安北站至机场城际	西安绕城、西兴高速等	4条	长安通	—

专栏1：成都-德阳跨城公交案例

■ 成都与德阳间开通城际公交

目前，成都与德阳间开通了广汉-青白江、什邡-彭州、中江-金堂等毗邻地区城际公交。以广汉-青白江C2城际公交为例，C2路从广汉市客运中心始发，终到成都青白江区综合客运枢纽站，投入运力12辆公交车，发车间隔时间为15～20分钟，沿线共有17个站点，线路全长13公里，运行时长约50分钟，票价为2元。线路首班时间为7:30、收班时间为18:30（夏季）/18:00（冬季）。C2路城际公交按照"时间表"和"坐满即发"两种方式运行，即：发车时间间隔到时或车辆上客达到核定载客人数（含站立人数）时都将直接发车，不得再待班候客不发车（图11-1）。

■ 德阳开通至成都地铁的摆渡车

德阳通过专线大巴与成都地铁无缝对接，实现公路与地铁"零距离"换乘，破解群众出行"最后一公里"难题。截至2020年底，德阳市已开通广汉主城区至成都地铁3号线、德阳主城区至成都地铁3号线、什邡主城区至成都地铁5号线三条地铁摆渡车。其中，德阳主城区至成都地铁3号线摆渡车，日均发车班次超过56趟、运送旅客超3200人次，节假日乘车需求旺盛，比日常客流量上浮30%。摆渡车供给投入车辆20辆，全部采用清洁能源车辆，配套专用乘车站台设施和充电设施，摆渡车从早上6:30运行至23:00，由营运企业机动调配班次，高峰时段5～10分钟一班，平常时段15分钟一班，全程运行时间约50～60分钟。票价实行政府买服务模式，均为政府补贴实行低票价，全程约6元（图11-2）。

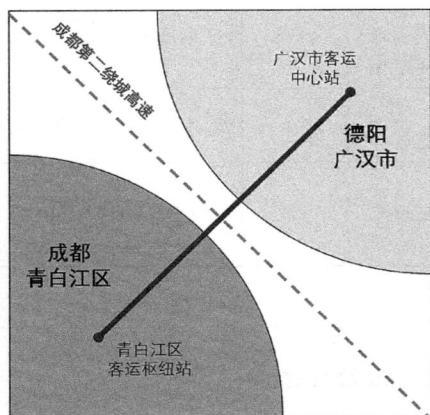

图11-1　广汉-青白江城际公交C2

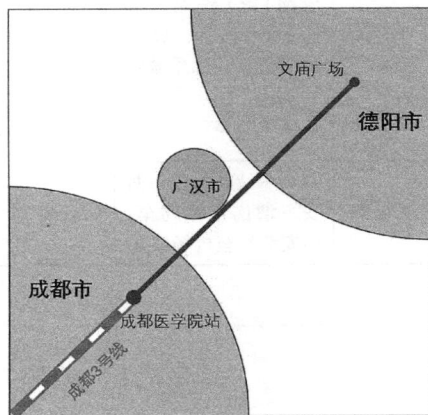

图11-2　德阳至成都3号线摆渡车

资料来源：作者自绘

2. 存在问题

（1）"勤而不通"，制约都市圈同城化就业联系①。当前我国都市圈正在加快建设，很多中心城市与周边地区之间已经形成大量长距离通勤需求，但是交通基础设施建设较为滞后。受制于跨行政区、跨部门等壁垒，部分都市圈路网连通性不够，城际交通"断头路""宽窄路"等问题突出。如北京通勤圈半径达35公里左右，环京地区通勤人员已超过92万，涵盖了北三县、武清、廊坊城区、固安、涿州等区域，平均进京通勤时间超过100分钟，仅河北北三县与北京之间日均通勤就近30万人次，但缺乏轨道交通联系，跨界贯通道路数量也不足，造成进出北京通勤时间长、交通拥堵严重。再比如广佛都市圈广佛新干线二期（"珠江大桥放射线接广佛新干线"），建成后将打通广州芳村大道至佛山黄岐立交之间"断头路"的最后连接，与珠江大桥放射线对接后融入广州内环，成为广佛中心城区直线距离最短的城市快速线路，贯通后从佛山城区到广州城区仅需20分钟。尽管该项目2001年就立项建设，并在广佛同城年度重点工作计划中多次被列为推

---

① 潘昭宇，欧心泉，唐怀海.客观准确把握1小时通勤圈内涵特征　引领支撑我国现代化都市圈稳步发展.

进类项目，但是却陷入了屡推不进的困境，形成了广佛交通一体化的"最后一公里"困境，直至2022年仍未畅通（表11-2）。

广佛同城化重点工作计划中广佛新干线二期工程建设任务 [①]　　表11-2

时间	主要内容	类别	进度要求	责任单位
2009	完成前期报批手续，稳定设计、投资和实施方案，开工建设	启动类	—	广州市城乡建设委、佛山市交通局
2010	完成前期报批手续，开展征地拆迁和开工建设	推进类	5月底前完成施工设计，6月完成土建招标，7月进场施工，计划2011年6月完工	广州市城乡建设委、佛山市交通局、广州市交通投资集团有限公司
2011～2012	落实建设资金，推动征地拆迁，尽快动工	推进类	佛山段2012年动工，广州段力争同步动工	广州市城乡建设委、广州交投集团、佛山市交通运输局、南海区政府
2013	落实建设资金，推动征地拆迁，加快建设	推进类	2013年广州段加快施工建设，佛山段动工建设	广州市城乡建设委、广州市城投集团、佛山市交通运输局、南海区政府
2014	—	推进类	争取2014年底前推动广佛出口放射线二期复工建设	广州市城乡建设委、广州市规划局、广州市中心区交通项目办；南海区政府

（2）"通而不勤"，部分都市圈超前建设风险隐患显现。当前，我国大部分的都市圈还处在培育发展阶段，发展框架还没有拉开，城市功能外溢和产业布局也没有跟上。与都市圈通勤就业的实际需求脱节，部分都市圈在外围地区超前建设交通设施，不仅造成资源浪费，同时也加重地方政府债务负担，对经济长期可持续增长产生负面影响。比如，已经开通的南京都市圈南京至高淳、武汉都市圈武汉至咸宁等城际、市域（郊）铁路，由于人口密度不足、服务半径过大、沿线综合开发没有跟上等原因，现状日均客流不足1万人，客流效益差、运营亏损十分严重。这些设施建设运营，不仅没起到促进都市圈通勤圈发展的作用，反而需要大量财政资金进行贴补，加重地方政府债务负担。

（3）效率低下，都市圈通勤效能大打折扣。当前我国通勤圈发展"重建轻运""重管轻服"现象比较普遍，且关注单一设施建设，忽视中间环节衔接，通勤总体便利性不高，设施整体利用效率也大打折扣。一是运营组织衔接不畅。都市圈市域（郊）铁路要求早晚高峰提供高频次、快速度的公交化服务，但是由于

---

① 叶林，赵琦.城市间合作的困境与出路——基于广佛都市圈"断头路"的启示[J].中国行政管理，2015（9）.

干线铁路早晚高峰时段长途列车集中到发，使得利用既有铁路剩余能力开行市郊列车受限严重，达不到公交化、便捷化的基本要求，导致利用既有铁路开行市域（郊）列车客流效益非常不理想。如郑州都市圈郑州至开封城际铁路，受制于路地分割，所有站点增加了进出站检票、安检等环节，大大降低通勤效率。二是一体化发展统筹不足。进城公共交通线路大多截止在中心城市的外部，没有深入就业核心区。交通设施建设与沿线用地开发仍然普遍存在"两张皮"现象，通勤出行"门到门"困难，"最后一公里"问题突出。

（4）身份尴尬，都市圈城际公交开通及运营面临较大障碍。都市圈城际公交开行需要协调各级多个部门、多家企业，利益分配协调难度大，导致城际公交开行经常面临本地公交、公路客运企业的强烈抵制[1]。例如，深圳都市圈内深圳—东莞—惠州城际公交3B线路在试运营首日就遭到深圳—东莞—惠州城际公交3A线路的抵制，试运营首日接连有四辆车被撞毁，严重威胁乘客安全。同时，都市圈城际公交处于发展起步探索阶段，在运营、客源培育等方面尚不成熟，需要一定财政支持才能实现可持续发展。但是，由于我国对城际公交定位的模糊导致国家补贴政策缺失，地方财政难以承担其运营缺口，导致城际公交企业陷入运营困境，如上海都市圈，南通至常熟城际公交不享受任何政府补贴，连年亏损，6辆营运班车进入报废期，运营公司无力承担车辆更新所需投入，于2017年彻底停运。

（5）都市圈交通运输管理政策和规则存在矛盾。都市圈城市间交通管理政策存在规则不统一甚至矛盾的问题。以货车超载认定为例，目前我国多数省份严格按照《汽车、挂车及汽车列车外廓尺寸、轴荷及质量限值》GB 1589—2016认定超限超载，但实际上部分省份仍然按照地方政策实行，因此，跨省域都市圈在货车超限超载认定标准不统一导致执法难度加大。个别都市圈出现机动车限行规定和限行时段不衔接的问题，有的城市是单双号限行，有的城市是每周一到周五对车牌尾号0～9中两个数字的机动车进行限行，有的城市是早8:00至晚8:00限行，有的则是24小时限行，导致民众跨行政区出行遭遇尴尬。再如，都市圈内部人为设置管理障碍对交通通行构成干扰，围绕中心城市设置的大量人工检查站等，给跨行政区的都市圈通勤造成层层阻碍，一些管控措施缺乏衔接。

---

① 刘花，王亚洁，王新宁，等.借鉴国际经验 补齐体制机制短板 促进都市圈城际公交可持续发展.

（二）都市圈交通协同治理实践及成效

1.创建专门协调机构或组织统筹跨行政区交通事宜

（1）由上级政府成立跨行政区发展领导小组实现统筹协调的模式。例如，为确保成都都市圈同城化发展合作项目（事项）的有序推进，四川省成立推进成德眉资同城化发展领导小组办公室，并在办公室框架下设综合组、设施互通组、创新产业组、公服生态组、保障组共五个专项工作组，其中设施互通组负责成都都市圈内交通基础设施互联互通相关事项。每个合作组均由四川省直有关部门进行指导，成都市分管市领导牵头协调，德阳、眉山、资阳三市分管市领导参与协调，并设相关成员单位，其中德阳、资阳、眉山均在市政府设置单独的区域协同局，专门负责都市圈相关协调工作。为有效发挥郑州在郑州都市圈中的核心统领作用，河南省委、省政府成立了专门机构，加强对郑州都市圈规划建设的领导。2021年，省郑州都市圈建设领导小组正式成立，省委书记、省长任双组长，将郑州都市圈建设和发展纳入省委、省政府重大决策，统筹推动郑州都市圈规划建设工作。

（2）通过城市间协商形成协议来推动，由领导座谈会、联席会、专项工作小组构成的协同机制。例如，杭州都市圈建立都市圈合作发展协调会，构建市长联席会议决策、秘书长工作会议协商、协调会办公室议事、专业委员会项目合作执行四级合作协调机制框架，形成杭州市引领、城市高层紧密互动、部门常态化联动落实、社会各界积极参与的全域全方位协同推进格局。为了更好推进广佛同城化发展，在《广州市佛山市同城化建设合作协议》的基础上，目前两市建立了包括"四人领导小组、市长联席会议、市长联席会议办公室、分管市领导工作协调会"在内的多个层次的协调机制。深莞惠地区通过"三市联席会议制度""深惠莞紧密合作高峰论坛""珠江东岸论坛"等形式推进规划实施，在跨市交通规划上，已经建立了深莞惠交通运输一体化联席会议制度，推进包括跨市公交在内的交通规划与交通政策的一体化（表11-3）。

交通协调机构运作模式 表11-3

模式	省级政府统筹模式	城市协商模式
合作方式	由省级政府统筹	城市轮值或中心城市统筹
适用情况	同省成员城市，中心城市能级不明显	跨省都市圈或多中心都市圈

模式	省级政府统筹模式	城市协商模式
协调机构	由高层级政府成立专门协调机构，包括小组办公室、专项工作组等。具有制度化的议事和决策机制，定期召开决策和推进工作会议	成员城市间建立含决策层、协调层、执行层的多层次协调机制，定期召开联席会议推进工作开展
组织方式	领导小组全体会议研究审议重大交通规划和重大交通工程等，定时召开工作推进会议	跨行政边界的交通设施由都市圈书记联席会议轮值制定的年度实施计划，制定发展目标并明确牵头和配合单位
实施情况	受到实施主体的财政、用地指标等客观因素影响，上级政府或行业管理部门督促实施	受到实施主体的主观意愿、财政、用地指标等客观因素影响

来源：课题组自制。

2.以规划为引领推动都市圈交通建设扎实推进

我国都市圈已编制完成或启动编制都市圈综合交通网、轨道交通网等规划，并建立重大项目库进行清单式推进，通过规划手段科学谋划都市圈交通发展。从交通规划体系来看，铁路、公路、水路等区域专项规划以全省为对象，而非专门面向都市圈进行编制，因此，都市圈编制的交通专项规划类型主要包括综合交通规划、多层次轨道交通规划以及道路网衔接规划等。近两年，都市圈交通规划和建设重点聚焦在轨道交通领域，例如，国家发展改革委印发的《成渝地区双城经济圈多层次轨道交通规划》，南京、武汉、郑州、长株潭等都市圈突破行政区划限制，探索跨行政区域的轨道交通线网规划和建设工作，目前均已启动编制多层次轨道交通专项规划或市域（郊）铁路线网规划。综合交通规划内容一般包含在都市圈发展规划或者都市圈实施行动计划中，截至2022年底，仅郑州、南昌都市圈编制印发了综合交通专项规划，分别为《郑州都市圈交通一体化发展规划（2020—2035年）》《大南昌都市圈综合交通规划（2019—2025年）》。广佛两市在2005年就联合编制了道路系统衔接规划，惠州、苏州等地均启动编制跨区域道路衔接规划（表11-4）。

都市圈交通专项规划编制情况   表11-4

都市圈		交通专项规划
已正式印发都市圈	南京都市圈	《南京都市圈多层次轨道交通体系规划》正在编制
	福州都市圈	—
	成都都市圈	国家发展改革委印发《成渝地区双城经济圈多层次轨道交通规划》
	长株潭都市圈	《长株潭都市圈多层次轨道交通规划》正在审批
	西安都市圈	《西安都市圈多层次轨道交通规划》正在编制
其他都市圈	郑州都市圈	《郑州都市圈交通一体化发展规划（2020—2035年）》已发布 《郑州都市圈市域（郊）铁路规划》正在编制

都市圈		交通专项规划
其他都市圈	武汉都市圈	《湖北省都市圈市域（郊）铁路规划》正在审批
	南昌都市圈	《大南昌都市圈综合交通规划（2019—2025年）》已发布
	广州都市圈	《广佛两市道路系统衔接规划》已发布
	苏锡常都市圈	《苏州市跨区域道路衔接规划》待批准
	深圳都市圈	《惠州市与周边地市路网衔接规划》已发布

来源：课题组根据公开信息整理。

3.探索跨区域交通协同立法解决治理难题

目前，我国都市圈采用协同立法方式解决跨区域交通协同治理法制问题，以武汉都市圈为例，武汉与其他5个有立法权的市协同制定法规或者做法规性决定，3个省直管市做重大事项决定，协同开展跨区域交通管理立法。2022年8月3日，武汉市第十五届人大常委会第四次会议表决通过《武汉城市圈公共交通一体化促进条例》，该条例是武汉都市圈区域协同立法的首部地方性法规，待报请省人大常委会批准后颁布实施，武汉城市圈区域协同立法实现"破题开篇"。南京都市圈内南京与镇江两市为解决跨市域轨道交通线路在不同城市内的执法问题，颁布《跨市域轨道交通运营和执法管理决定》，解决跨市域列车运营同城化管理问题，实现了列车车厢内的执法主体、执法事项和执法尺度的统一，这是地方立法引领区域交通一体化的首创之举，为区域一体化发展做出了率先探索。首都都市圈内北京与河北、天津分别审议通过《机动车和非道路移动机械排放污染防治条例》，设置专章明确区域联合防治内容，实现都市圈交通联合防治的协同立法。

4.创新都市圈交通投融资模式及资金分摊方式

除政府投资模式以外，都市圈通过合资成立股份制项目公司，以项目自身的财产权益及未来的收益作为募集资金的责任担保来融通资金，常见的项目融资模式包括BOT、BT、TOT、ABS、TOD、PPP模式等。例如，浙江省采用PPP模式建设杭海城际铁路，由浙江省、海宁市基础设施投融资平台联合央企共同出资，主体包括浙江省交通投资集团有限公司、海宁市基础设施投资基金有限公司、海宁市轨道交通投资建设有限公司以及中铁（上海）投资集团有限公司、中国政企合作投资基金股份有限公司等。粤港澳大湾区首次发售粤港澳一体化发展重点区域高速公募REITs"平安广州交投广河高速公路封闭式基础设施证券投资基金"，支持广河高速（广州段）项目建设，该项目全长70.754公里，投资批准概算69.81亿元，于2011年12月30日开通，由项目公司100%持有①（图11-3）。

一般情况下，都市圈交通项目由交通线路沿途所经过的市、区、县共同出资，资金按各行政区划内的线路比例进行分摊，随着都市圈成员城市在交通基础设施领域的合作越来越多，各地在出资比例探索出不同做法。例如，成都都市圈内的轨道线路资阳线则主要由成都市出资建设，项目总投资133.84亿元，资阳市仅承担辖区内的征地拆迁费用，项目资本金和剩余债务资金均由成都市承担，约为94.1%。

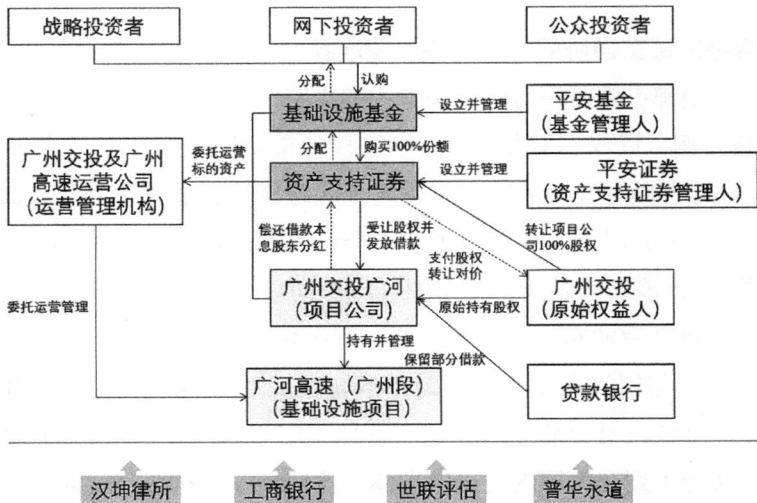

图11-3 粤港澳一体化发展重点区域高速公募REITs

5.通过统一交通标准推动都市圈一体化发展

2021年8月8日，浙江省、上海市、江苏省市场监督管理局联合发布了长三角区域统一标准《市域（郊）铁路客运服务规范》，填补我国市域（郊）铁路标准体系中客运服务方面的空白，明确市域（郊）铁路客运服务的总体要求，以及从业人员、服务设施、服务质量、服务安全、服务环境、评价与改进等方面的技术要求。南京都市圈内南京、芜湖牵头8个城市成立"环南京都市圈物流标准化联盟"，通过城市间"结联盟"、企业间"结对子"等方式共同推进物流标准化。粤港澳大湾区积极推动交通标准化，《粤港澳大湾区城际铁路设计标准》《粤港澳大湾区城市道路智能网联设施技术规范》等实现区域统一，广州、深圳等都市圈均以大湾区交通标准为准。

---

① https://xueqiu.com/1300332764/180439477.

（三）都市圈交通协同治理存在的问题

我国都市圈交通基础设施建设已取得积极成效，但是服务水平与国际大都市圈差距较大。因此，前文提到的都市圈"断头路""宽窄路"、多层次轨道交通运营融合难、城际公交开行难等交通问题，从根源上看，是都市圈交通协同治理"软实力"远远落后于基础设施建设"硬实力"导致的。

1.行政体制障碍导致交通治理协同性不足

我国都市圈治理涉及多个行政主体，福州、南京、成都、长株潭、西安等都市圈均跨越3个以上的地级行政区，都市圈内多个行政主体互不隶属，各自为政，甚至还有可能是竞争性的关系，本位主义带来都市圈交通基础设施建设和政策协同不足。例如，都市圈内存在的"断头路""宽窄路"现象，郑州都市圈新建国道107主要承担郑州与许昌间的交通联系，郑州段与许昌段均已建成通车，但是开封市积极性不高导致开封段迟迟未建，全线通车受到影响。

都市圈多个行政主体间的行政级别存在不对等，例如，上海大都市圈中上海属于直辖市（与省同级），而苏州、无锡、宁波、嘉兴等为地级城市；成都、杭州都市圈中心城市则为副省级城市，比其他城市行政级别要高，成员政府间行政级别的不对等，导致地级市交通部门有时需要通过上级政府进行对接，大大降低沟通效率。都市圈政府部门还面临与铁路部门的对接难题，由于我国铁路部门重点服务国家和区际干线联络功能，地方政府在线路选择、开行班次及时刻、运行组织模式等方面与铁路企业沟通协商难度较大，导致市域（郊）铁路无法满足都市圈日常通勤者的出行需求。

2.都市圈交通协同治理模式有待完善

通过上一层级行政力量协调都市圈交通事项的模式是符合我国国情的，尤其是重大交通基础设施项目的推进方面有明显效果，但是容易出现沟通机制落实不到位导致地市政府参与度不高，例如湖南省正在编制长株潭都市圈交通相关规划，而长沙、株洲、湘潭政府部门参与不足。通过契约性质的行政协议来推动跨行政区交通事项，则容易出现在重大复杂交通问题上协调能力不足的问题，因为地方政府间签订的交通领域合作协议属于政策性文件，没有通过法律形式规范各方的权利义务、明晰各自的履约方式，容易出现执行力弱、缺乏契约精神等问题。

无论是区域协调机构或协议合作方式，我国都市圈交通协同治理仍以政府机构主导为主，企业、科研机构、社会公众及毗邻城市等利益相关者参与环节缺失或不足，缺乏利益相关者知情权、参与权和话语权的保障机制，未能实现相关要素在同一平台平等对话。

3.政策机制不完善制约都市圈交通发展

我国针对都市圈交通建设、运营的现有法律法规和政策文件尚不完善。以城际公交为例，我国的城市公交要求在本市行政区域内从事交通运营及管理活动，不允许跨市运营，跨域行政区的公交在现有法律法规并无明确规定，为了满足都市圈内部出行需求，地方政府探索使用跨市客运班线开行城际公交的方法，但是，存在违反《道路旅客运输及客运站管理规定》的风险。根据文件要求，跨行政区的客运班线要求实名制管理，客运站经营者应当对出站客车进行安全检查，并按照座位数认定核载人数。而实际运营的城际公交采用的中途停靠的上下客模式，难以进行实名制管理和安全检查，也很难严格按照座位数认定核载人数。同时，从事城际公交线路经营的公交车辆无法享受国家针对城市公交的"公交燃油补贴"和"公交营运补贴"两项政策性补贴，严重影响了城市公交企业开通城际公交的积极性。

4.投融资机制不健全导致项目推动难度大

我国都市圈交通基础设施的投资以成员城市政府为主体，都市圈层面尚未建立专项基金或统一的基础设施投融资平台，武汉、长株潭都市圈曾经提出过打造统一的基础设施投融资平台，但是由于种种原因并未实现。都市圈交通基础设施项目所需资金需求量大，随着地方政府的财政压力不断增大，以及中央政府严控地方政府债务风险，仅仅依托地方政府财政资金难以实现都市圈交通可持续发展，亟需吸引社会资金进入都市圈交通的投融资渠道。2020年，国家发展改革委印发《关于支持民营企业参与交通基础设施建设发展的实施意见》（发改基础〔2020〕1008号），鼓励激发民营企业活力和创造力，积极参与都市圈交通基础设施建设。但是，都市圈交通基础设施多为公益性质，尚未形成利益共享机制，社会资本参与市域（郊）铁路建设的积极性并不高，都市圈交通基础设施融资难问题未能得到有效解决。

都市圈交通协同治理涉及多个行政主体，且互不隶属，各自为政，甚至还有可能是竞争性的关系。受以分税制为核心的地方财政预算管理体制约束，各地从都市圈一体化发展中获得的收益和承担的成本，存在难以有效评估、不对等的问题，都市圈中心城市和周边城市的经济发展都存在不均衡性，在缺乏利益协调分配机制的情况下，各地在交通发展诉求上难以达成有效共识。

三、都市圈交通协同治理经验借鉴

（一）首尔大都市圈

1. 都市圈交通治理机构

首尔大都市交通局（Metropolitan Transportation Authority，简称MTA）是首尔都市圈的交通主管机关，是依据地方政府法成立的政府机构，由首尔市、仁川市、京畿等政府联合组建，目的在于加强首尔市及相邻地区交通领域的协调和合作力度，主要职责是创建以公共交通为核心的大都会交通系统，修改调整交通政策、研究交通需求管理政策等，50名成员由三地政府派出。

为开展都市圈广域交通相关业务，韩国国土交通部设立都市圈广域交通委员会，由大都市交通局部门负责人、交通领域专家、地方议会成员、建设交通部负责人等组成，共有15名，其中首尔市政府推荐5名，京畿政府推荐5名，仁川政府推荐3名，建设交通部2名。职责包括修改大都市交通局协议、决定或修改大都市交通局的重要方案、批准大都市交通局财政预算，以及审议和协调有关中央行政机构与地方政府之间或地方政府之间意见分歧的广域交通事项，对于广域交通委员会审议、协调、表决的事项，有关中央行政机关的负责人和地方自治机关的负责人应严格遵守。

2. 中央与地方责任划分

《都市圈交通管理特别法》规定，都市圈交通基础设施的资金保障应部分由中央政府支持，尤其都市圈铁路的建设由中央和地方政府共同出资成立联合公司来进行[①]。同时，该法还规定征收都市圈交通设施使用费用，与中央政府和省级政府的出资共同注入都市圈交通特别账户。1991年，韩国中央政府的交通基建功能责任向地方政府、代表委员会、国有公司、私人资本等转移，中央政府的角色从单独监管者向复杂参与方转变。韩国出台的区域交通管理特别法，规定区域性的公路由中央和地方政府各自出资50%，区域性铁路由中央出资75%、地方出资25%，中转枢纽以及停车场由中央出资30%、地方出资70%。国家还负责部分城市道路项目的出资责任，主要包括改善都市区严重拥堵的路段、都市道路（经过两个以上行政区划）、国家道路的支路、都市区的绕城公路项目等。提升都市区严重拥堵路段的项目建设费用由国家和地方政府分摊、设计费用由国家出

---

① 宿凤鸣.韩国高质交通基建规划管理与投融资创新经验[J].综合运输，2019，41（5）：104-108.

资、土地费用由地方政府出资；都市道路项目由中央地方各自出资50%；国家道路的支路，由中央政府负责设计和建设费用、地方政府负责土地费用；都市区绕城公路项目，由国家或私人融资。

3.基础设施资金来源

1989年，韩国设立由90%的燃油税和车购税构成的公路特别账户，不足部分由一般预算补齐。1993年通过交通税法、1994年通过交通设施特别账户法，形成稳定的资金来源和投资系统，韩国交通设施特别账户的主要资金来源有交通税、燃油税、能源环境税、车船购置税、车辆进口税等，非税收入如设施使用收费等，还有从公共财政转移过来的钱。1998年，交通设施特别账户新增大都市交通发展子账户。2003年后，除交通设施特别账户外，韩国构建都市圈发展特别账户，用于促进都市圈发展和相关交通基础设施建设等。一般预算账户也对交通基础设施建设进行一定的转移支付。

（二）纽约大都市区

1.都市区交通治理机构

纽约大都市区交通规划和运营中，纽约市大都会运输委员会（简称NYMTC）以及大都会运输署（简称MTA）起到重要作用。

大都会运输委员会作为纽约区域规划组织（简称MPO），为纽约、长岛和哈德逊河谷下游地区提供协同规划平台，制定区域交通规划，并就规划区域范围内使用联邦交通资金做出决策，大都会运输委员会由9名投票成员和7名顾问成员组成，他们为纽约都市区的交通网络制定计划、目标和共同愿景。纽约大都会运输署由纽约州议会于1968年成立，负责管理包含纽约市五大区、纽约州12个郡、新泽西州及康涅狄格州部分地区内的交通运输，是纽约地铁、长岛铁路、大都会北方铁路、斯塔滕岛铁路的运营者。区域规划协会则是一个独立的、非营利性的民间组织，致力于发展和促进改善纽约大都会地区的经济健康、环境和高质量生活，对交通、土地利用、住房、社会治理和环境等进行研究，并为城市、社区和公共机构提供建议（表11-5）。

2.都市区区域协调治理

1962年，美国议会通过联邦助建高速公路法，要求人口超过50000的都市区都要建立MPO，用于管理和保障政府对于交通基础设施项目的投资。MPO主要包括六项职责：构建公平、完备的协商平台以保障有效的区域性决策，评估交通发展的各种备选方案，制定"区域交通计划"，编排"交通项目实施方案"，引

纽约都市圈交通相关机构 表11-5

地理层级	机构	主要职责	主要规划
城市级	纽约市城市规划局（NYCDCP：New York City Department of City Planning）	城市区划和土地利用	纽约市规划（PlaNYC：Plan for New York City）
	纽约市交通局（NYCDOT：New York City Department of Transportation）	城市人行道检查和管理，许可证管理和建设控制、轮渡、桥梁、交通、道路维修和保养	
大都市区级	大都会交通局（MTA：Metropolitan Transportation Authority）	纽约市地铁和公共汽车的建设与运营	统一公共交通政策，地铁和公共汽车运营和调度规划
	纽约市大都会交通署（NYMTC：New York Metropolitan Transportation Council）	纽约市、长岛和哈德逊谷区域交通规划及项目协调	区域交通规划（RTP：Regional Transportation Plan）、交通改善项目（Transportation Improvement Program）、统一工作方案（UPWP：Unified Planning Work Program）
都市圈级	区域规划协会（RPA：Regional Plan Association）	为纽约—新泽西—康涅狄格地区的31个郡提供改善生活质量和经济竞争力的建议	联合主持美国2050年全国委员会，并发表有影响力的大都市圈规划报告

资料来源：作者整理绘制。

导公众参与上述四个核心功能的工作，保护空气质量。美国通过《联邦资助公路法案》《联合公路/公交规划条例》《住房和城市发展法案》《示范城市与大都市区再开发法案》《地面多式联运效率法案》《21世纪交通运输公平法案》等法律条例，明确大都市区规划机构MPO的法律地位，加强MPO组织"赋权"，为其提供跨区域协调职能的重要保障[1]。

美国MPO组织决策成员构成中不仅包括州交通部官员和国选代表，也包括地方政府官员、运营企业、私营机构等，确保规划编制当中能够充分体现各方意图，决策机构在固定周期内（每年2～3次）召开会议审议重要工作内容（图11-4、图11-5）。

交通基金是美国大型基础设施建设的主要资金来源，源于通行费、债券以及州、地方和联邦的各种燃料消费税等，交通基金的使用分配在一定程度上成为美国政府层面进行都市区协调的重要手段。美国法案要求MPO组织编制三个层次

---

① 郑健，吴晓飞，张振.城市群战略背景下跨区域交通治理策略探析——以广东省为例[C].2018中国城市规划年会.

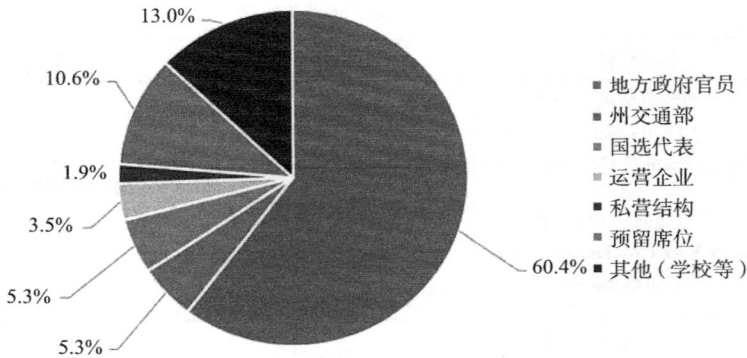

图11-4 MPO决策成员构成

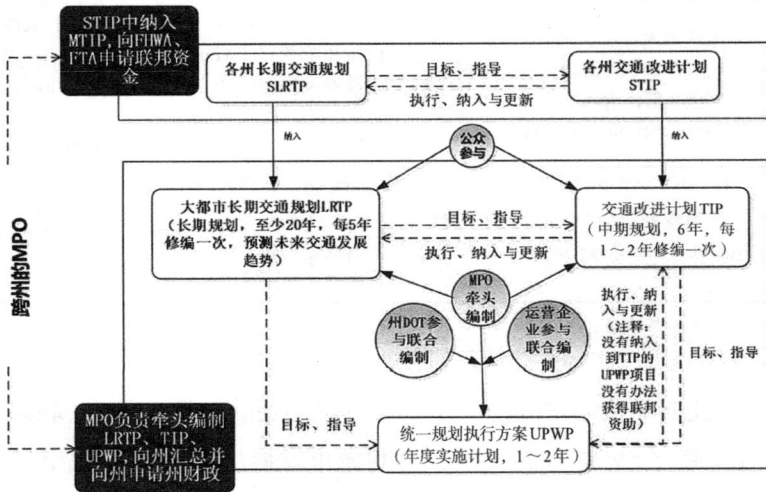

图11-5 MPO编制LRTP、TIP和UPWP过程中的多元参与机制

的规划和计划,即长期交通规划(LRTP)或都市区交通规划(MTP)、都市区交通改善计划(TIP)及规划实施行动计划(UPWP),其中,MTIP被纳入交通基金划拨申请程序中必备的材料;同时,法案规定MPO有权确定交通改善项目的优先度,MPO从各县、市及相关机构建议的项目中挑选应得到联邦政府资助的项目,对公路项目、公交项目和其他的项目建设进行排序,并根据资金许可只批准那些财政上真正可以负担的项目(图11-6)。

3.基础设施资金来源

美国交通基础设施投融资机制改革初期,基础设施中私人供给的占比超过50%,主要集中在铁路、公路等交通设施融资方面。在此改革中,美国开始逐步推行租赁模式,将部分交通设施私有化,其建设及维护则通过民间资本来完成,政府负担明显减轻。除此以外,美国地方政府、州还通过发行市政债券来筹集资

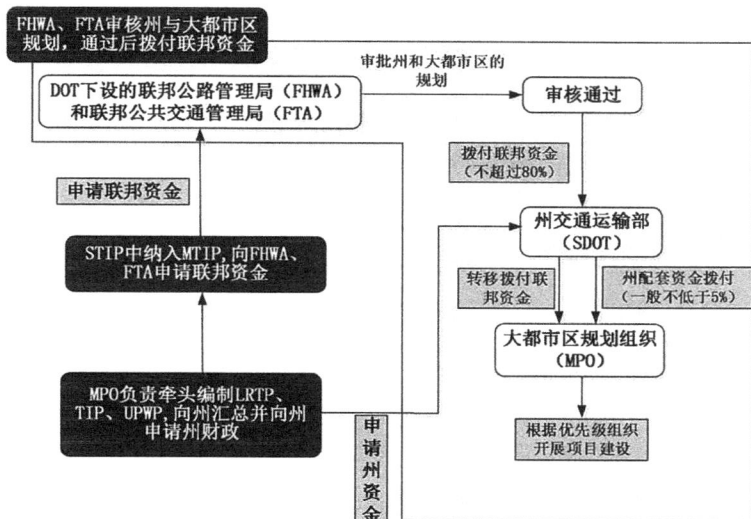

图 11-6　州内 MPO 向联邦与州申请资金流程

金，通过土地购置权、财产税等政策性的优惠来鼓励私人资本参与投资。在跨区域交通规划建设中，公共资金来源主要包括联邦和州政府的拨款、政府成员会费、契约费以及基金会和私人部门的捐赠。其中，拨付联邦资金一般不超过项目总经费的80%。

为确保公路管理及融资的效率，美国建立了相对完善的分级支出和管理机制：一是明晰了联邦、州与地方政府的支出责任。其中联邦政府主要负责高速公路、铁路和航空交通基础设施的投资，尤其是高速公路和航空的投资比重最高；州和地方政府主要负责辖区公路的建设。二是明晰了联邦和州的各级政府相应的管理责任。为了提高公路融资和管理效率，美国按照联邦、州、地方将其公路系统划为三部分，联邦公路系统从宏观上用法律法规来规范公路系统的建设与运营，州和地方公路系统则在切实落实联邦的政策同时负责公路的养护、管理等具体工作。

（三）莱茵—美茵大都市区

1. 都市区交通治理机构

2011年，德国黑森州议会通过《法兰克福莱茵—美茵大都会地区法案》，成立了法兰克福莱茵—美茵区域联合协会，核心地区包括80个城市。该协会由一个十名成员组成的地区委员会管理，协会理事和第一议员均为全职，协会商会是最高决策机构。区域联合协会在城建及土地规划、交通以及公共环保事业开展合作。

德国所有大都市区都成立了一个叫作"公交联运公司（Verkehrsverbund）"的交通部门①，将大都市区以及涉及的各州内所有地方政府整合起来，该交通部门的创立推动票价整合以及公共交通服务范围的扩大。莱茵—美茵公交联运公司（RMV）是法兰克福大都市区唯一的公共交通部门，由环法兰克福区域合作协会（UVF）推动建立，该联运公司集合了三个级别的政府，包括15个县、11个市以及黑森州，董事会包括所有成员政府的代表。

RMV制定大都市区的交通政策，并负责规划、投资决定、价格设定以及协调153家公共和私人运营商（地铁、公交、市郊铁路及火车），为大都市区制定统一的、以需求为基础的规则：统一的时刻表、统一的价格和统一的车票。RMV职责包括票价设计、时序安排、将交通服务配置给不同的承运者、网络发展、交通服务投标、确保安全标准与质量、创新、通信、问询和市场营销。联运公司出行带来的收入达到运营成本的57%，其余成本则由联邦区域化基金通过各州预算，以及市镇当局通过州财政平衡支付联合承担。

2. 中央与地方责任划分

德国属联邦制国家，政体由联邦、联邦州以及地方自治团体三个层级组成。州拥有独立的立法、司法及行政权力，联邦州下设地方自治团体，兼具州政府基层行政体制和地方自治团体的性质。除联邦、州以及地方三种行政层级外还有"区域"层级，在德国的法定规划体系中，区域是建立在社会经济相关及地理空间单位上的一种跨地方行政的规划单位，但并非独立的行政区划。大都市的区域规划和区域治理几乎完全由各州负责，地方层面由市政当局作为地方自治机构，县作为地方自治的第二层。国家很少以层级方式进行干预，德国基本法保障地方自治地位，但大都市区一旦建立就受到合法的国家监督。德国通过联邦部门制定的规划政策，对全国大都市地区的联动发展进行了目标、方向和原则等的设定及引导。"联邦交通发展规划"文件（德语缩写BVWP）是德国交通发展最重要的规划文件，平均每8年修订一次，覆盖道路、铁路、水路三个方面的交通建设投资框架。该规划采用项目优先级概念，确保相关预算落实，并促成工程评价、项目审批的新管理模式，以提高政府资源的使用率。BVWP2030规划将采取维护优先于新建的原则，对于各工程优先度的基本框架进行设置，对于道路的改建和新建工作，优先对跨州（地域）道路进行相关的改修和新建工作。

各级政府在项目的投资中有明确的责任与分工。根据德国《基本法》，联邦

154

---

① 杨莉，刘霓. 大都市区治理——以交通规划与空间规划为例[J]. 2015.2（5）：53-61.

政府负责建设和维修联邦运输基础设施，包括铁路、水运及公路。州政府全权负责所辖道路的规划、整顿、维护和施工，同时还经常接受联邦政府和郡、镇政府委托，对地区内基础设施建设进行建设和维护。

3.基础设施资金来源

德国州政府的资金主要来自于两部分：州政府财政拨款和联邦政府的交通管理专项财政补助。联邦政府的专项财政补助主要来源于"消除瓶颈法案"规定的地方交通改善资金，即联邦政府将从联邦一般财政中拿出一定的资金，专门用于改善道路以及地方交通基础设施的专项财政资金，联邦政府通过立法决定其金额。德国联邦政府目前面临交通设施资金不足的问题，除提高交通系统自身的燃油税与购置税，德国也通过从欧盟CEF支援制度获取帮助，同时加大PPP融资模式投入力度，通过多元化的融资模式来解决基础设施建设资金问题。

（四）东京大都市圈

1.首都圈区域协调机构

日本"首都圈整备规划"始于20世纪50年代，先后于1958年、1968年、1976年、1986年、1999年制定了五轮次，前两轮首都圈规划的主体是从1950年成立的首都建设委员会过渡到1956年改组后的首都圈整备委员会，即由一个实行合议制的独立性议事机构转变为总理府直属、委员长由建设大臣兼任的中央直属办事机构，促进跨区域的开发建设协调。首都圈整备委员会于1974年废止，其执行事务并入国土厅。从第三次规划起，规划主体纳入新成立的中央机构——国土厅下属的大都市圈整备局，强调要从整个国土开发框架中来定位首都圈发展，规划主体与地方政府也成为主导与从属的关系。从咨询委员会改组为行政委员会，再到相对纯粹的中央行政机构，规划决策权力的上移对于提升区域性规划编制效率和实现效果作用显著，保证了首都圈规划和全国性规划体系的一致性，并且容易获得一些大型项目的资金保障和政策倾斜。

从区域行政的历史经验看，东京都市圈内的区域性协调机制，多年来主要以中央政府主导，即中央政府通过完善、权威的区域性规划体系和强有力的项目资金保障、政策配套以及自上而下的宏观调控，达到区域行政协作的目的[①]。而以地方政府为主体的区域联合组织或机构的数量和活动范围受到诸多行政法令的严格限制。其主要原因除了与日本国家政体的集权化特征高度相关之外，也与大规

---

① 国务院发展研究中心课题组.东京都市圈的发展模式、治理经验及启示[R].

模的区域开发对于效率提升、资金保障、资源合理配置等方面的要求密切相关，相对集中的协调机制有利于避免重复建设、资源浪费和地方政府间的恶性竞争等问题。不过，即使在这种行政管理体制下，东京都市圈内各地方自治体之间仍然探索出了与中央集权主导相配套的一些区域性协作机制，保证了处理具体性区域问题的针对性和灵活性。早在1947年，日本政府颁布的《地方自治法》赋予了都道府县各级地方政府相应的自治职能，并规定各地方政府可以通过设立协议会、共同设置机构、事务委托、设立事务组织和区域联合组织等形式建立处理区域性事务的协作机制。当前，一些正式体制外的跨区域协议会是最常见的形式。其中，既有以解决专业性问题为导向的区域协议会，如"东京都市圈交通规划协议会"；也有各地方自治体的首脑自发组成的联席会议，如1965年成立的"关东地方行政联席会议"、1979年成立的"七都县首脑会议"、2002年成立的"首都圈港湾合作推进协议会"等。这些自下而上、非正式的协调机制也成为中央政府主导区域协调机制的有益补充。

东京都市圈内跨区域协作机制的形成既发挥了中央政府主导下提高资源利用效率、避免无序竞争的优势，也适时发挥了地方政府主动寻求协作的积极性。这不仅顺应了日本地方自治和分权改革的需要，也在不突破现行地方行政体制框架下实现了部分区域职能的协作（图11-7）。

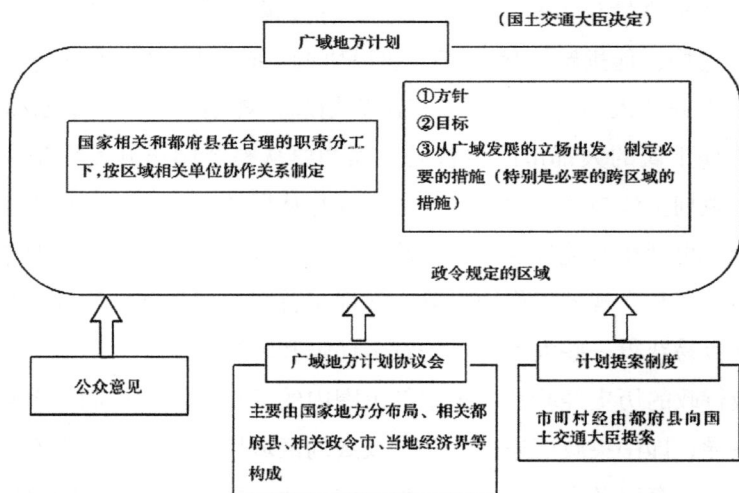

图11-7 东京都市圈跨区域协作机制

2.都市圈交通评估机制

为形成精细化的决策模式，日本对首都圈整备计划的实施与效果形成了较为明确的考察标准和定量指标，每年发布一次首都整备圈年度报告，用于监测与考评整备圈计划的实施与推进情况。由国土交通省都市局都市计画课每10年组织开展一次都市圈居民出行调查，东京都市圈分别于1968年、1978年、1988年、1998年、2008年开展了居民出行调查，并于2018年开展了第6次调查（图11-8）。

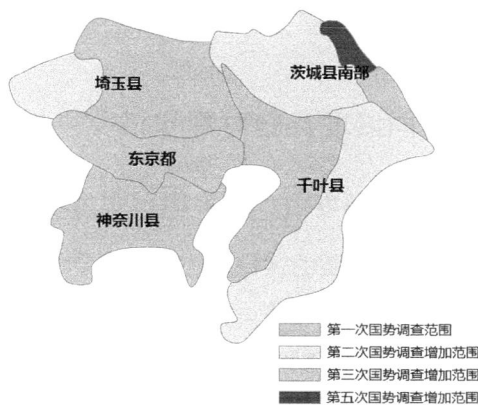

图11-8　国土交通省开展的六次都市圈居民出行调查

自1960年以来，由国土交通省综合政策局公共交通政策部每隔5年组织开展一次首都圈、近畿圈和中京圈的大都市公共交通调查，调查内容包括三大都市圈铁路和巴士运行状况、换乘环节特征、空港公共交通集散情况。通过统一的调查标准、指标，定期发布三大都市圈的公共交通运行状况，变相建立起三大都市圈之间的竞争性机制，推动都市圈交通一体化发展。

（五）小结

1.国际大都市区均成立区域交通协调机构，成员包括国家交通部门以及各地市政府成员，也可以包括运营企业、私营机构以及非政府组织，充分反映都市圈各利益相关方的诉求和意愿。通过法律法规确定协调机构的地位并赋予职权，职责包括但不限于区域交通规划、政策制定，并具备依据项目优先级审批预算资金的权利。

2.纽约、首尔、德国均成立都市区公共交通运营企业或部门，统一都市区公共交通政策，负责公共交通网络规划、投资决定、票价设计以及协调公共私营运营商的关系，保障都市区公共交通采用统一运营规则。

3.设立都市圈交通设施账户或基金，并通过法律规定形成稳定的资金来源和投资系统，资金来源包括燃油税、购置税等以及国家、各成员政府的一般财政资金，该基金使用由区域协调机构进行审批，优先为都市区交通基础设施建设、维修提供资金。

4.通过法律明确国家、省和市级政府在基础设施建设、维修和运营的财权和事权划分，并通过法律保障社会资本参与都市区基础设施建设的权益。

5.构建都市圈交通统一的指标和标准，通过定期的交通调查，监测与考评都市圈交通基础设施水平，督促都市圈交通基础设施的推进和交通治理水平的提高。

■ 四、都市圈交通协同治理实施对策和路径

（一）成立都市圈交通协调机构并赋予相应职责和权限

建议都市圈层面成立权威性质的区域交通协调机构，由上一层级政府、交通部门、建设部门以及各地市政府、交通、建设部门成员共同组成，由主管交通部门的上级政府领导担任机构领导。同时，通过法律法规形式明确区域交通协调机构的行政地位和法律地位，推动机构、职能、权限、程序、责任法定化，制定并落实权责清单，职责包括但不限于都市圈交通规划制定、交通政策制定以及审批交通基础设施预算资金等。同时，充分体现多元化治理特征，坚持政府主导，鼓励多方参与，建议市场主体、社会组织等多元化主体参与区域交通协同治理，建立社会公众参与的决策机制，建立都市圈政府部门、交通协会、行业专家、运营企业间的常态化沟通机制，建立社会公众参与都市圈交通的决策机制，确保规划和政策制定能够体现各方意图，通过构建制度性框架和刚性约束才能有效推动都市圈交通基础设施建设和运营。

（二）逐步完善适应都市圈交通的法律法规和政策文件

建议从国家到地方，逐步完善以都市圈交通为主要对象的法律法规和政策文件，调整和修改既有国家以及地方政策制度中不适应都市圈交通发展的提法和内容。例如，建议国家交通运输部门调整"城市公交客车不得从事城乡公交、城际公交和农村公交客运"的规定，允许城际公交企业享受国家"公交燃油补贴"和"公交营运补贴"两项政策性补贴等，清除阻碍都市圈交通发展的制度障碍，激发地方政府和交通企业对都市圈交通建设和运营的积极性。同时，采用都市圈城市协商的协同立法模式，辅以交叉备案等方式来保障都市圈交通立法的一致性。

（三）设立都市圈统一交通投融资平台推动一体化建设

建立都市圈交通基础设施项目库，鼓励都市圈相邻省份或地区共同组建跨区域重大基础设施的统一投资平台，赋予区域交通协调机构确定交通项目优先度的

权限，从都市圈交通项目中挑选应得到资助的项目，优先为该项目库提供建设、维修资金，促进都市圈重大基础设施同步协同建设。通过相关法律法规或行政规定确保统一投资平台形成稳定的政府资金来源，并发挥财政资金引导作用积极推动形成多元化投融资渠道，建议通过一般预算账户对都市圈交通基础设施建设进行一定的转移支付。探索都市圈交通基础设施领域引入REITs、PPP模式，鼓励社会资本参与区域交通基础设施建设和运营，健全与项目资金需求和期限相匹配的长期资金筹措渠道。

（四）成立都市圈公交运营公司实现跨区域一体化运营

建议由区域交通协调机构统一制定都市圈公共交通政策，负责公共交通网络规划、投资决定、票价设计以及协调公共私营运营商的关系，保障都市区公共交通采用统一的营运规则。由都市圈各地市政府共同研究成立都市圈公共交通运营公司，承担跨行政区域公交营运职能，推动城市公交向周边区域进行延伸，开行跨区公交线路，实现都市圈成员城市间交通卡（公交卡）互通互刷，提升都市圈公交运营管理一体化水平。

（五）鼓励都市圈建立统一物流管理平台实现统筹管理

着力破除政策制度性障碍，强化企业在物流市场的主体作用，充分发挥市场在物流资源配置中的决定性作用。打破条块分割的物流管理体制，理顺都市圈不同城市的物流管理部门和权限关系。推动都市圈物流枢纽共建共享共用和一体化衔接，整合区域分拨、多式联运、仓储服务等物流服务资源，组建都市圈物流合作联盟，推动都市圈物流行业合作共治。鼓励共建都市圈物流公共信息平台，推动物流企业、供应链上下游企业信息共享。实施都市圈城市配送车辆互通互认的通行政策，统一都市圈物流扶持政策标准，推动都市圈物流政策一体化。

（六）建立定期数据评估机制驱动都市圈交通协同治理

构建适用于都市圈统一的交通评价标准，借助大数据手段，对已正式印发都市圈开展定期的交通调查和评价，评估都市圈交通基础设施建设水平和一体化运营水平，对评估结果优秀的都市圈给予交通建设资金、土地等方面的激励政策，建立起全国都市圈之间的竞争性机制，督促都市圈积极推动交通基础设施建设和一体化运营。

第十二章　规划协同

2019年《关于培育发展现代化都市圈的指导意见》(以下简称《意见》)出台，标志着我国城镇化进程从单一城市竞争的时代，进入到都市圈协同、区域竞争与合作并存的新时代。都市圈是在经济活动突破行政边界与周边区域发生密切关联时形成的空间集合体，其高质量发展需要各级政府、市场主体及利益相关方跨越行政区域协作完成。在这种背景下，都市圈经济发展协同治理的理念应运而生，它强调多元主体基于利益共同体需要采取集体行动，互相配合、相互协调以达到协同治理优势。都市圈规划作为解决跨行政区域协调，促进都市圈一体化发展的政策工具，是构建都市圈经济发展协同治理体系的重要组成部分，也是多元主体参与都市圈经济发展，推动都市圈协同治理体系的平台。所以探讨都市圈规划如何编制才能切实有效，才能凝聚最大多数利益相关方的共识是实现都市圈经济发展协同治理的重要保障。

一、都市圈规划协同治理研究综述

都市圈规划作为实现都市圈经济发展协同治理的政策工具，近年来经历了大量理论研究和实践探索。在都市圈规划理论研究领域，多位学者分别从规划编制目的、编制内容以及协作机制方面开展了不同程度的探索。

(一)都市圈规划编制目的

都市圈是以大城市为核心，周边城市共同参与分工、合作，实现一体化发展的圈域经济现象。而都市圈规划编制的目的在于打破行政区划壁垒，从推动区域经济一体化发展的角度强化城市间的经济联系，形成高度一体化市场经济区，进而协调城镇之间的发展关系，推进跨行政区各类经济发展要素自由流动，促进都市圈经济的整体可持续发展。

邹军以江苏都市圈规划为例，提出都市圈规划的指导思想应该淡化行政区划，着重经济、社会、城镇的联系，从区域可持续发展的角度，形成经济、市场高度一体化的发展态势，在尊重各方利益的基础上，以市场机制为准则，以政府协调为手段，以跨区域基础设施和大型骨干工程建设为引导，加强区域协作，追求整体、长远效益的最优化；肖金成认为都市圈是城市圈的特殊形态，都市圈是一个有机联系的整体，从其形成之日起，单个城市的竞争力就转变为都市圈整体的竞争力，研究都市圈、规划都市圈、建设都市圈，应把握城市发展的极化效应和回波效应，围绕提升都市圈发展质量和现代化水平，探索编制都市圈发展规划；尹稚认为现代都市圈规划应从许可权力强化走向许可和契约权力的均衡，引导政府从强权力向利益交换网络的建立，从构建经济共同体出发，形成超越行政隶属的利益共同体的契约关系。

（二）都市圈规划编制的内容

我国对都市圈规划编制的内容应该基于问题导向，在研判国家战略和都市圈发展水平的基础上，提出切实可行的规划目标与规划重点。针对不同发展阶段的都市圈，其发展目标和面临的需要协调解决的重点问题不同，相应的都市圈规划内容研究侧重点也不同，但均围绕空间组织、基础设施、产业发展、区域协作、体制机制等板块编制规划，同时将推动都市圈经济发展与协同治理作为都市圈规划的重要内容。

王薇以南京都市圈为例，规划应着重建设交通网、流通网、金融网和信息网、加强旅游业和工业间的合作、强化中心城的功能建设；张伟认为都市圈规划分为三类：协调型、促进增长型和培育型，主要内容包括地域空间结构、基础设施网络、生态建设与环境保护、重点区域协调管治、协调措施和政策探究五个方面；杨咏春以兰州都市圈为例，西部地区都市圈规划应认识到发展阶段、弱中心、落后经济基础的不足，着重在空间结构、生态环境、交通体系网络三方面展开因地制宜的研究；肖金成认为建设都市圈的出发点是提高都市的辐射力和带动力，促进市场、交通、公共服务一体化，而不是为了增强都市的吸引力和集聚力。都市圈规划应包含都市圈的范围、都市圈基础条件、总体思路、空间布局、基础设施、产业发展、生态保护、体制机制等内容；刘希宇等以福州都市圈为研究对象，提出"以空间为基础，以体制机制为主导，都市圈规划应包括制定规划目标、优化全域空间结构、构建专项空间协同支撑网络、统筹跨界空间一体化发展、建立政策引导支撑体系五个方面的内容"。

（三）都市圈规划编制的协作机制

都市圈规划编制的协调机制是保障都市圈规划可以推进实施的关键，重点在于提出完善的都市圈协调发展政策体系，包括建立都市圈跨行政区协作机制、建立健全对口部门常态化对接机制、探索都市圈法治协作、建立多元化跨区域协作组织与区域协作项目等内容。

陶希东认为跨界都市圈城际合作是必由之路，合作领域包括政治领域、经济领域、社会领域和基础设施领域。阶段推进，由政府合作、非实体性合作、地区合作、部分行业合作逐渐走向非政府合作、实体性合作、圈域合作、全要素合作；相伟认为规划的协调工作应贯穿始终。前期研究阶段主要协调地方政府部门之间的利益冲突以及经济社会生态要素之间的矛盾，初步规划方案阶段主要协调专题规划和地方规划，正式规划方案阶段除了协调专题规划和地方规划，还要协调国家战略规划。

通过综述研究发现，针对都市圈规划编制的目的、内容和协作机制三方面研究都较为充分，但对都市圈规划完整体系的研究较少，对都市圈规划的编制路径、编制内容和推进规划实施整个完整的规划框架较欠缺。本专题通过对我国都市圈规划的实践研究，对规划编制和推进落实过程中存在的问题进行反思，并结合国外先进经验，对如何优化都市圈规划编制、有效促进协同共识的建立，从而推进规划有效实施提出相关建议。

二、我国都市圈规划编制的实践探索

我国都市圈规划编制实践历程经历了两个重要阶段，即2019年之前的探索阶段，及2019年《意见》出台以后的规范化阶段。在2019年之前都市圈规划编制呈现多样化，名称、编制内容、层次、管理等方面各异。2019年《意见》出台之后，规划编制逐步步入正轨，编制内容和程序相对规范、重点突出、强调协同治理，有效促进了都市圈经济发展。本次回顾了长株潭都市圈、成都都市圈和杭州市都市圈的规划历程，分别代表了我国不同地理位置、不同基础条件、不同发展阶段的都市圈规划探索经验，从而研究都市圈规划对都市圈经济发展协同治理的实际推动作用。

（一）都市圈规划编制多样化探索阶段

20世纪80年代，改革开放带来的工业化和城镇化步伐不断加快，在这一背景下，有学者将国外关于都市圈的研究引入，我国也随之提出了自己的都市圈概念。各地兴起了一轮都市圈规划编制热潮，这一阶段的规划或以探索空间协同或以探索基础设施协同为重点，有力地推进了都市圈一体化发展，解决了部分急迫的问题。但由于各地对都市圈的内涵以及规划的概念不明晰，规划的名称、引导方向和主导编制部门不尽相同，空间尺度也界定不清，规划范围大多以市域为基本单元，面积普遍较大，中心城市得到了较大发展，但都市圈内的协同发展并不理想。另外，地方领导对都市圈认识和重视程度不同，对早期都市圈规划编制和推进实施有重大影响，部分都市圈因为领导换届而导致规划编制停滞，推进实施缓慢。

长株潭都市圈规划实践探索。为打造湖南强有力的龙头，1982年湖南省委常委会会议上提出了长株潭经济区建设，开启了都市圈规划的探索实践，把三市建成湖南的多功能综合经济中心，后受均衡发展思想影响，高层领导对长株潭一体化关心逐渐弱化，长株潭经济区建设停滞十年。直至1997年，湖南省委省政府主要领导主持召开了"长株潭座谈会"，提出了"长株潭经济一体化"的概念，2005年由湖南省发展改革委主导编制了《长株潭经济一体化"十一五"规划》，提出交通同网、能源同体、信息同享、生态同建、环境同治，简称"新五同"。同年8月，湖南省人民政府正式批准并发布了《长株潭城市群区域规划》，此时的一体化还处在探索阶段，将三市纳入城市群统一规划，规划编制的主体是省政府，由省发展改革部门主导编制，规划范围覆盖三市中心城区和三市市域两个圈层，面积为2.8万平方公里。规划强调生态环境、产业集群、基础设施、城市开发建设在空间上的协同，在全国首先实现了三市通信同费同网，统一区号为0731。由于在规划思路中强调以空间的协同为主，忽略产业的协同和体制机制的建设，三市在区域一体化进程中没有充分协同。这三座城市发展方向虽各有侧重，但都建立起自我循环的"大而全"的产业体系，比如，湘潭有国家重点项目湘潭钢铁，长沙和株洲又各自建设自己的小钢厂，且由于受当地城市地方政策的限制，以及其城市规划与都市圈规划未充分衔接，造成了长沙在南部难以挺进，株洲在北部难以大展拳脚，而湘潭也未能充分发展。

成都都市圈规划实践探索。2007年四川省出台了《成渝城镇群协调发展规划》中确定成都1小时经济圈包括成都市和资阳、眉山、德阳三座城市，2009年由成都市主导编制了《成都平原城市群发展规划》，正式开启了都市圈规划的探索，但此阶段还未分清城市群和都市圈概念的区别，所以规划面积达到了6万平方公里之大，包括了成德眉资四市全域以及乐山和雅安部分地区，定位为中西部的经济增长极和全国城乡统筹示范区，规划主要内容为空间结构、产业空间、基础设施和人居环境的优化和协调，规划强调一体化发展和硬件设施的协调，且由于没有专门的协调机构，加上行政考核制度造成了地方的本位主义，城市之间各自为政，成都周边的城市遭受到中心城市强烈的虹吸效应，发展缓慢、协同效率低下。2016年由省政府主导编制《四川省省域城镇体系规划（2014—2030年）》，提出包括成都、德阳、眉山三市全域范围，形成"成都大都市圈"。规划提出构建基础设施共享、生态环境共保、要素市场和产业布局一体化的发展格局。由于多轮规划提出的协同内容、范围都不一致，造成都市圈规划无法很好的延续。从2009年到2020年12月期间，成都市GDP从全省占比33%到36%，成都平原群GDP从全省占比40%到50%，整体经济发展成效较好，但成都的首位度从2009年的2.9增加至2020年的6.1，没有达到预期缩小区域发展不平衡的目标。

杭州都市圈规划探索。2007年杭州都市经济圈第一次市长联席会议召开，标志都市圈规划正式启动编制，2010年《杭州都市经济圈发展规划》正式通过了浙江省政府批复，规划由杭州、湖州、嘉兴和绍兴市政府联合组织编制。规划范围为杭州、湖州、嘉兴和绍兴市全域，面积3.46万平方公里。规划强调增强杭州市集聚和辐射力，提升区域整体实力，建成世界第六大城市群重要板块，规划重点是产业、生态、设施、市场、机制体制等方面的一体化建设。2016年，国务院发布《长三角世界级城市群发展规划》，杭州都市圈被列入"一核五圈四带"的"五圈"之一，规划提出统一建设都市圈内基础设施、实现都市圈内公共服务设施共享，推动都市圈内新型城市建设，打造功能复合、智慧互联、绿色低碳、开放包容的未来城市。因为规划注重设施的一体化建设，都市圈民生领域发展较好，人员流动无障碍，市场发展较活跃，但东部与西部经济发展不平衡，产业同构现象严重。

（二）都市圈规划编制规范化阶段

2019年国家发展改革委出台的《意见》明确了适合我国国情的都市圈概念内涵，从而全面开启了我国都市圈规划编制的新时代。在这一阶段规划明确了都市圈协同发展的总目标，都市圈规划的框架结构和重点内容比较清晰，都市圈范围划定也更加精细科学，均以县级行政辖区为基本单元进行划分，以实际发生的经济和社会联系为都市圈范围的划分依据，1小时通勤圈成为范围划定的核心指标。都市圈范围不再局限于省域范围内，但大多数都市圈范围都缩小至2～3万平方公里。都市圈规划的内容更加规范化，基本包括空间结构、基础设施、科研创新、产业协作、开放合作、公共服务、生态环境等方面的一体化建设内容。规划编制既注重自身发展特点的挖掘，也注重横向的协调合作，有效促进了都市圈经济发展。

2020年湖南省编制了《长株潭都市圈发展规划》，成立长株潭一体化发展领导小组，由省委书记任领导组长，协调都市圈的相关事项。规划面积与之前的2.8万平方公里相比减少了将近1万平方公里，但相比上一轮规划，此次都市圈规划更强调三市的一体化建设和经济的协同发展。2022年《长株潭都市圈发展规划》正式印发，历时几十年，长株潭终于真正迈入了都市圈一体化发展格局。

四川省于2020年开始编制《成都都市圈发展规划》，成都都市圈在组织构架上以"一体化"的思路进行规划，并率先构建了都市圈规划的推进机制，规划范围也从上一轮的6万平方公里缩减至2.64万平方公里，不再一味追求大而全，而是从协同的思路精确化划定了都市圈的范围。基于自身区位特点——位于我国西部战略重点发展区，是我国向西、向南开放的重要门户，规划特别强调要合力协同建设国际门户枢纽。2021年《成都都市圈发展规划》由国家发展改革委批复完成，2022年都市圈协同开展22个重大产业协同项目，总投资1004.88亿元，成德眉资四城协同取得阶段性成效。

2020年，浙江省会同安徽省开启了新一轮《杭州都市圈发展规划》，规划通过了市长联席会议审议，从第一轮规划的省内协同上升至跨省的协同，规划内容也从单纯强调一体化建设转变成协同共治，用共联、共构、共育、共推、共建、共塑、共享和共筑体现协作的思想，并单独提出了建设现代智治的社会治理共同体的目标（表12-1）。

都市圈规划编制实施不同探索阶段对比 [①]　　　　　　　　表12-1

规划事项	不同阶段	长株潭都市圈	成都都市圈	杭州都市圈
规划名称	初期探索	《长株潭城市群区域规划》	《成都平原城市群发展规划》	《杭州都市经济圈发展规划》
	规范化	《长株潭都市圈发展规划》	《成都都市圈发展规划》	《杭州都市圈发展规划》
规划面积（万平方公里）	初期探索	2.8	6	3.46
	规范化	1.89	2.64	2.2

---

① 数据来源于政府公开发布的规划文件和实地调研。

规划事项	不同阶段	长株潭都市圈	成都都市圈	杭州都市圈
划分基本单元	初期探索	市域	市域+县域	市域+县域
	规范化	县域		
重点内容	初期探索	生态环境、产业集群、基础设施、城市开发建设在空间上的协同	空间结构、产业空间、基础设施和人居环境的一体化发展和硬件设施的建设	产业、生态、设施、市场、机制体制等方面的一体化建设
	规范化	包括空间、基础设施、科研创新、产业协作、开放合作、公共服务、生态环境七个方面的一体化建设，自身特点的挖掘、强调协同治理、体制机制的建设		
管理方式	初期探索	湖南省委	成都市主导	市长联席
	规范化	决策+协调+执行的多层级规划管理体制		

资料来源：作者自制。

三、我国都市圈规划实践做法和成效

我国都市圈规划已进入提速阶段，全国陆续开展了都市圈的规划编制工作。2021年《南京都市圈发展规划》《福州都市圈发展规划》《成都都市圈发展规划》正式印发，2022年《长株潭都市圈发展规划》《西安都市圈发展规划》《重庆都市圈发展规划》正式印发，截至2022年底共计印发了6个都市圈规划，分别是东部2个中部1个西部3个。

从规划名称和中心城市规模可以看出，已批都市圈规划均以中心城市+都市圈发展规划来命名，明确了都市圈的概念和内涵，是以超大和特大城市为中心带动，与其有紧密社会、经济联系和具有一体化倾向的邻接城镇与地区构成的城镇化空间形态。由于中心城市的能级不同，其带动的规模也不同，超大城市成都和重庆带动的都市圈人口规模为2500万人左右，而特大城市带动的都市圈人口规模在1300~2000万人。已批都市圈规划范围均以县级行政单位为基本单元为划分标准，其面积大致在2~3万平方公里，重庆都市圈因特殊的山地地形，其3.5万平方公里的面积中包含了1.05万平方公里的山地面积，除此以外其余已批都市圈面积均不超过3万平方公里。

我国已印发的都市圈规划中，各都市圈由于推进进程不同、资源特色不同、战略方向不同、行政管理设置的不同，规划编制形成了不同的组织形式，规划总体内容相似但各有侧重和特点，并形成了不同的协作方式和协作机制。

（一）因地制宜探索都市圈规划编制组织形式

在都市圈规划编制过程中，编制方会以多种方式组织成员城市以及多层级的政府管理部门和社会团体参与其中，在规划思路形成的过程中听取、讨论各参与者的诉求，在规划中基本形成优势互补、互利共赢的协同治理思想。

由省级行政主管部门直接主导，听取各成员城市的意见后进行协调、编制。如《福州都市圈发展规划》在福建省发展改革委统筹指导下，由福州市联合莆田、南平、宁德、平潭三市一区进行了思路对接，在多次的对接会中各市分别提出了自身发展诉求，最终以区域高效发展为主要目标，综合考虑多方诉求，确立了以福州主城区联合滨海新城、福清、平潭作为都市圈主中心，莆田、宁德、南平三市中心城区作为都市圈次级中心的发展布局。

由中心城市进行主导，其他成员市进行配合的方式进行规划编制。如《长株潭都市圈发展规划》由长沙市主导，湘潭市和株洲市协同编制推进规划思路对接，长沙市牵头编制"1+3+10"文件，拟订《一体化发展空间规划合作协议》，并会同株洲市和湘潭市在长株潭一体化发展第三届市委书记联席会议上共同签署，共同探索三市多领域、多功能、同城化规划统筹、项目合作、共享资源、共赢发展。

成立都市圈专门机构，负责协调规划编制。如《成都都市圈发展规划》由同城化办公室主要负责强化规划上下衔接和横向协同，推进都市圈系列规划、四市重大规划谋划、编制、实施全过程衔接和有机统一。规划编制阶段由同城化办公室组织专题会议，来自成都、德阳、眉山、资阳四市的20名人大代表、政协委员、企业家代表、市民代表和乡镇居民代表围绕规划定位、目标任务、考核指标体系、区域布局、工作重点、保障机制和重大项目等方面提出了修改建议意见，最终形成了体现多方利益诉求的都市圈规划。

（二）已印发六大都市圈规划总体框架相似，内容各有侧重

1.明确定位目标任务保障，聚焦推动经济发展协同治理

目前，我国已正式印发的都市圈规划内容从三个部分构建了有效推动经济协同治理的规划重点，各规划根据都市圈自身基础和特点提出了不同的重点举措。

第一部分确定了都市圈规划的定位和目标，强调都市圈的同城化水平和综合竞争力，坚持协调、共享的发展理念，以深化区域合作为主题，推动统一市场建设。以创新体制机制为动力破除行政边界，促进都市圈高质量发展，形成区域竞

争新优势。基于都市圈的基础条件以及国家赋予的重大机遇，放眼全国乃至全世界，提出都市圈建设和发展的协同发展的战略思路。

第二部分确定了空间、基础设施、产业、公共服务、生态环境方面的协同任务。空间协同在根据都市圈可协同发展的范围，基于经济、市场等联系，构建合理、科学的空间范围，促进圈内经济发展的空间协调发展；基础设施协同服务于经济发展，有利于经济发展要素流动。重点是构建现代化综合交通体系，推进都市圈内城市间基础设施互联互通，打造"轨道上"的都市圈；产业协同是推动核心城市产业高端化发展，夯实中小城市制造业基础，促进城市功能互补，构建具有国际竞争力的现代化产业体系。强调城市间的分工合作，并探索建立产业转移的利益共享机制和建设用地指标的跨行政区交易机制；公共服务协同强调均衡服务区内经济发展，统筹公共服务行业布局，构建教育、医疗等重要公共服务领域共同体，形成集团化、集群化发展态势，通过合作共建提升各领域公共服务发展能级，推进公共服务跨地域、跨人群均衡布局。生态协同是实现经济可持续发展的基础，要强化生态网络共建和环境联防联治。核心城市要与其他城市加强生态环境保护方面的合作，联防联治大气污染和流域污染，倡导和推广生产、生活、出行等方面的绿色方式，建立生态、流域等方面的横向补偿机制。

第三部分确定了都市圈协同的保障机制。都市圈规划的范围跨越了现有行政区，突破了现有的行政体制和利益机制。重点提出构建都市圈协商合作、规划协调、政策协同、社会参与等方面的新机制。

2.立足自身资源优势，谋划产业经济协同发展举措

《南京都市圈发展规划》重点强调产业创新体系和市场的协同，突出"市场化"在区域资源配置中的决定性作用。由于长三角的产业结构处于升级阶段，这一地区正在从初级加工为主的资源密集型和劳动密集型产业向深度加工为主的技术密集型和资金密集型产业转换。南京都市圈规划乘势提出优化产业分工结构，并发挥中心城市南京的创新优势，建设具有影响力的产业创新高地。且由于长三角合作的重点正由"硬件"向"软件"转变。南京都市圈利用承接东西、联系南北的特殊地理位置优势，提出共建高水平开放平台，打造营商环境高地，加快建设统一市场，从而提升都市圈的技术、人才、资金等资源集聚能力，把都市圈建成长江经济带重要的资源配置中心。

《西安都市圈发展规划》基于自身资源优势，大力发展文化产业，在规划中提出建设"一带一路"综合试验区和世界级文化旅游目的地。加快发展壮大地方金融机构和新业态，吸引境内外各类金融机构落户都市圈，加快建设丝路（西

安）前海园，打造金融改革创新高地。推广"央行·长安号票运通"供应链金融新模式，用好资本项目收入结汇支付便利化试点，发挥"通丝路"跨境电子商务人民币业务服务平台作用，促进贸易投资便利化。为擦亮西安都市圈历史文化金字招牌，规划提出打造蓝田猿人遗址、半坡遗址等为代表的华夏文明之源；提出建设根脉文化、历史文化、丝路文化、红色文化博物馆群。

《福州都市圈发展规划》立足对台的独特区位优势，规划中提出建设促进经济发展的"两岸合作重要门户"。重点强调搭建海峡两岸协同平台的功能，提出闽台产业合作计划：推动电子信息、机械装备、能源石化、生物技术等优势产业对接，优化战略性新兴产业合作布局。发挥在都市圈重点台资企业和福州台商投资区的平台作用，扩大两岸关键技术、龙头项目和高端人才等领域的科技协同创新，促进集成电路、智能制造、精密机械、生物技术等优势产业链延伸配套。

3. 破除行政壁垒，大力推进体制改革创新

《成都都市圈发展规划》率先提出创建成德眉资同城化综合试验区，支持成都都市圈探索经济区和行政区适度分离改革。制定了规划协同工作机制，建立了"1+1+N"规划体系。推动都市圈及四市重大规划同编同审、协同实施，构建了都市圈规划编制纵横衔接机制以及规划实施评估督导机制，建立了统一的规划管理信息平台。构建四市"政府部门—社会组织—企业"三级产业协作推进机制，搭建了都市圈产业生态建设企业供需对接平台。持续扩大"进出口结算在港区、生产基地在市州"合作模式，共建"亚蓉欧"产业基地。建立金融协调发展与风险协同防控工作机制，共同打造了交子金融"5+2"平台。深化成德绵国家科技成果转移转化示范区建设，打造联动协同的区域创新格局。

《长株潭都市圈发展规划》探索建立都市圈产业集群协同发展机制，搭建统一招商引资和服务平台。整合都市圈产学研资源，重点推进岳麓山实验室、岳麓山工业创新中心（实验室）、湘江实验室、芙蓉实验室等四大高水平实验室建设。加快政务服务同城化，实现高频使用电子证照共享互认。分批推出都市圈通办事项清单，推进户籍、社保、就业、医保、住房公积金等服务事项同城化，包括户口迁移一网通办和跨域通办等。

《重庆都市圈发展规划》立足成渝地区双城经济圈，形成的川渝协作机制，成立重庆与四川省市级的"重庆都市圈"协调体制机制，设立跨行政区的协调议事机构。利用川渝高竹新区先行优势，加强改革创新，探索一体化发展机制，完善协调投入模式、利益生成、共享与分配机制，将其打造成为重庆都市圈产业发展、人口集聚、功能疏解的重要载体，也是行政区与经济区适度分离的重要试验田，并逐步示范推广。

（三）多层级规划协作机制是推动经济协同治理重要保障

我国已正式印发的都市圈规划中，均提出将构建多层级的规划协作机制，每个层级协作的权限和任务各不相同，实现宏观+协调+实施推进的规划工作机制。

一种是"决策+协调+执行"三级协作机制。决策层主要任务是指导都市圈合作发展的原则、方向、政策等重大问题决策；协调层负责协调跨区域的重大合作事宜，商议都市圈年度工作计划，批准设立专业委员会和相关工作提案等；执行层研究制定本专业年度工作计划，协调解决本行业跨区域的合作发展问题。如南京都市圈决策层设联盟理事会，决策顾问由各成员市书记、市长组成；协调层是联盟秘书处，设在南京市发展改革委，同时也是常设办事机构；执行层设行业委员会和跨界合作委员会。福州都市圈由福建省推进新型城镇化工作联席会议作为决策层；由福州市政府牵头，成立都市圈建设领导小组及办公室作为协调层；区市等相关负责人和分管领导作为执行层。长株潭都市圈由三市市委书记轮流担任会长，分书记、市长两个层面定期召开联席会作为决策层；组建若干专项小组，作为协调层；设立长株潭城市群一体化发展联席会秘书处作为执行层。

另一种是"统筹+协调+指导+落实"四级协作机制。统筹层负责都市圈发展的原则和方向等重大事项，确保不会因为个体城市利益影响区域整体利益；协调层负责督导规划实施，以本规划为指引组织各方编制年度重点工作任务，确保以协同治理思想引导规划实施；指导层分不同的专项进行部门指导、协调工作，保证纵向上传导的一致性；落实层根据本规划细化工作实施方案推动规划落地实施。如成都都市圈统筹层由省委和市委书记组成同城化领导小组，四市分管市领导作为协调层，省直部门分领域形成专项合作组对接联动，四市部门和区县主体负责落实和推进工作。

■ 四、都市圈规划实践过程中面临的问题

我国都市圈规划仍处于发展完善阶段，都市圈规划的编制、审批和实施尚未形成成熟的管理体系。从目前的规划实践经验来看，都市圈规划在编制主体、编制方法、规划内容和实施过程中均出现了一些问题，阻碍了都市圈经济发展的有效协同（表12-2）。

表 12-2

已批都市圈规划对比 ①

获批时间	规划名称	规划范围	中心城市规模类别	2020年人口(万人)	规划面积(万平方公里)	规划目标	空间格局	规划编制组织方式	重点协作举措	协作方式	规划协调机制
2021.02	南京都市圈发展规划	江苏省南京市全域、镇江市、扬州市、淮安市、安徽省芜湖市、马鞍山市、滁州市、宣城市部分区域	特大城市	2120	2.7	2025年，都市圈同城化建设水平全国领先 2035年，具有国际影响力的现代化都市圈	一极两区四带多组团	省发展改革委主导	强调城市间产业分工协作 促进更高水平开放合作 加快建设统一市场	跨省协作	决策层-协调层-执行层
2021.06	福州都市圈发展规划	福州、莆田两市全域，宁德市、南平市部分区域	特大城市	1300	2.6	2025年，都市圈同城化发展取得明显进展，成为我国东部沿海地区高质量发展引领区 2035年，都市圈综合竞争力大幅提升，同城发展高水平的现代化都市圈	一核三中心、两带三湾区三轴多节点	省发展改革委主导	共同协作发展海洋文化产业 深化对台合作，建设共同家园	山海协作 对台协作	决策层-协调层-执行层
2021.11	成都都市圈发展规划	成都市全域，德阳、眉山、资阳市部分区域	超大城市	2761	2.64	2025年，同城化基本实现，建成现代化都市圈 2035年，成为面向未来、面向世界，具有国际竞争力和区域带动力的现代化都市圈	极核引领、轴带串联、多点支撑	成立都市圈专门机构主导	共建特色现代高端产业集聚区 提升开放合作水平 体制机制创新	共建特色试验区 共建成渝地区 双城经济圈	统筹+协调+指导+落实

① 数据来源于国家发展与改革委员会批准发布的都市圈发展规划整理。

获批时间	规划名称	规划范围	中心城市规模类别	2020年人口(万人)	规划面积(万平方公里)	规划目标	空间格局	规划编制组织方式	重点协作举措	协作方式	规划协调机制
2022.02	长株潭都市圈发展规划	长沙市全域、株洲市和湘潭市中心城区及部分区域	特大城市	1455	1.89	2025年,都市圈竞争力、辐射带动能力显著增强,成为全省高质量发展、高水平治理、高品质生活的标杆。2035,成为独具特色、富有魅力的现代化都市圈	轴带带动、三市联动、组团发展、共护绿心都市圈	中心城市主导	一体化打造科技创新产业体系 一体化推进高标准市场体系建设 机制体制创新	三市围绕绿心构建品字形空间协作	决策层-协调层-执行层
2022.03	西安都市圈发展规划	西安市全域、咸阳市、兴平市、铜川市部分区域、以及杨凌农业高新技术产业示范区	特大城市	1802	2.06	2025年,都市圈竞争实力、辐射带动能力显著增强,西安—咸阳一体化发展取得实质性进展。2035年,建成具有全国影响力和历史文化魅力的现代化都市圈	一核、两轴、多组团	省发展改革委主导	共建"一带一路"综合试验区 推动基础设施互联互通 促进都市圈产业工作 协同推动更高水平改革开放共同推动文化传承发展	西安—咸阳一体化协作	省级—市级
2022.08	重庆都市圈发展规划	重庆市主城区、涪陵区、长寿区、江津区、合川区、永川区、南川区、綦江区—万盛经开区、大足区、璧山区、铜梁区、潼南区、荣昌区21个区和四川省广安市	超大城市	2440	3.5(其中山地1.05)	2025年,发展能级迈上新台阶,同城化发展取得重大突破,特色优势更加彰显。到2035年,成为具有重要影响力的活跃增长极和强劲动力源	一区两群	中心城市主导	协同建设现代产业体系 协同提升科技创新水平 打造富有巴渝特色的消费目的地 共筑长江上游生态屏障 创新成渝经济圈协作机制	跨省协作共建成渝地区双城经济圈	联席会议协调 决策—部门推进

（一）规划组织方式不完善，难以满足多方利益诉求

目前都市圈发展规划的编制，一般以省发展改革委主导、成员城市配合的方式推进，编制过程中征求都市圈各市行政管理主体意见，呈现出"由上至下"的组织方式。目前大部分现有的规划都以省级统筹编制为主，虽然协调效率较高，但往往出现对各市情况了解不深入，提出规划措施操作性不强等问题。而以中心城市为主导的规划编制，其结果往往会"有失偏颇"。如长株潭都市圈规划的多次编制都由长沙市负责组织，在规划中过多反映了以长沙市为主导的利益诉求，其他两市的利益得不到保证，所以长株潭一体化尽管提出了很多年，但实际实施过程中，株洲和湘潭的合作意愿普遍较低，导致协同建设效率低下。

（二）规划参与主体不健全，未充分调动各方积极性

都市圈发展规划的编制和实施对参与主体没有统一要求，目前一般由省发展改革委负责组织编制，其他相关部门和成员城市给予支持配合。规划编制过程中，往往忽略了以企业为代表的市场主体和社会公众的利益诉求，没有充分调动市场及公众参与的积极性，造成规划对切实推动都市圈协同发展作用有限。南京都市圈横跨苏皖两省，包含多个城市在内，其经济效益辐射范围广泛，但规划初期未充分了解都市圈企业转型实际需求，在规划实施阶段出现了南京江北新区企业发展人才资源和社会资源匹配率低的现象，造成规划提供的优势资源不能够很好地被企业利用，弱化了规划的推进效果。

（三）规划内容针对性不足，对发展建设的指导性不强

目前各地还有一批由省政府印发但未得到国家层面同意的都市圈规划，其规划研究方法雷同，所提出的主要内容框架相似，规划目标的提出缺乏针对每个都市圈所处阶段和发展问题的深入研究，盲目照搬发达地区都市圈的做法、提法。如兰州市自身的经济体量不够大，对外来人口的吸纳能力不强，但是在规划中盲目提出了兰州都市圈规模达到6.1万平方公里的设想，导致规划无法指导实际发展；再如长株潭都市圈规划中提出了"长株潭城市群区域规划+18个专项规划+100多个示范片区规划"的庞大规划体系，示范片区规划过多，落实有难度，发展重点不明确不突出；还有一些都市圈发展规划在宏观层面提出了多项重点任务但缺乏具体的区域协作项目作为支撑，即使有了都市圈规划，各地政府也很难落实落地，使规划流于形式。

（四）规划缺乏约束力，实施性不强

由于法律法规体系不完善，造成了都市圈规划编制主体不明确，实施主体缺位。按照都市圈规划的要求，规划内容为都市圈成员市县按照各自的权限执行，省级部门负责协调和监督。但事实证明，成员市县在执行的时候往往选择对己有利的内容（如重大项目的落户），搁置或无视对己"不利"的内容。如长沙与湘潭的基础设施建设存在"断头路"现象，双向六车道的都市圈主干道"潇湘大道"在长沙范围有4公里一直没修通，虽然上级政府有协调和督促实施的职责，但是由于没有法律法规支撑的强制性内容规定，以及惩戒性条款，很多规划方案被无限期"搁浅"。另外，协调工作缺乏法定程序，一般由上级政府定期组织召开多方会谈，由于没有有效的跟进机制，会谈上即使取得共识和进展，也很难后续执行。

（五）规划缺乏动态评估，时效性不强

都市圈规划涉及协调市际乃至省际关系、政府和市场关系、政府与社会公众的关系。由于协调主体的多元性和城市发展的复杂性，在规划实施过程中需要对其效果以及环境的变化进行持续的监测，通过对实施时序、步骤、措施进行调整，达到修正规划实施目标的目的。目前大多数都市圈规划实施过程中没有相应的评估和反馈机制，如杭州都市圈第二轮规划仅通过对上一轮规划的成效做统筹性的总结达到修正目的，或是通过一年一度的市长联席会议对都市圈发展取得的进展进行总结。这种"注重结果评判，忽视过程变化"的评估办法无法应对动态变化的都市圈发展过程，且造成反馈既不精准也不及时，无法对都市圈规划的偏差进行调整，造成规划滞后无法起到协调推进都市圈一体化发展的作用（表12-3）。

都市圈规划实践问题[①]　　　　　　　　　　　　　　　表12-3

实践问题	案例
规划组织方式不完善	1.长株潭三市在产业发展上起跑时间很接近，但同质化竞争很激烈，三市都建立起自我循环的"大而全"的产业体系，比如，湘潭有国家重点项目湘潭钢铁，长沙和株洲又各自建设自己的小钢厂。而长沙推进长株潭一体化的积极性其实很高，长沙主张发展东部、西部、北部，但政府资源是有限的，湘潭希望把规划资源都用在发展南部，而长沙又一直在规划编制阶段处于主导地位，这就造成了规划的矛盾，导致后期实施阶段，尽管规划提出了产业协作，但各自又在恶性竞争

---

① 数据来源于现状调研、徐翠华，蒋明，杜凌飞.《南京江北新区发展探析》、城市经纬公众号、兰州发展改革委网站。

实践问题	案例
规划参与主体不健全	2.由于南京都市圈参与主体只涉及城市级别，江北地区未在前期参与其中，而其在历史上分属不同行政主体，在规划中造成重大基础设施特别是综合交通体系缺乏顶层设计、统一布局，造成重大发展片区缺乏便捷联系，过江通道和干道缺乏，岸线、港口使用开发程度偏低，连接周边地区的整体交通不够发达。长期以来，由于江北公共配套设施不齐，对人口的吸引力较弱，在人口的集聚尤其是高端人才集聚方面远不如江南主城区。江北地域面积占到全市的36.2%，而集聚的常住人口仅占全市的20.2%，集聚的各类专业技术人员仅占全市的5%；万人专业技术人员仅相当于全市平均水平的25%。而长期以来以重化工为主导的产业结构和粗放的发展模式，使得江北地区的能源消耗量和主要污染物排放量均占到全市的一半以上，为实现规划中的产业转型，需对江北地区提供更多的资源和政策倾斜，但现状和规划的不对称造成了江北区转型升级困难重重
规划缺乏约束力	3.苏锡常都市圈的大型机场建设，省政府原先想选择等级较高的常州奔牛机场作为区域中心机场重点建设，但是在市场经济发展和地方分权背景下，无锡、苏州均不肯放弃自有机场的建设（分别是无锡硕放机场和苏州光福机场），都想将自有机场升级为中心机场。由于缺乏法律保障，省政府协调失败，选择规划第四座机场苏南机场（在无锡境内）。这种规划必然是失败的，无锡市政府不会放弃原有机场再去修建新机场，不久后无锡硕放机场增加了航班，超过常州奔牛机场成为苏南地区影响最大的机场。值得讽刺的是，无锡硕放机场成为默认的苏南机场，对都市圈机场的规划无论是预先想法还是修改方案均宣告破产
	4.长沙、湘潭、株洲三市在长株潭一体化方面的发展意愿不同步。在规划实施阶段由于缺乏相应的约束措施，长沙与湘潭的基础设施对接出现了"断头路"现象。因为长沙地价比湘潭高很多，长沙出于本位主义的考虑，道路一旦修通对长沙地价会有影响，所以双向六车道的都市圈主干道——潇湘大道有4公里在长沙范围，到现在还没修通，但湘潭这边已经修好，造成了实施的搁浅
规划内容针对性不足	5.兰州都市圈经济总量相对较小，人均国内生产总值在全国相对较低，中心城市带动能力不强，对比其他都市圈的中心城市，其中2020年南京GDP为1.48万亿元，成都GDP为1.77万亿元，重庆GDP为2.5万亿元，对比兰州GDP为0.22万亿元，但其要带动协同发展的面积却是以上都市圈的2倍以上。而其综合承载能力也不足，发展短板和瓶颈制约都比较多，基础设施建设滞后，路网密度也低于全国平均水平，在这种条件下，兰州都市圈仍然提出构建高端产业集群，显然与其实际发展水平不符，造成了规划的搁浅，无法往下实施
规划缺乏动态评估	6.都市圈的形成是一个动态发展过程。只有在具备若干个功能互为补充才能有效地运行，而不能不顾客观地域条件盲目推行。而杭州都市圈虽地处长三角城市群中，发展条件较好，但其最初的都市圈规划是1+3都市圈，即由杭州、绍兴、湖州和嘉兴四个城市组成，后来在南京跨省都市圈的影响下，仅通过了市长联席会议进行总结，没有进行实际评估，就将衢州和安徽的宣城纳入其中。然而，杭州都市圈中的宣城至杭州的半径接近150公里，衢州至杭州的半径更是接近200公里，通勤时间均超过了2.5小时，超远距离仍然提出同城化发展，显然无法实现

五、国外都市圈规划经验做法

发达国家经历了100～150年城市化阶段，长期高度的城市化催生了都市圈迈向更成熟和稳定的发展阶段，在这个过程中都市圈规划经历了由"强政府体系"向协同治理体系的转变。选取和我国都市圈发展经历过相似发展阶段的法国、日本和英国的都市圈规划案例，借鉴东京都市圈规划、巴黎大区规划和伦敦都市圈规划的成熟经验，提出转变规划思路、促进规划立法、多级协调机制和促进市场参与都市圈经济发展建设的规划编制和实施建议。

（一）东京都市圈规划经验借鉴

东京都市圈位于日本列岛中央，是日本最大的都市圈，兼具全国政治、经济、文化中心功能，也是全球三大金融中心之一。都市圈集聚了全国60%的资本金50亿日元以上企业和近90%的外资法人企业。东京都市圈面积仅占日本国土面积的3%，却聚集了日本28%的人口和1/3以上的GDP。

1.规划编制经历了由中央决策向地方协商的转变

东京都市圈规划先后经历了6次修订，根据不同的经济发展形势做出了调整。在都市圈发展的起步阶段，都市圈的规划编制由中央政府全权"包办"，使得规划实施高效，但随着发展阶段的变化，这种规划编制方式开始低效。政府开始调整规划编制思路，摸索多元协商的途径。成立都市圈规划协议会，除了地方政府，其他社会团体、企业和居民等均可以参与都市圈规划的方案协商，除政府以外的决策开始逐渐开放，公众也参与都市圈规划的前期编制。

2.规划提出了产业、创新的举措，有效促进了经济发展

制造业创新是东京都市圈经济发展的动力。在东京都市圈规划的编制过程中，日本始终奉行以制造技术为本的经济增长战略，并以此建立了一套与之相适应的制度体系，而没有像英美模式一样追求以金融市场为重心的增长战略。在发展初期，日本出口导向型经济加速了东京都市圈的工业扩展和城市化进程，使得日本制造由批量规模生产转向弹性生产。规模生产由东京向海外和日本偏远地区转移，在东京只保留企业总部、产品设计与开发部门，都市圈内及国际劳动分工把东京变为日本技术创新中心。即使进入21世纪，这种战略也没有实质改变：东京将产品和技术工程与开发留在东京，并通过国家渠道将制造业分散到都市圈的外围地区。在国家战略指导下日本企业对技术优势的永无止境的追求改变了东京都市圈的空间结构与规划。

科技研发是东京都市圈产业升级的关键。为了建设创新经济，东京都市圈规划明确加大了对大学及其研发投入，其研发人力、物力和财力指标居全球都市圈的首位。都市圈企业的创新制度在产业集群原则指导下建立新型企业关系，更加强调缩短应用型研发和商业化的前置时间，以缩短从技术创新到商业化的过程，

实现研究构思（研究与设计）、实施（工程与开发）和实际生产一体化。产业集群重新定义了新兴的合纵连横企业关系，即都市圈的企业与同一地区的其他企业保持纵向关系的同时与区外的生产工厂、研发机构和大学保持横向关系。

3.规划协作机制是东京都市圈协同发展的支撑

随着中心城市功能集聚和辐射能力的增强以及圈内生活性、生产性活动半径的快速扩张，很多城市问题（如交通、环境、产业、公共服务等）的产生及影响范围逐渐呈现出跨越行政区划、覆盖都市圈大部分区域的特征。为解决这一系列纷繁复杂的区域性问题，除了引导性的统一规划，也离不开有效的区域性行政协调和管理机制。从区域行政的历史经验看，东京都市圈内的区域性协调机制，多年来主要以中央政府主导，即中央政府通过完善、权威的区域性规划体系和强有力的项目资金保障、政策配套以及自上而下的宏观调控，达到区域行政协作的目的。

4.规划实施借助法律和多方协作得到有效落实

日本为保障都市圈规划的有效落实，颁布了《首都圈整备法》等法律法规，并成立首都圈整备委员会。自20世纪50年代开始，日本政府先后共制定了《首都圈整备法》等数十项相关法律，并根据实际情况进行修正，以面对随时变化的都市圈发展。除此之外，为了保证都市圈的建设项目顺利实施，还制定了多项操作层面的法律，其中包括指导和规范项目建设的《城市规划法》《建筑基准法》《土地基本法》，还包括与上述法律配套的相关法规和技术标准，以及保证首都圈规划实施机构的建立、相关税收和资金政策的法律法规，有力地保障了都市圈规划的严肃性和权威性。

（二）巴黎大区规划经验借鉴

巴黎大区位于欧洲大陆西部，是欧洲五大经济体之一。巴黎大区是欧洲最重要的总部基地和拥有国际组织最多的地区，集聚了法国96%的银行总部、70%的保险公司总部和400多家的国际组织，承载着众多的高端功能和经济活动。巴黎大区的面积仅占法国国土面积的2%，却集中了法国18%的人口，创造了全法国30%的经济产值。

1.公众参与贯彻规划编制全周期

巴黎大区规划编制时，公众可以在规划编制的每一个环节提出自己的意见，这让规划编制专业人员更加了解地方实际情况，有助于规划贴近公众利益，而且就一些规划问题和矛盾及早地和公众进行沟通，可以防止在规划编制完成被公众抵制和否决。就规划内容而言，之前只对公众开放如大型基础设施建设等少数社会领域，后逐渐转变为全方位的开放。由于公众更多关注自身利益，所以对于一些涉及都市圈整体利益或者长远利益的决策，规划编制管理机构则会依据宪法进行决策。

2.规划编制过程成为多方利益协商的平台

巴黎大区规划中"项目"是规划重点内容，也是规划程序中的重要环节。这里的"项目"是涉及都市圈协调的重点内容，如何确定"项目"，如何排布"项目"的优先次序是规划程序中重要环节。而在确定的过程中，规划成为各方协商的平台。经过政府代表、公共机构、专家、市镇居民代表等多轮共同协商和表决，才最终确定"项目"类别和优先次序，然后提炼成规划政策基本方针和指导建议，最后成为规划法规的一部分。以规划编制过程成为多元参与者协商的平台，为核心的编制过程提高了决策的科学民主性和实施有效度。

3.规划积极调整产业战略性布局

由于具有优越的条件，战后巴黎大区的工业得以迅速发展，并迅速成为欧洲工业中心之一。工业和人口的高度集中，使巴黎大区的地价不断上涨，工业产品成本大幅上升，工业开始由中心城区向郊区扩散。同时，城市环境污染日趋严重，地区间的不平衡也在加剧。为改变这种局面，从20世纪60年代开始，法国政府开始对巴黎大区进行整体规划，积极调整工业布局，实施工业分散化政策，中心区闲置的工业继续集聚，迫使工业企业向周边地区扩散，同时留出的空间容量进一步向服务业倾斜，使得中心城区的高端专业性及生产性服务功能得以不断强化，为金融、文化、艺术、科研、创意、旅游、会展等环境依托型产业创造了良好的条件，聚集了大量跨国企业、中小型企业和产业孵化器，成为欧洲最重要的科技研发中心之一。

4.提出多方协作的治理模式

巴黎大区规划历经了75年的演变，六次规划，地区从强调对巴黎城市发展的遏制转变为区域整体的均衡发展。《巴黎大区战略规划2030》于2014正式实施，针对长久以来法国郊区化和去工业化带来的经济衰退与就业率下降等问题，规划提出多方协作的治理模式。首先成立了统一领导机构保障有效协调。由城市协作实施委员会统一领导，其下设包括秘书处、经济建设与国际发展部、城市发展部等，对区域经济发展治理的重大事项进行多方面的管理。再次通过政策引导，非政府与政府进行有效联系起来，以提供资金、提供场地、政策优惠等，地方政府可以有效地约束非政府组织行为，使其服务于社会经济发展。

（三）伦敦都市圈规划经验借鉴

伦敦都市圈形成于20世纪70年代，以伦敦—利物浦为轴线，包括伦敦、伯明翰、谢菲尔德、曼彻斯特、利物浦等数个大城市和众多中小城镇。这一地区总面积约4.5万平方公里，占全国总面积的18.4%，人口总数达3725万，是产业革命后英国主要的生产基地和经济核心区，其经济总量占英国的80%左右。

1.动态调整各发展阶段的都市圈规划

伦敦政府根据不同时期的城市情况与诉求，分别为伦敦都市圈制定了适时、有效的战略规划：为解决市区人口拥挤的难题，伦敦政府于伦敦周边规划了卫星城；当卫星城效果不佳未能有效疏导人群时，伦敦政府一方面打破了原有封闭的都市圈同心圆结构，另一方面持续完善周边城镇的交通与基础设施配套，有效提升了它们的综合实力以及吸引力。随着都市圈城市建设日趋完善，伦敦都市圈合理布局发展产业，强调产业分工和都市圈协调一体化发展；待都市圈发展成熟，政府再从经济、社会、环境等各方面研究长期发展规划以助力城市可持续发展、永葆竞争力。

2.规划引导都市圈大中小城市个性化协同发展

伦敦凭借不断突破和创新的能力引领世界产业的变革和经济浪潮，带动了周边大中小城市的产业分工与升级。比如以钢铁产业、汽车制造业和现代制造业为主的伯明翰；以船舶制造业和旅游业为主的利物浦；以金融业、旅游业、电子、化工和印刷等新兴工业为主的曼彻斯特等，各自形成了自身独特的产业结构，各类生产要素迅速流通，各个生产环节有条不紊快速推进，在发达的信息产业和交通网络的支撑下充分发挥了一体化优势，实现了区域的更好更快发展。都市圈系统复杂，通过区域加强协同分工，城市、产业间的错位发展可以产生"1+1＞2"的效果。

3.以文化和创新的规划举措引导经济发展

伦敦适时的产业转型与创新活力有效促进了都市圈的经济发展。作为世界金融中心的伦敦于20世纪90年代率先认识到了文化创意的价值，文化不仅是城市软环境的重要组成部分，更逐渐演变为有巨大经济价值和社会效益的新兴产业。因此，英国政府设立了文化、媒体和体育部以分管文创产业，并将创意产业作为城市核心产业经营。伦敦发展署设立了"创意伦敦"工作组和评估委员会，解决创意产业发展面临的投融资、用地和人才问题，极大的推动了都市圈的经济发展。

4.严密有效的规划机制保障规划的有效落实

在跨区域协同方面，大伦敦市政府及相关地方政府不能随意行事，议会通过的法律是基础性的制度安排，必须遵照执行。伦敦各地政府依据法律法规和相关政策指引，在中央政府的调控下，通过召开伦敦都市圈地方政府峰会、成立伦敦都市圈政治领导小组等工作机制，加强跨域协同事务的沟通和组织，各地政府权力清晰职责明确。

从发达国家数十年都市圈规划的经验可以看出，处于不同经济发展阶段的都市圈形成了不同的都市圈规划。我国的都市圈规划发展历程较短，规划编制和实施体系还不成熟，通过编制都市圈规划推动经济发展协同治理方面还需要进行完善。虽然不能一味照搬以上国外都市圈的规划模式，但其完整的规划法律体系、行政效力较高的区域协调机构、公众参与的普及以及内容中对经济发展协同的规划举措等先进经验，值得我国都市圈规划借鉴。吸收国际都市圈规划的经验，有助于我国都市圈规划编制体系的不断修正和完善，更能有效提高都市圈经济发展协同治理水平。

六、完善都市圈规划对策建议

通过国内外规划实践经验可以看出，都市圈规划的编制和实施过程是建立都市圈内所有参与者互信和共识的过程，规划的内容应体现当地共谋协调事项和合作的方向，有效的规划实施是促进都市圈经济发展协同治理的关键。因此，都市圈规划必须建立在各地方政府自愿、契约与合作的基础上，做到"有共识、能约束、可参与、可操作、可评估"，成为都市圈内所有成员参与都市圈一体化建设的共同准则。

（一）有共识：以规划编制促进参与主体统一认知

都市圈规划编制应结合"自上而下"管理与"自下而上"诉求，充分征求所有参与主体的意见，促进参与主体的认知统一，保障规划更加贴近实际诉求。一是坚持高位规划协调机构。规划编制过程中公众或部分地区自身的发展诉求与都市圈的整体利益产生冲突时，协调机构必须坚持高瞻远瞩的规划政策，以都市圈整体利益为出发点，通过制定合理的规划协调各主体的"利益"，形成统一的认知。二是建立都市圈规划编制专门机构。应单独设立都市圈规划编制机构，由省发展改革委主管部门负责人及成员市县负责人组成，并设立专家咨询委员会，都市圈规划编制机构应被赋予相对独立的建议权、决策权、实施权和监督权，避免编制主体与行政主体重合，造成规划内容"有失偏颇"。

（二）能约束：确定都市圈规划的法定地位

在全国范围内制定都市圈规划法或一定地区范围内制定地方性法规，明确都市圈规划编制、实施的主体及其职责，是有效保障都市圈规划的连续性、稳定性和约束性的必要途径。一是依法明确规划编制主体。明确都市圈规划编制主体，并赋予编制主体相应的权力和职责，防止发生因规划主体多元化，责任人不明确，而导致规划随着主要领导行政地位和发展思路的变化而随意变化。二是依法公开规划编制和参与程序。都市圈规划应公开评审过程，特别是依法保证广大民众对规划的知情权和参与权，推动规划公开、透明。三是依法明确实施主体。明确都市圈规划的实施主体，明确实施主体相应的义务和权责，确保都市圈规划编制完成后能有效落实。

（三）可参与：促进多元主体参与都市圈规划编制

规划的公众参与不应仅限于规划编制完成后的民意调查，而应进入到规划编制阶段、规划实施阶段，更有利于调动多方力量，实现都市圈经济发展的协同治理。一是在规划编制前期阶段建立公众参与机制。允许和鼓励都市圈内其他市县，以及大型企业和各类社会公众团体代表，如重大项目的利益相关人、社区代表、行业代表等，从维护自身利益或者部分地区利益的角度对规划编制提出建议，在规划前期阶段充分了解市场与地区经济发展诉求，协调可能存在的冲突。二是规划实施阶段建立市场参与机制。探索社会资本参与都市圈建设与运营模式，建设都市圈规划建设项目基金，由政府和社会资本共同注入资金，依托"项目"进行投资建设，按照出资比例和权责进行利益分配。

（四）可操作：规划内容具有针对性和可实施性

一是规划内容要有针对性。都市圈规划不能试图解决各区域发展的所有问题，规划内容应针对都市圈的实际特点，从都市圈层面出发，以亟需解决的重大问题为对象，实事求是地提出解决问题的方法和方案，保证规划的可操作性和现实指导作用。二是规划内容要以"项目"为载体。规划内容应以"项目"为核心载体，提高规划实施的有效性。"项目"的着眼点在于都市圈经济发展的协同性、环境设施的一体化、民生幸福的可持续性、体制建设的创新性。规划编制时期由参与主体共同协商，列出"项目"清单以及"项目"实施的优先等级，"项目"成为参与主体协商的平台以及实施的对象。

（五）可评估：建立健全规划评估机制

适时对规划实施进行评估和修订，持续动态跟踪工作进展，定期发布评价报告，并从规划内容有效性的角度对都市圈规划内容进行调整，总结推广成功经验和典型做法，对规划实施的偏差进行及时修正。一是建立针对都市圈发展目标的考核体系。按总指标—分级指标—基本指标三个层级构建评估指标体系，通过经济发展、环境设施、民生幸福、体制建设等多个方面反映都市圈的经济增长、区域协同和体制创新，综合反映都市圈的实效状况。二是对都市圈设定分级目标。设定"经济增长""区域协同"和"体制创新"三个主要目标，综合反映都市圈的发展变化及一体化程度，并设定区域、市、县的分级目标，对目标达成或超过的市县以利益倾斜（政策、资金等）的形式进行奖励，提高各成员参与都市圈规划实施的积极性。三是建立都市圈动态评估机制。构建"编制—审批—实施—评估—监督—修改"全过程的规划动态实施评估体系，从考核目标进行定性和定量评估，运用大数据对都市圈发展指标进行定量分析，确保核心数据的连续性。

第十三章　投融资机制

　　随着我国城镇化快速发展，资源、人口不断向大城市及其周边集聚，区域化、同城化发展的需求日益突出，区域重大战略、城市群、都市圈等不同空间尺度的跨地域协同发展理念和实践成为城镇化和区域发展的重要领域。在这一过程中，资金的筹措与保障起着决定性作用，是确保都市圈建设及其中各个项目顺利落实的关键一环。由于所需资金巨大，如何建立有效的投融资体制，畅通融资渠道以保证资金来源成为都市圈建设的核心之一。

　　本章节将系统梳理目前国家及地方层面都市圈投融资领域相关政策及规划，对已有的研究成果进行回顾综述，对部分典型都市圈投融资案例进行归类分析，找出其中存在的问题并提出相关建议。

■ 一、都市圈投融资机制研究综述

（一）理论综述

　　自2019年2月国家发展改革委印发《关于培育发展现代化都市圈的指导意见》以来，都市圈的相关研究成果迅速增加，构成新型城镇化、区域协调发展的热点领域。然而，关于都市圈的投融资研究非常少见，本专题就目前为数不多的相关研究进行评述。

　　中国发展基金会副理事长刘世锦、上海交通大学陆铭教授、中国社科院金融研究所副所长张明等经济学者通过大量翔实的数据研究表明，都市圈一体化发展对经济增长、发展质量、公共资源配置效率具有明显的正向效果。刘世锦认为，从空间角度看，今后5～10年，最大的结构性潜能就是都市圈和城市群加快发展。都市圈的发展，重点是"圈"的发展，通过"圈"与核心城区的结构调整和再平衡，提升城市发展的空间、质量、效率和可持续性，有利于扩大投资和消费需求，提高已有产能利用率，形成重要的经济增长新动能。陆铭表示，城市，特别是大城市，以及以大城市为核心的都市圈，对于改变我们的消费不足状态、促进以国内大循环为主体的新发展格局和结构调整、克服经济发展的传统困境——投资比重比较高而消费比重比较低——是有好处的。张明指出，在未来较长一段时间内，要素市场化配置将成为中国下一轮结构性改革的重要抓手。而在要素市场化配置的背景下，以区域经济一体化为核心的都市圈建设与城市群建设将成为大势所趋。

清华大学政府和社会资本合作（PPP）研究中心王盈盈等人发表《都市圈投融资发展规划探析》，这是目前为止，以都市圈投融资为明确主题发表的为数不多的文章之一。王盈盈等人提出都市圈投融资专项规划框架，包含三种都市圈发展模式、两条投融资规划工作路径及一套投融资规划专项工作机制。三种模式分别是政府主导、市场主导和多方协作模式，两条规划路径分别是跟随路径和引领路径（图13-1～图13-3）。

3种模式	政府主导	市场主导	政企合作
基本内涵	政府集权干预之下的投融资工作	市场竞争主导的投融资工作	政府与企业合作的多元化投融资工作
核心思想	大政府	小政府	平衡政府
运作目标	资金大盘子	多市场中心	多元化发展
运作示意			

图13-1　三种都市圈发展模式及投融资规划工作比较[①]

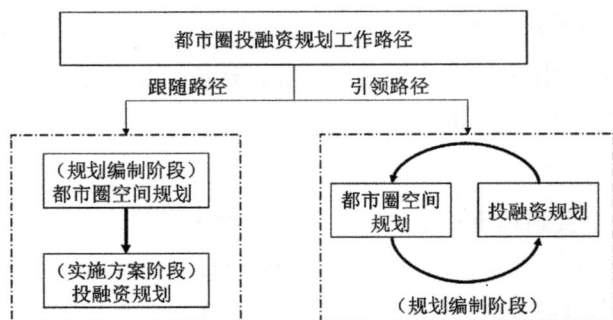

图13-2　两条投融资规划工作路径[②]

---

① 资料来源：王盈盈，黄莉，伍迪，王强.都市圈投融资发展规划探析[A].王天义，韩志峰（主编）.中国PPP年度发展报告2021（PPP蓝皮书），北京：社会科学文献出版社，2021：69-78.

② 同上。

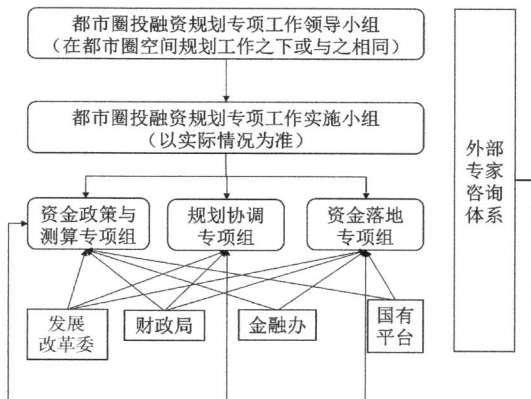

图 13-3　一套投融资规划专项工作机制[①]

国家发展改革委体改所刘晓萍指出，都市圈是区域化供应链的重要载体，即使不考虑城市群和都市圈的轨道交通网络、综合交通枢纽和物流网络等建设蕴藏的数万亿级的投资需求，仅从产业循环的视角看，在重视畅通上中下游供应链循环的同时，也不能忽视作为畅通供应链重要载体的都市圈建设。城市投融资体制机制不健全制约城镇化内需潜力的释放，包括尚未形成政府与社会资本合力的投融资体制、尚未形成融资能力强良性循环的投融资体系、尚未建立资本金补充现金流平衡的完善机制。这些障碍同样也影响了都市圈投融资体制机制的建设。

清华大学中国新型城镇化研究院尹稚等人指出，探索与都市圈建设运营周期相匹配、稳健可持续的资金平衡机制，将成为未来都市圈建设的突破点，提出三点建议，即推动都市圈规划建立与之配套的投融资专项规划工作；创新丰富融资渠道；鼓励金融机构参与都市圈建设。此外，通过企业相互投资等大数据分析，对我国主要都市圈的发展水平进行了综合评价和分指标评价。研究发现，在经济联系方面，71%的都市圈中心城市与外围城市之间企业互相投资规模不足50亿元；超过70%的都市圈中心城市与外围城市相互投资规模占中心城市与全国所有城市相互投资规模的比重不足15%。

总的来看，目前都市圈投融资的重要性已经引起有关研究人员的重视，但仍然存在以下几个问题：一是方向性论述比较多，对于结构性、机制性的特征分析比较少；二是理论框架建构多，但主要是城镇化投融资体制机制的延伸，对于都市圈这种跨行政区域的投融资所需关注的议题研究较少；三是对实践中已

[①] 资料来源：王盈盈，黄莉，伍迪，王强.都市圈投融资发展规划探析[A].王天义，韩志峰（主编）.中国PPP年度发展报告2021（PPP蓝皮书），北京：社会科学文献出版社，2021：69-78.

经形成的经验和不足的分类、对比、提炼不足。基于上述总结，本专题将从已有的投融资模式框架分类入手，以实践案例分析为主，关注体制机制创新和障碍，并提出相关政策建议。

（二）政策综述

1.国家层面

2019年2月，国家发展改革委印发《关于培育发展现代化都市圈的指导意见》，在加快建设统一开放市场方面提出，推动金融服务一体化，加强金融基础设施、信息网络、服务平台一体化建设，鼓励金融机构在都市圈协同布局，探索银行分支机构在都市圈内跨行政区开展业务，加快实现存取款等金融服务同城化；鼓励发展跨地区知识产权交易中介服务，支持金融机构开展知识产权质押融资、科技型中小企业履约保证保险等业务，推动科技创新券在城市间政策衔接、通兑通用。

2020年12月，国务院办公厅转发国家发展改革委等单位《关于推动都市圈市域（郊）铁路加快发展意见的通知》，专门阐述创新投融资方式。一是拓展资金筹措渠道。创新市域（郊）铁路市场化投融资模式，全面放开市场准入，培育多元投资主体，支持城市政府与企业共同出资成立一体化投资主体，吸引包括民间资本、外资在内的社会资本参与投资建设和运营管理。加大地方政府投入力度，支持地方政府专项债券用于收益较好的项目建设，研究以线路经过辖区土地出让收益支持市域（郊）铁路建设等政策。探索吸引保险资金等长期资本参与投资，支持通过发行企业债券、公司债券、非金融企业债务融资工具等方式融资。鼓励金融租赁公司创新适合市域（郊）铁路特点的金融产品和服务方式。二是完善运营补贴机制。坚持市域（郊）铁路运营公共交通服务属性，相关城市要指导运营企业结合运输距离、乘客支付能力等，合理确定多层次、差别化的票价体系，并建立动态调整机制。综合考虑运营成本、服务质量、供需状况、财政能力、减免票价等因素，在加强成本规制、收入清算等基础上，城市政府应对运输线路作出规范性、制度性补贴安排。初期可通过加大补贴力度引导和支持市域（郊）铁路顺利开行，后期根据综合开发收益适当补贴运营，或以政府购买服务等方式，实现可持续运营。三是加大综合开发力度。加大市域（郊）铁路沿线和站点及周边土地综合开发强度，合理确定综合开发规模和实施方案，统筹地上地下空间复合利用，积极推广地下空间开发、轨道交通上盖物业综合开发等节约用地的技术和模式，打造站城融合综合体。强化城市政府和铁路企业开发合作，根据国土空间规划和用途管控要求，落实用地性质变更等事项，有效盘活既有铁路站场及周边可开发铁路土地资产。创新收益分配机制，鼓励市域（郊）铁路相关企业通过物业开发、物业租赁和管理、车站和车辆商业开发等形式，构建综合开发溢价回收机制，支持市域（郊）铁路发展。

2021年3月，"十四五"规划在建设现代化基础设施体系方面提出，推进城市群都市圈交通一体化，加快城际铁路、市域（郊）铁路建设，构建高速公路环线系统，有序推进城市轨道交通发展。"十四五"期间，新增城际铁路和市域（郊）铁路运营里程3000公里，基本建成京津冀、长三角、粤港澳大湾区轨道交通网。新增城市轨道交通运营里程3000公里。在完善城镇化空间布局方面提出，依托辐射带动能力较强的中心城市，提高1小时通勤圈协同发展水平，培育发展一批同城化程度高的现代化都市圈。鼓励都市圈社保和落户积分互认、教育和医疗资源共享，推动科技创新券通兑通用、产业园区和科研平台合作共建。

2022年1月，国务院办公厅印发《要素市场化配置综合改革试点总体方案》（以下简称《方案》），提出围绕推动国家重大战略实施，根据不同改革任务优先考虑选择改革需求迫切、工作基础较好、发展潜力较大的城市群、都市圈或中心城市等，开展要素市场化配置综合改革试点。在推动资本要素服务实体经济发展方面，《方案》提出增加有效金融服务供给、发展多层次股权市场和完善地方金融监管和风险管理体制。

2.地方层面

截至2022年4月底，我国已正式印发了五个都市圈规划，分别是福州都市圈、南京都市圈、成都都市圈、长株潭都市圈和西安都市圈，除了西安都市圈之外，其余已公布文本的规划均对都市圈投融资进行部署。

《南京都市圈发展规划》在科技金融方面进行系统谋划。提出率先实现基础设施互联互通、科创产业深度融合、投融资协同、生态环境共保共治、公共服务普惠共享；优化都市圈创新创业生态，充分发挥南京资本市场和金融服务功能，构建多元化、国际化、跨区域的科技创新投融资体系，优化创业投资发展环境，发挥创业投资促进创新创业创造的积极作用。支持企业、高校、科研院所共建产学研创新联盟，促进重大科技项目共同研发、创新成果在都市圈内部无障碍转化，建立科技型企业创新产品首购首用共享机制。

《福州都市圈发展规划》提出设立一体化投资基金和都市圈协作开发集团。在共建区域一体、合作协商的体制机制方面，探索推进都市圈一体化发展投资基金组建。建立基金管理办法，健全基金项目投资的决策机制和监督机制，充分发挥基金对跨区域重大基础设施、生态环境联防共治、科技创新体系共建、公共服务和新一代信息基础设施共建共享、园区合作等重点领域、重点地区和重点项目的支持作用。鼓励社会资本按照市场化、法治化原则参与基金设立和运营，构建基金支出监督和绩效评估机制。支持以混合所有制组建都市圈协作开发集团。加快完善流域、森林与海洋的多元化生态保护补偿机制，共同建立流域生态补偿优先级体系与生态资金分配测算标准体系；共同探索多元化流域生态保护补偿办法，鼓励受益地区与保护生态地区、流域下游与上游通过资金补偿、对口协作、产业转移、人才培训、共建园区等方式加大横向生态保护补偿实施力度，建立成本共担、效益共享、合作共治的跨区域流域生态保护长效机制，建立水功能区生态保护补偿制度。

《成都都市圈发展规划》提出协同创新投融资模式。联合争取有关政府投资基金、地方政府专项债券支持符合条件的同城化重点项目，以四市政府为主体，探索发展投资基金，支撑同城化建设。同时，提出将大力发展高端人力资源服务业，提供人才寻访、项目对接和投融资等综合服务。在金融服务业方面提出要运用金融科技创新监管工具强化对创新活动全生命周期的审慎管理，建设基于区块链技术的知识产权融资服务平台，推动在蓉设立金融科技研究院。支持成都开展共建"一带一路"金融服务，打造综合信息、贸易结算、跨境投融资服务和汇率风险管理平台。大力支持企业在境外上市、发债融资。在建立生态产品价值实现机制方面提出加快建设西部环境资源交易中心和全国碳市场能力建设（成都）中心，推进用能权有偿使用和交易试点，争取开展气候投融资国家级试点，建立健全排污权、水权、林权交易市场。

《成渝地区双城经济圈建设规划纲要》提出支持通过股权与债权相结合等方式，为企业创新活动提供融资服务。支持符合条件的创新型企业上市融资。在成都建设基于区块链技术的知识产权融资服务平台，并支持设立市场化征信机构，研发适合西部地区的征信产品，支持中外信用评级机构在成渝地区设立实体机构，推动信用融资产品和服务创新。

《长株潭都市圈发展规划》提出健全城镇化投融资机制。引导产业园、城市新区向城市复合功能转型，完善产城融合公共服务设施配套。加快推进碳排放权和用能权市场交易机制建设，建立长株潭碳达峰引导基金，推广气候投融资"湘潭模式"。并在市场监管方面落实统一的市场准入制度，在企业登记、土地管理、招商引资、投融资、人才招引、环境保护等领域探索制定统一协同的市场准入规则。同时创新发展金融业态，大力培育引进金融机构，拓展融资渠道，打造中部金融中心。

《西安都市圈发展规划》提出建立统一的金融资本市场。加强都市圈金融基础设施、信息网络、服务平台一体化建设，支持符合条件的金融机构在都市圈内跨行政区域开展业务。深化金融改革创新，发挥科技、能源、文化等比较优势，积极发展科技金融、能源金融、文化金融、绿色金融等，因地制宜打造若干金融服务集聚区。积极推进都市圈公共资源交易平台建设，有序开展水权、用能权、碳排放权等市场化交易。研究设立西安都市圈一体化发展投资基金，带动社会资本加大对重大基础设施建设、生态经济发展、存量低效用地盘活等投入。联合共建金融风险监测防控体系，共同防范化解区域金融风险。

■ 二、都市圈投融资实践探索

都市圈投融资涵盖资金流动、平台拓展、市场合作、服务外溢等方方面面内容，为了更好地总结实践进展、剖析存在困难问题并提出建议，需要对实践经验进行分类。本专题拟从政府与市场关系、合作内容丰富程度两个维度入手，初步对目前的都市圈投融资实践分为三大类，即省级统筹、平台拓展、股权合作，其中股权合作又分为基础设施领域和产业投资领域。从省级统筹到股权合作，市场主体的参与程度越来越高，都市圈发育越来越成熟，区域合作的内容也越来越丰富。

（一）省级统筹

目前，除了南京、上海、首都等少数都市圈之外，其他都市圈都在一个省域范围之内，因此省级政府对都市圈的支持、引导力度对都市圈发展产生很大的影响。

长株潭都市圈规划是中部地区第一个正式印发的都市圈规划，有媒体称"以最小的经济体量和圈域面积打败了武汉'1+8'城市圈和郑州'1+8'都市圈，成为中部首个拿到国家认证的都市圈。"围绕培育专精特新企业，长株潭都市圈由省级工信部门牵头组织，充分利用长沙的投融资服务能力赋能株洲和湘潭。具体做法如下：一是开设大讲堂，提供精准辅导。湖南省工信厅发起长株潭中小企业"专精特新"大讲堂，每个季度针对企业需求开设课程，面向都市圈范围内注册的中小企业董事长、总经理及其他中高层管理人员，讲解IPO实务审核重点、解读科技创新政策等。二是开展结对精准帮扶，推动中小企业上市。湖南省工业和信息化局牵头发起，长株潭三市工业和信息化局主办"支持专精特新'小巨人'企业业绩提升，稳健走向北交所专项活动"，由长沙行业龙头企业（首批包括博长控股、大汉控股、爱华集团、泰嘉新材料等）负责人作为导师，与长株潭专精特新"小巨人"企业进行结对帮扶。通过两年的精准帮扶，已经支持5家企业启动北交所上市。长株潭都市圈产业投融资服务自2019年初以来开始推行，成效明显。截至2022年3月底，工业和信息化部发布的三批"专精特新"企业中，长沙有71家上榜，位列中部城市第一位；株洲有38家上榜，位列中西部非省会城市第一位。

无论从经济规模、人口规模还是区域影响力上看，银川和宁夏在全国范围内都算不上靠前，但银川的GDP占宁夏全区（首位度）一半以上。早在2019年底，宁夏就印发实施《银川都市圈建设协同发展实施规划》，自治区财政设立银川都市圈建设奖补资金，对纳入都市圈建设年度工作计划的重大项目给予一次性奖补支持。支持范围包括：交通（不含轨道交通）、水利、能源、生态环保及教育、医疗等公益性、跨行政区划、促联通、补短板、强链条、成网络的重大基础设施和公共服务项目。奖补资金通过定额补助和因素法方式分配，分为基础奖补和激励奖补两类。在基础奖补方面，纳入年度工作计划且开工建设的项目可享受基础奖补，工程总投资在10亿元以下的最高补助1500万元；工程总投资在10亿元以上的最高补助2500万元。在激励奖补方面，纳入年度工作计划且开工建设的项目根据推进情况，采取因素法方式分配补助资金。自治区本级实施的项目测算因素包括：跨区域程度权重30%、完成实物工作量权重30%、本年度任务完成比例权重40%。其他项目测算因素包括：财政困难系数权重20%、跨区域程度权重30%、完成实物工作量权重30%、本年度任务完成比例权重20%。根据各级政府公开的信息看，自治区每年安排10亿元左右奖补资金，2019年至2020年，银川市（不含宁东）累计获得自治区银川都市圈奖补资金3.31亿元支持。2020年，石嘴山市争取银川都市圈应急储气设施建设、公交一体化等4个项目奖补资金1.69亿元。

省级层面的统筹做法还包括辽宁省发展改革委牵头设立沈阳现代化都市圈产业投资基金，目前已经完成第一期投资10亿元，正在组建第二期基金（根据辽宁省发展改革委政府网信息）。福建省提出建立省市联动、立体合作的都市圈政府引导机制，充分发挥省级层面协调作用，发挥省直有关部门指导推动作用，在规划编制、政策实施、项目安排、体制机制创新等方面给予积极支持。比如把建设协同创新体系和园区共建项目纳入福建省重大问题和事项决策咨询程序。贵州省委十二届八次全会提出，把遵义都市圈建成全省的核心增长极，支持遵义做大做强，力争与贵阳齐头并进，唱好双城记。在资金支持方面，加大对都市圈财力困难县（市、区）的一般性转移支付力度。同等条件下优先争取中央资金、安排省有关资金和基金支持都市圈相关县（市、区）项目建设。

（二）平台拓展

都市圈最根本的要义是处理中心城市与周边中小城市之间的关系，中心城市聚集了大量优势资源，这些资源大部分很难跨出行政区域，而一些功能强大的服务平台则可以做到，从而实现中心城市的辐射带动作用。

围绕公共资源高效配置，成德眉资四市开展协作，充分利用成都的平台辐射带动都市圈发展。一是建立都市圈农村产权交易市场，实现平台走出去。2017年以来，成都农村产权交易所在德阳、眉山、资阳三市以"合资共建"模式专设农村产权交易机构，实现交易机构、平台系统、服务体系、鉴证应用、资金结算"五统筹"。截至2021年11月底，德阳、眉山和资阳交易所分别完成农村产权交易金额达到78.34亿元、13.62亿元和5.49亿元。二是依托中心城市公共资源交易服务中心，实现国有土地集中交易。2021年6月以来，德阳共有3块、资阳有2块国有土地在成都市公共资源交易服务中心拍卖成交，实现多方共赢。德阳的一宗土地信息推介辐射298家房企，最终以500万元/亩成交，同时也推动了周边地价上涨。资阳也有一宗地实现溢价2000万元。同时，成都公共资源交易平台增加了交易量和服务费，提升了平台的区域影响力。2021年11月，成都都市圈出台《成德眉资国有建设用地使用权出让跨平台交易工作实施细则》，常态化推行三地国有土地进入成都平台交易。

南京都市圈提出，建立科技资源共享服务平台，联合打造技术产权交易、科创板服务、科技资源共享、知识产权运营、科技成果转化应用平台。一是常态化开展知识产权拍卖，促进都市圈科技成果转移转化。江苏省技术产权交易市场积极发挥平台优势，持续推进专利成果"周周拍"，每周三、周五常态化开展线上网络竞价服务。2020年10月23日，南京都市圈首次拍卖活动共有125件带价成果参与线上竞拍，总起拍价超过1600万。二是协同发展"互联网+先进制造业"，打造跨行业跨区域工业互联网平台，推动企业上云和工业APP应用。南京都市圈内曾有多个项目入围国家工业互联网试点示范项目，但目前还没有工信部认定的工业互联网"双跨"平台，而后者具备很强的区域带动力，以此为发力点带动制造业高质量投资。

科技成果产出多、就地转化少是西安乃至中西部中心城市的一大痛点。鉴于此，西咸新区于2021年3月成立秦创原创新驱动平台。2021年秦创原总窗口新引入科技型企业431家、春种基金完成出资承诺2.27亿元，已在西咸新区注册公司202家；全年共有115项科技成果落地转化并注册企业，科技型中小企业总数超过11189家，同比增长38.67%。2022年一季度产业及配套项目签约48个，引进世界500强企业10家、中国500强企业6家、行业500强企业3家，吸引总投资额达860.46亿元，涵盖先进制造、科技研发、电子信息、金融服务业等多个产业门类。

福州都市圈提出，推进金融基础设施、信息网络、服务平台、服务标准一体化建设，加快都市圈金融机构、金融集聚区协同布局和发展能力提升。围绕优化资源和股权配置，加强海峡股权交易中心和福建省公共资源交易中心建设，共同打造区域交易大平台。加强与上海证券交易所、深圳证券交易所、中央国债登记结算有限公司、中国证券登记结算有限责任公司的对接，发挥好债券市场直接融资功能。

（三）基础设施领域的股权合作

区域合作最常见的领域是交通基础设施（特别是城际轨道交通），最成熟的合作模式是以项目为载体，以股权为纽带。股权设置方式则通过利益相关方进行协商洽谈确定。

南京都市圈是目前正式印发的几个都市圈规划中，城际轨道建设项目最多、投资额最大的。宁句城际（又称为南京地铁S6号线）是南京第一条跨市域地铁线路，于2021年底通车运营。目前，每天运载人员在5万人左右。该线路的投资运营主体是江苏宁句轨道交通有限公司，注册资本503850万元，其中南京地铁集团有限公司占股58.7%，江苏句容投资集团有限公司占股41.3%，出资比例按线路长度划分。宁句城际总投入超过200亿元，其中100多亿元的贷款要连本带利在20年内还完。还本付息的主要来源是沿线站点周边的土地开发，这意味着南京方面作为宁句公司的大股东，将分享因为宁句线开通带来的句容沿线土地增值的效益。轨道沿线特别是句容段周边，有大量尚未开发、也没有明确规划的土地，这是开发宁句线的最大资源，仅黄梅站南侧的储备用地，目前就已经预留了3000亩。宁句两地通过成立公司，明确双方分担比例，并通过沿线开发等市场手段，通过市场化运作分散地铁建设和运营成本，减少政府财政压力。与宁句城际不同，宁马城际铁路（马鞍山段）采取PPP模式，项目预算97.83亿元；项目资本金为项目总投资的30%，计29.35亿元，其中政府方出资代表出资比例为资本金的15%，约4.4亿元；社会资本出资比例为资本金的85%，约24.95亿元。项目服务时间为29年，概算金额为986547.09万元，采用"可行性缺口补助"回报机制，回报来源包括：票务收入、非票收入及可行性缺口补助。

杭州都市圈周边中小城市较为发达，市场化程度较高，杭州与嘉兴海宁之间的杭海城际铁路是浙江省首个轨道交通PPP项目，线路全长48.1公里，总投资141.92亿元，设站13座。海宁市政府与社会资本共同出资组建SPV公司，其中社会资本出资比例高于51%。SPV公司全面负责杭州至海宁城际铁路投融资、建设和营运管理工作。通过资本金投资、争取专项基金、债务融资等多种方式筹措建设资金，在规定期限内全面完成建设任务，在约定期限内负责运营管理、设施维护和资产更新及站点综合体的商业经营，并通过城际铁路票务收入、沿线广告收入及上盖物业等商业经营收入，结合主要站点土地综合开发等来获取投资收益。海宁市政府与SPV公司签订《特许经营协议》，授予SPV公司杭州至海宁城际铁路运营及项目主要站点特定范围内土地综合开发的特许经营权。项目特许经营期暂定为29年，其中建设期4年、营运期25年。特许经营期满后，SPV公司将城际铁路的资产及运营权无偿移交给海宁市政府。平衡项目资金的主要来源：一是城际铁路自身的营运收益；二是主要站点周边综合开发收益；三是海宁市财政的资金缺口补助。海宁市政府与社会资本共同进行客流预测，当实际客流高于预测客流量时，海宁市政府参与SPV公司的超额分成，当实际客流量低于预测客流量时，由海宁市政府相应增加缺口补助金额。

成都作为全域常住人口达到2119.2万人的超大城市，与周边城市的经济来往越来越紧密，与周边城市的城际轨道交通的规划建设进度比较快。2020年7月至2021年9月，成资、成德、成眉三大城际铁路公司相继成立。值得注意的是，负责投融资的三家主体公司的股权结构各不相同。成都成资轨道交通公司由成都轨道交通集团有限公司100%注资成立，资阳仅承担辖区内的征地拆迁费用，项目资本金和债务均由成都市承担，约为94.1%。四川成眉轨道交通有限公司由眉山市国有资本投资运营集团有限公司和成都轨道交通集团有限公司分别出资54.8%和45.2%，四川成德轨道交通有限公司由德阳发展控股集团有限公司和成都轨道交通集团有限公司分别出资53%和47%。成资公司之所有由成都轨道交通集团有限公司全资负责，一个重要的原因是成都力推东进战略，简阳于2016年5月经国务院批准由成都代管，成德眉资同城化综合试验区的主体部分与资阳主城区相邻，由成都推动城际轨道交通，则有利于推动成都东部新区快速发展（表13-1）。

都市圈	轨道投融资主体	出资比例	合作方式
成都都市圈	成都成资轨道交通公司	成都 100%，资阳 0	中心城市出资
	四川成眉轨道交通有限公司	眉山 54.8%，成都 45.2%	两地股权
	四川成德轨道交通有限公司	德阳 53%，成都 47%	两地股权
南京都市圈	江苏宁句轨道交通有限公司	南京 58.7%，句容 41.3%	两地股权
	宁马城际铁路（马鞍山段）	马鞍山 15%，社会资本 85%	PPP，周边城市 + 社会资本
	滁州市滁宁城际铁路开发建设有限公司	滁州 100%，南京 0	周边城市出资
杭州都市圈	杭海城际铁路	海宁 14.7%，社会资本 85.3%	PPP，周边城市 + 社会资本
	绍兴市柯桥区杭绍城际轨道交通建设投资有限公司	柯桥轨交 70%，柯桥城投 30%	周边城市出资
	湖杭铁路有限公司	金丽温铁路公司 52.55%，杭州交投 34.22%，湖州交投 13.23%	多主体出资
	杭衢铁路有限公司	中铁系统 51%，浙江省交投 23.78%，衢州基投 15.86%，建德交投 9.36%	中铁为主，多主体投资
	杭黄铁路有限公司	中铁上海局 70%，安徽投控 30%	其他主体
长株潭都市圈	湖南城际铁路有限公司	湖南轨道集团 70%，广铁集团 30%	省级统筹
西安都市圈	陕西城际铁路有限公司	陕西铁路集团 45%，中铁系统 30%，西咸新区轨交投 10% 西安轨交投 10%，咸阳投控 5%	省级统筹，多方出资
深圳都市圈	广东深莞惠城际铁路运营有限公司	深圳 100%	中心城市出资
广州都市圈	广东城际铁路运营有限公司	广州 100%	中心城市出资
福州都市圈	福州左海控股集团有限公司	福州 100%	中心城市出资

资料来源：课题组根据公开信息整理。

都市圈城际轨道交通投融资呈现多元化特征，同一个都市圈内不同城市的合作方式也各不相同。总体上看，股权结构反映了不同投资主体的投资意愿、能力和责任。具体看，长株潭都市圈由省级统筹，西安都市圈由省级主导、多元主体投资，杭州都市圈的杭黄铁路由上海铁路局主导、安徽省出资；中心城市出资的都市圈包括广州、深圳、福州以及成都到资阳城际；成德、成眉、宁句由中心城市和周边城市共同出资；宁马、宁滁、杭海、杭绍由周边城市出资；杭州到衢州、湖州的城际则由更加复杂多元的主体投资，部分路线纳入国铁系统。

（四）产业投资领域的股权合作

除了基础设施之外，都市圈内产业投融资也是近年来日益增长的领域，已经正式印发的几个都市圈规划在产业投资领域均有明确的部署（见本章政策综述）。政府引导产业投资基金这一政策金融工具，可以充分发挥财政资金的杠杆放大效应，已经成为各地政府的重要考量。清科私募通数据显示，截至2022年1月底，我国政府引导基金达到1841只，总目标规模达到10.27万亿元，单只基金平均目标规模为67.66亿元。

长三角是我国经济发展最活跃、开放程度最高、创新能力最强的区域之一，也是市场化产业投资基金最发达的地区。长三角产业创新股权投资基金成立于2019年，首期规模50亿元，由温州、嘉定、昆山和太仓四地政府共同发起设立，由上海上汽恒旭投资管理有限公司负责管理，基金着眼于先进制造、生物医药、消费、高科技四大领域，重点聚焦装备制造、汽车、新一代信息技术、人工智能等细分行业优质子基金及直投项目，以四地政府出资24亿为基础募集撬动社会资本集聚长三角，目标规模超100亿，推动重点产业深度融合，加快形成立足长三角、面向国际的优势产业集群。首个股权投资项目是上海长三角产业升级股权投资合伙企业与浙江新瑞立汽配有限公司签约的基金返投项目投资。2020年底，中信银行理财子公司信银理财设立10亿元长三角股权投资基金（PE），支持长三角区域内成长型企业发展。此外，信银理财还计划设立长三角区域科创基金，试点科创企业股权直投（VC），为科技企业提供金融支持。具体关注于科技创新领域，尤其是"卡脖子""补短板"领域，包括芯片、人工智能、生物医药、发动机、农业种子等核心领域。

合肥是近年来我国城市发展中的一大"黑马"，通过政府引导基金"以投带引"的"国资领投"招商引资，引入和培育了显示屏、半导体、新能源汽车等产业集群，因此被称为"最牛风投城市"。在合肥都市圈建设中，政府产业引导集金的操作模式得以复制推广。比如六安市在新型显示、电子信息等产业领域与合肥市深度契合，引进了欧菲光、胜利精密、英力电子等龙头企业，成为合肥电子信息产业的重要配套基地。合淮产业走廊依托淮南市寿县新桥片区汽车零部件配套企业，为合肥新能源汽车产业提供配套服务。合肥都市圈以世界制造业大会、世界显示产业大会及新能源汽车展等专业展会为抓手，进一步加强企业间的交流、对接、合作。由工信部、安徽省政府主办的2021世界显示产业大会在合肥举办，合肥都市圈四市（合肥、蚌埠、淮南、马鞍山）共签约项目33个，总投资额超210亿元。合肥京东方、维信诺，滁州惠科光电，芜湖华东光电，蚌埠海勤科技等都市圈新型显示产业链企业携最新技术产品，参加创新技术产品及应用展示。

成都都市圈提出，协同创新投融资模式，以四市政府为主体，探索发展投资基金，支撑同城化建设。德阳产投集团和成都重产基金作为主要发起方，共同设立总规模为30亿元的同城化产业协同发展基金，基金将重点投资于跨区域重大产业化项目，以及德阳市装备制造、先进材料、数字经济、通用航空、医药食品等五大核心产业领域。四川省集成电路和信息安全基金以组建子基金的方式参与投资了信利（仁寿）高端显示项目（位于眉山），该项目总投资125亿元，基金投资金额达8亿元并拉动相关投资117亿元。成都的基金在面向德阳、眉山、资阳三市进行项目投资时，除了带去资本外，也带去了高效的运营理念，帮助当地企业建章立制，规范发展。

三、都市圈投融资面临的问题

（一）财税属地征收与跨城市利益分配难以协调

收支两条线、属地化征收是我国财税体制的重要特征，加之自上而下的考核体制、城镇开发边界约束力不足，这导致城市间利益分配难以协调，而财税分享是城市间利益分享最核心、最关键的领域。目前，除了北京、上海、深圳之外，其他都市圈中心城市大多还处于扩张期，与周边中小城市之间进行利益分享的激励不足。除了分享意愿之外，技术上也存在一定的困难。我国的分税制改革主要是中央和省级政府之间，省以下的财政关系一直没有理顺，各地之间的差异非常大，省、市、县、乡镇的财税关系极为复杂，这也导致都市圈利益共享难以推进的一个重要原因。上海大都市圈是我国区域一体化程度最高的地方，但根据对有关人员的访谈得知，税收分享政策的雷声大、雨点小，只能在流程优化方面做些改进。

（二）城市政府债务压力较大影响都市圈基础设施投资

依靠土地出让、抵押融资的"土地财政"模式对城市政府构成越来越大的债务压力，而都市圈建设需要大量基础设施投资。在有限的资金和趋紧的财政约束下，城市政府往往倾向于选择本辖区内的重大项目投资。以投入资金额度较大的轨道交通为例，中国城市轨道交通协会发布的《城市轨道交通2021年度统计和分析报告》显示，2021年全年全国共完成建设投资5859.8亿元，在建项目的可研批复投资累计45553.5亿元，超过"十二五"至"十三五"十年间全国累计完成建设投资（38612.7亿元）；在建线路总长6096.4公里，相当于投入运营总长度（9206.8公里）的三分之二。由于我国中心城市面积普遍较大，在资金有限的条件下，地铁和市域快轨成了优先选项。进一步讲，除了极少数线路（如广佛线、上海11号线），大多数城际铁路的实际客运量并不高，即便开通了城际铁路，增加了固定资产投资，但导致后期的还本付息压力进一步加大（图13-4）。

图13-4 2011—2021年历年在建线路规模及完成建设投资情况

资料来源：中国城市轨道交通协会

（三）都市圈重大基础设施项目缺乏全生命周期管理

重大基础设施项目的投资建设对我国大多数城市来讲并不难，但运营管理却普遍存在粗放低效的问题。其中一个重要的制度原因是重大基础设施项目周期比较长，与城市主官的任期不匹配，而规划、投资、建设这些环节容易出成绩，运营管理则需要绣花功夫且成绩很难显化，这导致其积极性不高。市域范围内的重大基础设施项目尚且如此，城际间项目更容易出现扯皮推诿现象。只有良好的运营管理水平，才能让城际基础设施发挥应有的作用，从这个意义上看，都市圈基础设施投融资的全生命周期管理理念的引入和实践刻不容缓。

（四）都市圈投融资领域缺乏精准化需求响应机制

按照国家层面的城镇化规划、政策以及正式印发的几个都市圈规划看，都市圈投融资需求量很大，但相应的金融服务、金融工具却并不配套。比如，都市圈金融服务一体化程度较低，中心城市以外的其他城市政府和企业融资相对困难。中心城市高等级金融服务辐射范围有限，在现行金融服务的分级管理下，省级金融机构级别较高，金融服务权限较大、受益较大，但都市圈其他城市产业和企业发展得非常有限。此外，目前主要融资工具是银行贷款，融资方式单一，诸如专项债券等规模较大、成本较低、期限较长的金融工具较少。

四、创新都市圈投融资机制对策建议

（一）积极探索都市圈财税分享的操作路径

一是加快省以下财政体制改革，界定省以下财政事权和支出责任，理顺省以下政府间收支关系和调整机制。二是选择较小的空间单元作为切入点，比如都市圈毗邻地区，成德眉资同城化综合试验区、湘江新区九华片区、长三角一体化示范区等。三是从税收增量部分入手，对新设企业形成的税收增量属地方收入的部分在项目流转地和项目受让地之间进行分享。四是对存量项目在区域内转移的，比如企业迁建、总部搬迁等，实行定期基数返还、增量分成的财税利益共享模式。五是对园区共建、飞地经济、项目合作、招商引资异地流转等新建的跨区域合作项目，通过一事一议确定财税利益分享比例。六是从个人所得税的征管和分享入手，逐步实现个人所得税向居住地倾斜、工作地与居住地合理分享。七是推进电子税务局同城化建设，实现办税服务平台数据交互，探索异地办税、区域通办。

（二）推进都市圈资本要素市场化配置改革

一是优先选择改革需求迫切、工作基础较好、发展潜力较大的都市圈，开展要素市场化配置综合改革试点，力争在要素市场化配置关键环节上实现突破。二是增加都市圈有效金融服务供给，依托全国信用信息共享平台，加大公共信用信息共享整合力度，充分发挥征信平台和征信机构作用，建立都市圈公共信用信息同金融信息共享整合机制。三是用好供应链票据平台、动产融资统一登记公示系统、应收账款融资服务平台等公共平台，鼓励金融机构开发与都市圈中小微企业需求相匹配的信用产品。四是提升区域性股权市场（俗称"新四板"）服务都市圈市场主体能力，探索加强区域性股权市场和全国性证券市场板块间合作衔接的机制。五是健全和统一交易规则、交易鉴证、服务标准、交易监管、诚信建设等方面体制机制，逐步形成税费一致、服务融合、统一集成的都市圈要素交易体系。

（三）创新融资方式拓宽都市圈融资渠道

一是改革商业银行授权授信管理制度，探索以都市圈为考核单元，打破属地化原则，对都市圈内同一商业银行进行统一授信，增强金融服务都市圈中小城市能力。二是根据产业集群发展特征，发展都市圈供应链金融，推动区域创新链与产业链深度融合。三是推动省级政府有关政府投资基金、地方政府专项债券向都市圈倾斜。四是鼓励以都市圈为单元联合发行基础设施建设领域的不动产投资信托基金（REIT）、资产证券化（ABS），提升都市圈基础设施资产流动性。五是引导保险等长期资金参与都市圈建设，创新债权、股权、股债结合、资产支持计划和私募基金等投资方式，促进项目使用与资金回报周期相匹配。

（四）完善投融资项目全生命周期管理

一是鼓励采用ESG评价方式，并将其充分融入都市圈基础设施项目实施方案、项目管理、绩效评价等环节，建立全方位、全过程、全覆盖的预算绩效管理体系。二是开展都市圈内地方政府债务协同管理，坚决遏制新增地方政府隐性债务，联合防范化解局部性、区域性金融风险。三是适度放开放宽地方资产管理公司收购不良资产、债务重组、债权融资的范围，鼓励中心城市实力较强的国资国企参与债务风险较大的中小城市不良资产处置。四是建立统一规范、公开透明的都市圈基础设施项目信息披露机制，建立精细化、专业化、市场化的基础设施项目运营管理机制。

第三篇

实　践

第十四章　成都都市圈实践

　　都市圈建设是推动城市群一体化发展的有力抓手，产业协作发展是促进都市圈内部各城市协调分工、融合发展的重要任务。作为推动成渝地区双城经济圈建设的关键支撑，以成都及周边德阳、眉山、资阳部分区域为范围的成都都市圈建设积极探索区域间产业协作路径，积累了一批创新发展的好经验好做法，同时，也面临核心要素保障不足、产业政策实施标准不够协调统一、利益分配机制不够明确等挑战，在全国范围内具有较强典型意义。对此，应总结分析成都都市圈产业协作典型案例，把握共性问题，坚持系统思维，加快破解体制机制性障碍，加强政策协同、完善要素保障、创新管理模式、促进利益协调，加快形成都市圈产业协作成熟模式，高质量推进都市圈建设。

▊ 一、基本情况

　　成都都市圈涉及四川省的四个城市——成都、德阳、眉山和资阳，这些城市在地理结构和交通便利性方面都围绕着成都中心而聚集。成都都市圈是成渝城市群的西侧支柱；重庆都市圈则是东侧支柱。成都都市圈也位于"一带一路"跨国经济网络和长江经济带的交汇处。成都都市圈涉及的四座城市总面积约2.6万平方公里，2020年的常住人口约2700万。中心城市成都在该地区占主导地位，占该地区常住人口的78%，占其GDP的84%，在社会经济发展和城市化方面也远远领先于该地区其他城市（表14-1）。

　　2013年，成都都市圈被正式确认。这一年，四川省发布了《四川省主体功能区规划》，提出该省发展将围绕其核心——成都都市圈。2020年10月，国务院批准了《成渝地区双城经济圈建设规划纲要》，"要求通过充分发挥成都带动作用和德阳、眉山、资阳比较优势，建设经济发达、生态优良、生活幸福的现代化都市圈"。

成都都市圈成员城市的基本情况（2020年） 　　　　表14-1

城市	区县	面积 （平方公里）	常住人口 （万）	GDP （亿元人民币）	人均GDP （万元人民币）	城镇化率 （%）	一般公共 财政收入 （亿元人民币）
成都市	全域	14335	2094	17717	8.5	79	1520
德阳市	旌阳区	648	83	709	8.5	74	15
	什邡市	821	21	148	7.0	52	22
	广汉市	549	63	429	6.8	59	23
	中江县	2200	41	373	9.1	55	9
眉山市	东坡区	1331	90	491	5.5	60	24
	彭山区	465	33	183	5.5	58	11
	仁寿县	2717	111	457	4.1	43	37
	青神县	387	17	90	5.3	47	6
资阳市	雁江区	1632	87	347	4.0	53	16
	乐至县	1425	49	195	4.0	41	7
合计		26510	2689	21139	7.9[a]	74[a]	1690

来源：根据各城市统计年鉴、第七次全国人口普查数据。

注：因四舍五入，各部分的总和可能与合计数不符。

a：四个城市的平均值。

2021年初，国家发展改革委在《2021年新型城镇化和城乡融合发展重点任务》中提出要"增强城市群和都市圈承载能力"，支持包括成都在内的三个都市圈编制实施发展规划。2021年11月，成都都市圈发展规划是正式印发的第三个都市圈规划（继南京都市圈、福州都市圈之后）。

成都都市圈的发展由一个分层治理结构推进。四川省政府承担推进政府间合作从而实现成都都市圈"协调发展"的领导责任。2020年7月，省政府成立"成德眉资同城化发展领导小组办公室"，下设五个专项工作组，分别为综合组、设施互通组、创新产业组、公服生态组、保障组。成都牵头，3个城市都参加了各个工作组，四川省省直有关部门提供指导。德阳、眉山和资阳分别在市政府内部设立了区域协同发展机构（包括德阳市区域协同发展局、眉山市同城化发展工作局、资阳市同城化发展工作局），负责推动成都都市圈的协调工作。

■ 二、做法成效

德阳、眉山、资阳三市中心城区距离成都主城都在60公里以内，1小时通勤可达。2020年都市圈常住人口约2700万人，地区生产总值超过2万亿元，城镇化率约74%，产业基础和创新活力具有显著优势，是成渝地区经济发展最活跃的地区之一，具备产业协作发展的良好条件。

（一）建立专门机构，强化组织领导。2020年7月四川省成立成德眉资同城化发展领导小组，由四川省委常委、成都市委书记担任组长，从省级层面组织领导都市圈建设工作。设立专职领导小组办公室，并根据发展需要，组建了创新产业协作、现代服务业协作和自贸试验区、现代高效特色农业示范区、文旅产业融合发展、现代金融协调发展等专项合作组，建立了省直部门指导、四个城市分管领导参与协调、相关单位具体推进实施的工作机制。

（二）协同编制规划，统一发展思路。为避免同质化竞争，促进错位特色发展，成都、德阳、眉山、资阳协作编制产业规划。立足当前区域主导产业类型，提出建立电子信息、装备制造、生物医药、航空航天、新材料等产业集群体系的目标，并根据各市优势，在具体行业类型、产业链环节进行了分工和合作。如在电子信息产业集群体系规划中，成都主要构建"芯—屏—端—软—智—网"于一体的电子信息产业体系，德阳重点发展电子元件和工业互联网，眉山做强新型显示器研发制造，资阳提升电子信息关键零部件配套能力。以成都国际铁路港、天府新区和成都东部新区等发展前景好、辐射带动能力强的产业平台为核心，联动德阳、眉山和资阳，推进成德临港经济产业、成眉高新技术产业和成资临空经济产业协作发展。

（三）创新机会清单，促进项目对接。推动设立机会清单，将产业发展、创新创业等需求以场景项目化、指标化、清单化的方式向社会公布，从"给优惠"到"给机会"，主动为投资者、企业和人才提供参与都市圈产业协作的机会。如2020年成都创新创业交易大会上，成德眉资同城化区域发布700条机会清单，占同期发布数量的85%。同时，通过组织产业协作论坛、政企互通对接会、产业市场需求对接会等方式，促进了科技成果、企业需求和金融资源对接。

（四）依托交界地带，推进重点合作。通过交界地带融合发展打造产业协作的具体支撑点，先期选定成都彭州—德阳什邡、成都金堂—德阳中江、成都青白江—德阳广汉、天府新区成都直管区—天府新区眉山片区、成都新津—眉山彭山、成都简阳—资阳乐至、成都简阳—资阳雁江七个交界地带，拟在园区共建、物流通道共享、产业优惠政策互认等方面深入开展合作。四市还签订了跨区域合作项目财税利益分享框架协议，将积极探索园区共建、飞地经济、项目合作、招商引资等新建跨区域合作项目以及企业迁建、总部迁移等存量跨区域合作项目的利益协商分配机制。

三、存在问题

成都都市圈在推动产业协作发展方面取得了明显成效，但推进实施中仍面临政策协同、利益分配、要素保障、管理创新等方面制约，一些问题具有较强共性和代表性。

（一）支持政策不协同，要素自由流动难实现。人力资源、科技创新能力和融资服务能力是城市间产业发展的关键因素。都市圈内各市均制定相应支持政策，但由于政策实施以行政区为主，各类政策实施的范围、标准差异较大，成都作为副省级城市，支持政策力度大，造成各类要素向成都集中流动。如德阳的四川宏华集团有限公司，为了留住企业研发人才，将研发中心迁移到成都。同时都市圈内周边城市在基础设施、公共服务软硬件条件上都与成都存在明显落差，对项目和企业的吸引力下降。近年来，德阳市的东方电气集团、中国第二重型机械集团有限公司等装备制造领军企业纷纷将总部迁往成都。

（二）要素支撑保障不充分，协作项目难落地。都市圈产业协作规划与国土空间规划精准对接不充分，国土空间规划对产业协作项目用地指标和空间预留不足，对跨行政区土地资源配置方式缺乏统筹考虑，导致产业功能区土地要素保障不力，产业协作项目难以落地。如成都彭州和德阳什邡交界地带推进两地农业产业合作发展过程中，开展共建区域品牌、标准化生产以及经营主体孵化培育等工作，但引进产业项目时面临土地指标不足，空间难以落实的问题，产品深加工等项目难以实施。

（三）管理模式优化不及时，协同优势难发挥。现行体制下中央和省级政府对产业发展有诸多支持，但传统以行政区为主的管理方式不利于跨区域产业协作发展，亟待优化调整。如彭州什邡川芎现代农业产业园计划通过共同创建国家级农业产业园区促进园区建设发展，但申报过程中上级部门尚未有跨行政区域申报省级、国家级现代农业园区的相关政策，无法操作实施，造成园区共建缺乏后续政策支持。同时由于尚未形成明确的利益分配机制，合作园区和项目对共建投入要素的范围、标准和价值认定未达成共识，相应的税收分配基数、比例标准和方式也未确定，导致实质性产业合作难以开展。

四、对策建议

未来一段时期，应着眼共性问题、把握整体趋势，以形成统一开放、标准互认、要素自由流动的良好发展环境为目标，不断增强资金、人才、土地、技术等政策的协调性和统一性，加快破解关键体制机制障碍，促进都市圈产业协作有序推进，不断激发区域产业发展动力活力。

（一）加强产业协作要素配置政策的协调。梳理现有与都市圈产业协作相关的人才、资金和科技创新转化政策，以统一开放、促进要素自由流动为目标，制定跨行政区产业发展支持政策，统筹引进人才认定标准、经费补贴和福利待遇标准，协同科技成果转化资金支持和奖励标准以及政府产业引导基金使用范围、行业类型、标准等，切实将同城优势转化为都市圈高质量发展的动能。

（二）完善健全产业协作的利益分配机制。明确"总部+基地""研发+转化""终端产品+协作配套"等不同模式，以及共建园区、飞地经济、产业迁移等不同合作形式的利益分配机制。以各方承担的责任和投入情况，及产业分工和产品价值点为依据，"一事一议"明确税收征收方式、分成基数、比例标准和分配方式，确保项目投入收益相平衡，激发地方推进产业协作积极性。

（三）统筹产业协作项目的用地保障。抓住当前市县级国土空间规划编制调整的关键时期，各市在本行政辖区范围内产业发展规划与国土空间规划衔接的基础上，还要对交界地带、共建园区等平台的用地规模、空间位置、用途管理方式等内容与国土空间规划进行对接，预留好发展空间。可考虑共同拿出一定数量的规划期用地指标共建"指标池"，制定统一的用地规则和要求，统筹用地指标管理方式，支持交界地带和共建项目用地需求，增强产业协作项目用地保障。

（四）推动都市圈产业协作成效纳入地方政府绩效考核范围。深化研究跨行政区产业协作的绩效评价标准，改进传统财政税收等统计方式和标准，将促进产业协作项目转型升级、整体区域带动，共建共享机制创新等纳入政府绩效考核。建立合作协议和项目执行的实施监测评估制度，及时发现问题，改进措施方法，确保产业协作工作有序推进。

（五）进一步探索创新跨行政区产业协作方式方法。顺应跨行政区产业协作需求，优化行政管理和行业管理方式，将有利于促进跨区域产业协作，产业集聚效应好的平台和项目给予申报优先、加强技术指导、加大资金补贴等方面的支持，形成支持跨区域产业协作的政策体系。

第十五章　杭州都市圈实践

■ 一、基本情况

杭州都市圈位于长江三角洲城市群的南翼。根据国家发展改革委、住房和城乡建设部2016年发布的《长江三角洲城市群发展规划》，杭州都市圈包括杭州市辖区及桐庐县，湖州市辖区及安吉县、德清县，嘉兴市辖区及桐乡市、海宁市，绍兴市辖区及诸暨市。面积2.2万平方公里，2020年常住人口2101万，GDP达到2.6亿元，人均GDP达到12.6万元、城镇化率74%（图15-1、表15-1）。

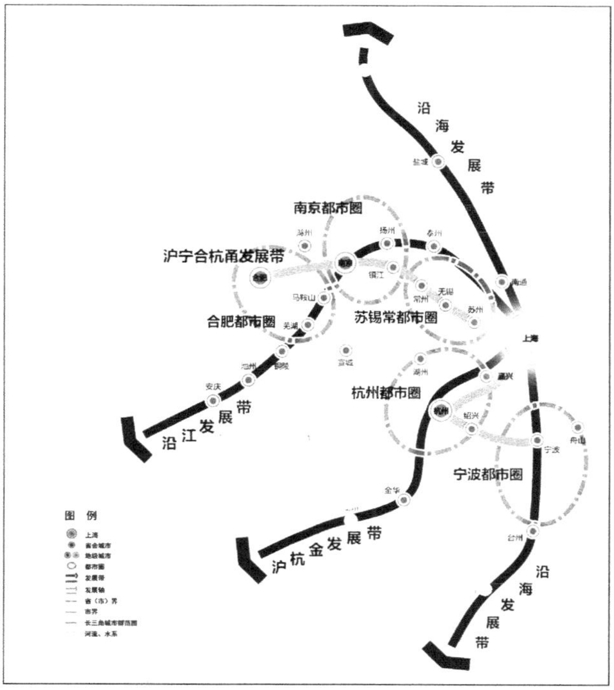

图15-1　长三角城市群及杭州都市圈示意图

来源：《长江三角洲城市群发展规划》（2016）

杭州都市圈成员城市基本情况（2020年）　　　表 15-1

地市	区县	面积（平方公里）	常住人口（万）	GDP（亿元人民币）	人均GDP（万元人民币）	城镇化率（％）	一般公共财政收入（亿元人民币）
杭州市	市区	8289	1071	15097	14.1	86	2002
	桐庐县	1829	45	376	8.4	71	34
湖州市	市区	1565	113	1469	13.0	49	244
	安吉县	1886	47	487	10.4	37	100
	德清县	938	44	544	12.4	40	116
嘉兴市	市区	987	152	1501	9.9	56	184
	桐乡市	727	103	1003	9.7	67	101
	海宁市	863	108	1031	9.5	70	94
绍兴市	市区	2965	296	3569	12.1	79	304
	诸暨市	2311	122	1362	11.2	38	90
合计		22360	2101	26439	12.6 a	74 a	3269

来源：根据各城市统计年鉴、第七次全国人口普查数据。

注：因四舍五入，各部分的总和可能与合计数不等。

a：四个城市的平均值。

二、发展历程

杭州都市圈最早可以追溯到 2007 年 5 月，杭州、湖州、嘉兴和绍兴四个城市共同召开杭州都市圈第一次市长联席会议，杭州都市圈正式开始推进实施。

2014 年，国家发展改革委将该地区设为"杭州都市经济圈转型升级综合改革试点"，其中杭州都市经济圈是指杭州、嘉兴、湖州和绍兴，再次确认这四个城市为都市圈的成员城市。

2016 年，国家发展改革委、住房和城乡建设部印发的《长江三角洲城市群发展规划》提出"一核五圈四带"空间格局。"一核"指城市群的核心上海，"五圈"指围绕中心城市的五个都市圈，其中包括杭州都市圈，"四带"是空间上的四条经济发展带。杭州都市圈包括杭州、嘉兴、绍兴、湖州四市，重点是发挥创业创新优势，培育发展信息经济等新业态新引擎，加快建设杭州国家自主创新示范区、跨境电子商务综合试验区和国家生态文明试验区。

2018 年 10 月，杭州都市圈第九次市长联席会议上，浙江省衢州市、安徽省黄山市正式加入杭州都市圈合作发展协调会，杭州都市圈由杭州、湖州、嘉兴、绍兴一省四市扩容为杭州、湖州、嘉兴、绍兴、衢州、黄山二省六市。

2020年11月，杭州都市圈第十一次市长联席会议上，安徽宣城申请加入杭州都市圈，成为杭州都市圈合作发展协调会观察员城。同时，在此次联席会议上，《杭州都市圈发展规划（2020—2035年）》获准通过，但尚未公开发布。

考虑到都市圈的政策延续性，本课题研究仅涵盖杭州都市圈的四个原始城市，即杭州、绍兴、嘉兴和湖州。主要考虑与目前的国家政策相一致，即以1小时通勤半径来定义都市圈，而新增的衢州、黄山和宣城则远超出了这一范围。

三、做法成效

（一）协作机制日益完善

杭州都市圈所有城市共同成立了都市圈合作发展协调会，作为杭州都市圈协作的核心机构。杭州都市圈协调会包括市长联席会议决策、政府秘书长工作会议协商、协调会办公室议事、专业委员会项目合作执行四级合作协调机制框架，专业委员会包括交通、信用、旅游、宣传、教育等15个专业委员会，形成杭州市引领、城市高层紧密互动、部门常态化联动落实、社会各界积极参与的全域全方位协同推进格局。2007年以来，已成功召开11次都市圈市长联席会议。

（二）互联互通加快推进

轨道上的都市圈加快建设。2014年，浙江省组织编制《浙江省都市圈城际铁路一期建设规划（2014—2020年）》，获得国家发展改革委批复，杭州至海宁、临安、富阳、绍兴等都市圈城际铁路获批建设。到2021年底，4条都市圈城际铁路均已建成通车，与杭州市地铁一票换乘、无缝衔接，杭州都市圈以"市域轨道＋城市轨道"为重点的"1小时通勤圈"加快形成。同时，商合杭高铁全线通车，湖杭铁路全面开工。沪乍杭铁路、嘉湖城际、水乡旅游线等项目前期工作加快推进。杭州都市圈中环建设全面启动，杭州市绕城高速西复线建成通车，都市圈环线建设取得重大突破。

（三）共建产业合作载体

杭州都市圈经济发达、民营经济活跃，通过共建产业园区、合作载体形式，推进都市圈产业合作、优势互补。以杭州、嘉兴为例，杭州和嘉兴从21世纪初就开始探索在产业发展方面的合作。相对于杭州，嘉兴的土地指标相对宽松，也更便宜，嘉兴已经建立了两个开发区——桐乡经济技术开发区和海宁经济开发

209

第十五章　杭州都市圈实践

区，为从杭州搬迁到嘉兴的企业（简称"杭迁企业"）提供服务、促进合作。2002年，嘉兴将位于海宁边缘地区的3000亩土地（约200公顷）的使用权转让给杭州，杭州通过国有企业进行土地开发和招商引资，海宁则保留了该区域企业缴纳的公司税。2011年至2015年，嘉兴吸引了来自杭州约879个投资项目。到2019年，嘉兴海宁高新区就接收了近400家从杭州迁出的企业，总投资超过700亿元。其中包括中国知名品牌，如中国领先的国内饮料生产商娃哈哈集团、浙江西子重工机械有限公司（图15-2）。

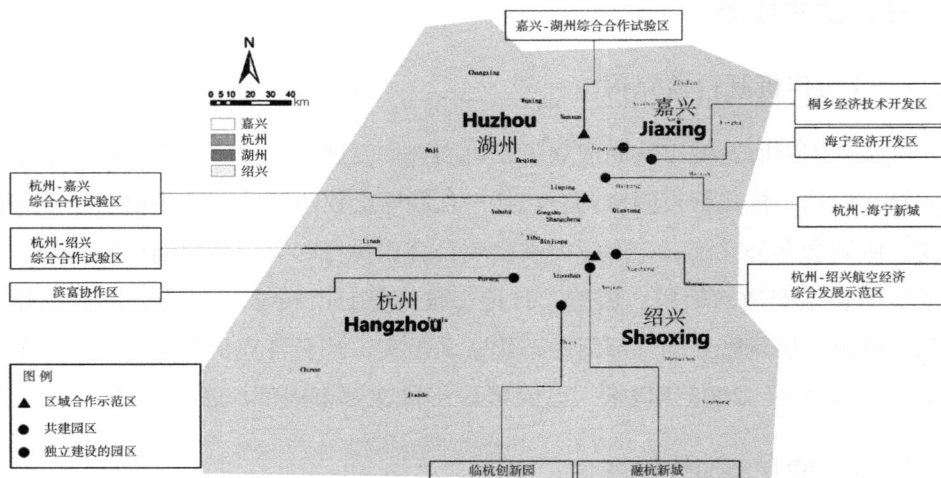

图15-2　杭州都市圈内的合作开发区
来源：课题组绘制

（四）科创协同不断深化

打造数字都市圈，共建都市圈城市大脑集群，数字经济龙头企业积极在都市圈投资布局、赋能各地数字化建设，都市圈四市全部设立国家跨境电子商务综合试验区，杭州、德清入选国家新一代人工智能创新发展试验区，2020年四市规模以上数字经济核心产业增加值1600余亿元。加强创新协同，之江实验室首个杭州市外科研基地——AI莫干山基地在德清县开工。浙江大学分别与嘉兴市、绍兴市签署全面战略合作协议，建设浙大秀洲创新研究院等跨区域创新平台。都市圈城市在杭州市浙江人才大厦设立"人才创新飞地"，符合条件的人才可同等享受杭州市人才政策。

（五）毗邻区域合作率先突破

杭州都市圈把毗邻区域作为都市圈同城化的突破口，编制实施杭绍、杭嘉一体化合作先行区建设方案，积极谋划杭湖一体化合作。在毗邻区域复制推广长三角生态绿色一体化发展示范区的制度创新经验，并取得阶段性成果。杭州市与绍兴市共建杭绍临空经济一体化发展示范区，共同制定和规划杭绍一体化合作先行区产业发展导向目录，共建萧山—诸暨绿色发展先导区，新开辟姑娘桥—安昌专线等一批跨区域公交联运线路。杭州市余杭区、钱塘区与海宁市签署战略合作协议，共建跨区域政务服务"杭海通办"品牌，海宁市民可在当地办理543项杭州市政务服务事项，钱塘区和余杭区的市民可在当地办理海宁市653项政务服务事项，实现政务服务"只进一扇门，可办三地事"。

■ 四、存在问题

杭州都市圈在产业协作、交通互联等方面取得积极进展的同时，也面临政府与市场的关系处理、人才虹吸、地方政府考核制约等问题和挑战。

（1）政府在产业协作中的作用有限。嘉兴、杭州相关部门都表示，都市圈内产业最难合作。产业发展由市场决定，由于是市场行为、主要取决于企业的选择，政府推动作用有限，产业总体呈现竞争大于合作的局面。

（2）以行政辖区主导的统计考核制度制约了都市圈产业协作。都市圈经济指标统计、利益分享机制不完善，以行政区划为主导的经济指标统计、政绩考核机制决定了都市圈产业实质合作很难，如调研发现杭州的苹果手机专卖店、LV等部分税收划归位于总部的上海市，制约了杭州合作积极性。同时，对地方政府和官员的绩效考核还停留在行政辖区，也对都市圈整体推进产生制约。

（3）公共服务水平的差异导致人才向中心城市聚集。中心城市由于教育、医疗等公共服务水平远高于周边城市，人才自然被吸引到大城市。即使企业搬迁到邻近的小城市，企业员工尤其是高层次人才也倾向于留在中心城市，并通勤到小城市。导致人才主要往中心城市聚集，都市圈周边中小城市难以留住高端人才，也制约周边城市发展。

■ 五、对策建议

（一）健全都市圈产业协作利益共享机制

探索建立GDP分计、税收分享和征管协调机制，健全都市圈产业协同发展利益税收分享机制，缓解都市圈内部的税源竞争，打造区域利益共同体。以各方承担的责任和投入情况，以及产业分工和产品价值点为依据，明确税收征收方式、分成基数、比例标准和分配方式，确保项目投入收益项平衡，激发都市圈内地方推进产业协作积极性。

（二）推进都市圈资源要素高效流动

打破地域分割、清除市场壁垒，破除阻碍要素自由流动的体制机制，加快优化营商环境，提升要素市场一体化水平和监管协调水平，实现要素流动有序、配置高效公平。推动营商环境创新争优。以"一网通办"为牵引，推进高水平"放管服"改革。通过以评促改等方式，深化营商环境对标提升。推动杭州都市圈所有城市营商环境核心指标进入全国一流行列，争创国家营商环境创新试验区。提升要素市场一体化水平。统筹推进人力资源、知识产权、金融基础设施、城乡建设用地等要素交易服务平台的共建共享。拓展公共资源交易平台功能和覆盖范围，推进全流程电子化交易和数据互通共享。

（三）推动都市圈公共服务互利共惠

以都市圈公共服务均衡普惠、整体提升为导向，统筹推动基本公共服务、社会保障、社会治理一体化发展，积极破解都市圈人才向中心城市聚集的问题。推进优质公共服务资源协调联动，强化教育协同共享，创新推广教育联合体，开展多层次多模式合作办学。推进公益性文化体育设施相互开放，推动优质医疗卫生资源统筹布局利用，鼓励优质医疗资源通过合作办院、设立分院、组建医联体等形式跨市域发展，探索推动都市圈远程医疗和医护人员异地交流。推进社会保障高效衔接，提高都市圈社会保险关系转移效率。加快推进养老保险关系和失业保险关系顺畅转移，加强都市圈异地居住退休人员养老保险信息交换，推进养老服务异地结算。

（四）建立都市圈协作发展动态评估与考核机制

重点围绕重点产业项目的推进、产业协同发展平台的搭建、产业联盟的运作、产业要素资源的配置等，开展定期工作会议和不定期督查，对在推进过程中落实不力的单位和负责人员予以通报批评、追责问责，提升产业协同发展的动力。建立合作协议和项目执行的实施监测评估制度，及时发现问题、改进方法，确保协作工作有序推进。同时，推动都市圈城市政绩联合考核。进一步科学细化所有成员城市在都市圈协作方面的考评指标，适当减少对单个成员城市经济社会发展指标的考评，增加对都市圈整体技术创新、产业升级、产业平台、要素配置、园区共建、产业联盟等指标的考评，同时，要根据各地区在都市圈发展中的角色定位和功能分工，差别化地设置指标及其权重。

第十六章　郑州都市圈实践

■ 一、基本情况

目前，关于郑州都市圈的官方范围可以追溯到2019年由河南省办公厅、省政府办公厅联合印发的《郑州大都市区空间规划（2018—2035年）》，规划中明确郑州都市圈是以郑州市为核心，包括郑州市域和开封、新乡、焦作、许昌四市中心城区以及巩义市、尉氏县、新乡县、原阳县、武陟县、长葛市、平原城乡一体化示范区，总面积约1.59万平方公里，占全省总面积的9.6%，集聚了全省近20%的人口和超过30%的经济总量，是中原城市群中经济实力最强、发展速度最快的区域。郑州都市圈产业基础较好、发展潜力较大，产业集聚和协同效应初步显现，新能源及智能网联汽车、尼龙新材料、氢能及储能等新兴和未来产业发展迅速，装备制造、电子信息、现代食品产业集群在国内处于发展前列。

由于《郑州都市圈发展规划》尚未印发，本报告以《郑州大都市区空间规划（2018—2035年）》规划范围为基础，将郑州、开封、新乡、焦作、许昌五市作为郑州都市圈研究范围。

郑州：都市圈中心城市，河南省省会城市，现辖六区五市一县及郑州航空港经济综合实验区、郑东新区、郑州经济技术开发区、郑州高新技术产业开发区，总面积7568平方公里，2020年常住人口1260万人，生产总值1.2万亿元，城镇化率78.4%。郑州市现已形成电子信息、汽车、装备制造、新材料、现代食品、铝及铝精深加工6个千亿级主导产业集群，电子信息、汽车与装备制造业等战略产业支撑力不断增强，数字经济快速发展。

开封：都市圈成员城市，现辖兰考、杞县、通许、尉氏四县和城乡一体化示范区、祥符区、鼓楼区、龙亭区、顺河回族区、禹王台区六区，总面积为6239平方公里，2020年常住人口482万人，生产总值2372亿元，城镇化率51.83%。开封市已形成装备制造、农副产品加工、汽车及零部件、新材料新能源等八大产业集群，数字经济蓬勃发展。

新乡：都市圈成员城市，现辖十二个县（市、区）、一个城乡一体化示范区、二个国家级开发区，总面积8291平方公里，2020年常住人口625万人，生产总值3014.5亿元，城镇化率57.58%。新乡市已形成制冷、生物与新医药、电池及新型电池材料、特色装备制造、煤化工、汽车及零部件等六大战略支撑产业。

焦作：都市圈成员城市，现辖六县（市）四区和一个城乡一体化示范区，总面积3972平方公里，2020年常住人口352万人，生产总值2124亿元，城镇化率63.03%。高端装备、绿色食品、新材料三大集群成为产业发展的主力军，锂离子电池新材料产业集群入选全省首批战略性新兴产业集群，25个特色产业链入选河南重点培育的特色优势产业链。

许昌：都市圈成员城市，现辖两个市辖区、两个县级市、两个县及三个功能区，总面积4979平方公里，2020年常住人口438万人，生产总值3449亿元，城镇化率53.55%。许昌形成了新一代信息技术、新材料、生物医药、智能装备、智能网联及新能源汽车、节能环保六大新兴产业，装备制造、烟草及食品、发制品三大优势产业和建材、化工、轻纺三大传统产业协同发展的格局。

二、发展历程

2011年，国务院出台的《关于支持河南省加快建设中原经济区的指导意见》（国发〔2011〕32号）中提出，支持郑汴新区加快发展，建设内陆开发开放高地，打造"三化"协调发展先导区，形成中原经济区最具活力的发展区域；推进教育、医疗、信息资源共享，实现电信、金融同城，加快郑汴一体化进程；加强郑州与洛阳、新乡、许昌、焦作等毗邻城市的高效联系，实现融合发展。该文件首次在国家层面明确"郑汴一体化"发展。

2016年12月，国务院批复《中原城市群发展规划》，明确提出"郑州大都市区"概念。支持郑州建设国家中心城市，加快郑州航空港经济综合实验区、郑洛新国家自主创新示范区、河南自由贸易试验区和跨境电子商务综合试验区建设，强化物流及商贸中心、综合交通枢纽和中西部地区现代服务业中心、对外开放门户功能，全面增强国内辐射力、国内外资源整合力。推动郑州与开封、新乡、焦作、许昌四市深度融合，建设现代化大都市区，进一步深化与洛阳、平顶山、漯河、济源等城市联动发展。

2019年8月，河南省办公厅、省政府办公厅联合印发《郑州大都市区空间规

215

第十六章　郑州都市圈实践

划（2018—2035年）》，规划中明确郑州都市圈是以郑州市为核心，包括郑州市域和开封、新乡、焦作、许昌四市中心城区以及巩义市、尉氏县、新乡县、原阳县、武陟县、长葛市、平原城乡一体化示范区。

2019年10月，河南省中原城市群建设工作领导小组办公室先后印发《郑许一体化发展规划（2019—2035）》《郑新一体化发展规划（2019—2035年）》，明确了未来一个时期郑新、郑许一体化发展的总体布局和发展策略，为郑州大都市区一体化融合发展注入了新的动力。

2020年9月，河南省中原城市群建设工作领导小组办公室印发《2020年郑州都市圈一体化发展工作要点》，提出郑州与开封、新乡、焦作、许昌"五城"联合抓好规划共绘、交通共网、生态共治、产业共链、设施共建、合作共享"一体系五工程"，书写"联考卷"答案。

2021年3月，河南省中原城市群建设工作领导小组正式印发《郑焦一体化发展规划（2020—2035年）》，聚焦探索都市圈跨河融合发展新模式，从规划背景、总体要求、空间布局和基础设施、现代产业体系、生态环境保护、公共服务体系、开放创新体系、现代市场体系"六个一体化"具体任务等方面描绘了郑焦一体化发展的美好蓝图。

2021年4月，河南省中原城市群建设工作领导小组印发了《郑州都市圈交通一体化发展规划（2020—2035年）》，郑州都市圈交通一体化建设蓝图正式出炉。该规划详细梳理了郑州都市圈交通一体化的发展现状，明确了郑州都市圈交通一体化的范围、目标，提出打造国际交通门户枢纽、全面提升对外辐射能力、打造轨道上的都市圈、推动区域路网一体高效互联、打造黄河流域生态保护和高质量发展交通先行区、强化运输服务同城化、发展绿色智慧安全交通共七项重点任务。

2021年10月，河南省第十一次党代会做出推动中心城市"起高峰"、县域经济"成高原"的部署，加快郑州都市圈一体化发展，全面推进郑开同城化，并将兰考纳入郑开同城化进程，加快许昌、新乡、焦作、平顶山、漯河与郑州融合发展步伐。

2021年11月，河南省委常委会召开会议，听取郑州都市圈规划思路汇报，指出郑州都市圈建设是推动中部地区崛起和实现"两个确保"、实施"十大战略"的重大举措。

2022年1月，河南省政府工作报告提出，高水平规划建设涵盖"1+8"省辖市、总面积5.88万平方公里、常住人口4670万人的郑州都市圈，构建"一核一副一带多点"发展格局，力争"十四五"末经济总量达到6万亿元，成为中部地区高质量发展的重要支撑。

三、做法成效

（一）高位统筹，清单落实

与成都、杭州都市圈中心城市行政级别高于成员城市不同，郑州市在行政级别上与其他四个城市相同，因此，郑州都市圈由河南省级政府进行全面统筹。2020年8月，河南省中原城市群建设工作领导小组办公室印发《都市圈建设领导小组工作规则》，为有效发挥郑州在郑州都市圈中的核心统领作用，河南省委、省政府成立了专门机构，加强对郑州都市圈规划建设的领导。2021年，省郑州都市圈建设领导小组正式成立，省委书记、省长任双组长，将郑州都市圈建设和发展纳入省委、省政府重大决策，统筹推动郑州都市圈规划建设工作（表16-1）。

郑州都市圈建设推进工作机制   表16-1

工作机制	具体内容
科学决策机制	领导小组组长召集，原则上每半年召开一次全体会议，研究审议都市圈年度建设重点工作安排和拟实施的重大政策、重大规划、重大改革事项、重大工程
协调推进机制	领导小组常务副组长召集，原则上每季度召开一次工作推进会议，推进落实领导小组会议议定事项，协调解决工作中遇到的问题。各工作专班根据工作需要，由牵头省领导或具体牵头部门召集，适时召开工作推进会议，专题研究推进各领域重点工作事宜。领导小组办公室根据规划研究、编制和推进实施阶段，适时组织召开专家咨询会，构建领导、专家、规划团队对接衔接机制
督查落实机制	领导小组办公室根据领导小组全体会议审议确定郑州都市圈年度工作要点，负责对都市圈建设重点任务实行"清单式"管理，逐月对重点任务落实情况进行督导检查，并于每年末对各工作专班、各成员单位工作推进情况进行跟踪评估，结果及时向领导小组报告
联络沟通机制	领导小组各成员单位设联络员，由各成员单位有关部门负责同志担任，负责各成员单位落实领导小组议定事项过程中的沟通协调，确保各成员单位互通信息、密切配合、互相支持，形成工作合力

（二）规划引领，科学谋划

早在2009年，河南省组织编制的《中原城市群城际轨道交通网规划》获得国家发展改革委批复，成为国内最早获批建设城际铁路的都市之一，郑州都市圈范围内的郑焦城际、郑开城际、郑机城际、郑许城际和郑洛城际等铁路项目完成规划审批。2016年12月，国务院批复《中原城市群发展规划》，河南省紧接着编制印发了《郑州大都市区空间规划（2018—2035年）》《郑许一体化发展规划（2019—2035）》《郑新一体化发展规划（2019—2035年）》《郑焦一体化发展规划（2020—2035年）》等系列文件，通过制定年度行动计划，建立重大项目库，签署了郑开、郑新、郑焦融合发展框架协议等措施有力推动了郑州与周边毗邻城市融合发展。2021年，河南省印发《郑州都市圈交通一体化发展规划（2020—2035年）》，提出着力强化郑州国际交通门户枢纽功能，打造以轨道交通为骨干、高快路网为补充的都市圈通勤交通，形成内联外畅、便捷高效、绿色智慧的一体化综合交通运输体系。2021年开始，我国都市圈建设明显加速，南京、福州、成都、长株潭、西安都市圈发展规划先后获批，河南省也正式启动《郑州都市圈发展规划》编制工作。

（三）互联互通，交通先行

郑州都市圈交通一体化建设已经取得积极成效。郑开、郑焦、郑机城际铁路已开通运营，郑许市域（郊）铁路正在建设中，计划2022年建成投用，郑登洛、新焦等城际铁路启动前期工作。高速公路网络四通八达，都市圈高速环线不断完善，连霍高速、郑民高速、京港澳高速、郑云高速、G107、G234、郑开大道、华夏大道、中原西路等高快路网体系初步形成，截至2019年底，郑州与开封、新乡、焦作、许昌四市间高等级公路通道分别达到5条、4条、2条、8条，都市圈范围内建成跨黄河桥梁13座（含1座公铁两用）。郑机城际实现半小时一班公交化运营，郑焦城际开行列车加密至40分钟一班。郑开、郑新、郑许、郑焦等城际公交开通运营，郑州成功创建国家"公交都市"，洛阳、新乡、许昌三市入选国家"公交都市"创建城市，公交互联互通、交通智能化管理初见成效。郑州都市圈已基本形成以郑州为中心的1小时交通圈，与周边四市每日出行量达到44万人次，高效、便捷的交通网络为郑州都市圈实现资源要素优化配置提供重要基础保障。

郑州国际性综合交通枢纽建设全面提速。"郑州—卢森堡"双枢纽战略深入实施，郑州机场成为全国航空电子货运项目唯一试点机场，货运规模连续5年保持中部地区第一，国际货运航班突破1万架次，居中部地区首位；中欧班列（郑州）获批建设中东部地区唯一中欧班列集结中心，年开行超过1500班，实现每周16列去程、18列回程的高频次往返对开，综合运营指标位居全国前列；开封、新乡、焦作、许昌区域性综合交通枢纽加快建设，开封旅游客运站、新乡货运东站等多方式统筹、一体化衔接的综合客货运枢纽建成投用。

（四）生态为基，区域联动

都市圈内高标准建设郑州、开封、新乡、焦作沿黄复合型生态廊道，南太行山区山水林田湖草沙系统保护修复工程、黄河流域生态廊道建设工程、黄河流域矿山生态修复示范工程等一批生态建设工程深入实施，郑汴洛沿黄生态廊道道路全线贯通，黄河流域内绿色矿山数量全国第一。国土空间绿化行动深入开展，造林规模居黄河流域前列，生态空间格局持续优化。自然保护区"绿盾"专项行动、黄河流域生态环境问题排查整治行动、"清废"行动等深入开展，解决了一批突出生态环境问题。实施重污染天气应急联动，协同开展跨市域河流污染同治、生态共建，区域环境质量不断改善，加快构建与郑州都市圈高质量发展相适应的生态环境支撑保障体系。编制黄河流域突发环境事件应急预案，在郑州举办黄河流域突发水污染事件应急演练，突发环境事件大幅下降，无重大及特别重大事件发生。编制"一河一策一图"应急处置方案，提升环境风险防控能力。

（五）分工协作，产业共建

加强郑开双创走廊、开港、许港、郑新、郑焦等重点产业带规划建设，绿博大道沿线汽车制造、文创等产业加快聚集，焦作武陟、许昌长葛、新乡获嘉等郑州周边10余个产业集群加快构建。郑开间实现技术交易市场对接、金明池智慧岛和龙子湖智慧岛"双岛联动"，兰考优先启动5.47平方公里的郑开特别合作区，推动与郑州新能源汽车、新材料等产业链跨区域布局。郑新协同发展的产业体系正在逐渐形成，郑州的宇通客车、核力光电与新乡市心连心化肥、豫氢动力进行生产合作，新乡市汽车空调、汽车转向器、滤清器等零部件企业与郑州宇通、日产等整车企业深度合作，实现整车制造与零部件供应协作分工。许昌建设华为黄河鲲鹏计算产业的制造基地，中德（许昌）中小企业合作区获工信部批准建设，保税物流中心（B型）投入运行，许港产业带形成高端装备制造等具有影响力的特色产业链。焦作与郑州、洛阳等六市联合申报国家氢燃料电池汽车应用示范城市，布局建设多氟多新能源等一批重大项目，积极探索"飞地经济"发展模式，建设了武陟产业新城、温县金水新兴科技产业园、孟州石化园区等一批"飞地园区"。

（六）公共服务，互惠共享

郑州与新乡间建立社会保险参保信息共享机制，实现530项社保业务"全省通办"。河南农业大学许昌校区、中原科技学院先后建成并招生，河南中医药大学第一附属医院许昌分院加快建设，许昌市中心医院三个专业纳入省级区域医疗中心建设单位。郑许间签订《郑许公共文化服务同城合作协议》，在人才培训、文化活动、展览展示等方面与郑州实现融合互通。郑开两地旅游年票启动发行，首批包括60家景区，住房公积金实现互认互贷，开封市民在当地缴存住房公积金，可以跟郑州缴存职工一样，来郑州办住房公积金贷款，郑州市缴存职工（含县、市、区）来开封市（含县、区）购买自住住房，也可按照开封市缴存职工的同等条件在开封市办理住房公积金贷款。

■ 四、存在问题

自提出郑汴一体化以来，郑州都市圈在规划、交通、生态、产业、公共服务等方面开展一系列合作并取得了积极成效，但是，从调研来看，郑州都市圈协同治理机制仍然存在一些问题。

（一）本位主义导致都市圈治理协同性不足

都市圈治理涉及多个行政主体，且互不隶属，各自为政，甚至还有可能是竞争性的关系。受以分税制为核心的地方财政预算管理体制约束，各地从都市圈一体化发展中获得的收益和承担的成本，存在难以有效评估、不对等的问题，都市圈中心城市和周边城市的经济发展都存在不均衡性，在缺乏利益协调分配机制的情况下，各地在发展诉求上难以达成有效共识。例如，郑州都市圈新建国道107主要承担郑州与许昌间的交通联系，部分路段位于开封市辖区内，郑州、许昌段均已建成通车，但是开封市获益较少导致积极性不高，全线通车受到影响。

（二）都市圈沟通协调机制及合作平台尚不健全

郑州都市圈目前采取的通过上一层级行政力量协调都市圈交通事项的模式是符合我国国情的，尤其是重大交通基础设施项目的推进方面有明显效果，但是容易出现沟通机制落实不到位导致地市政府参与度不高的情况。郑州都市圈城市的工作协调长期停留在领导决策和省级牵头层面，区域合作的实现方式以缔结行政协议为主，约束力、执行力不够，交通、创新、医疗、市场、政务服务等领域专项协作机制和合作平台尚未建立。例如，调研时发现，地市层级政府部门对于正在编制的都市圈交通规划内容和进展不甚了解，原因在于该规划由河南省级部门为主导，地市、县区政府的参与度不高，纵向传导机制不够顺畅。同时，郑州、开封、许昌、焦作、新乡五地政府间尚未建立常态化、规范化的对话协商机制，"遇事则商、遇事则叙"，多由发起方政府部门进行主动对接，沟通效率较低。

（三）都市圈产业体系发展布局不协同

郑州都市圈现有的分区招商模式导致项目布局缺乏统一布局安排，重点产业带联合招商、跨区共建、飞地经济等体制机制还未建立，各城市存在产业定位雷同、发展同质化的现象，迫切需要在省级层面制定产业协同发展目录，制定出台分区分类的针对性支持引导政策，促进产业差异化布局。比如，经过近些年的发展，郑州与开封的整车制造和汽车零部件产业集群规模有所提升，但仍未真正形成分工配套的优势产业链，汽车产业本地配套率仅为30%左右，远低于重庆等地的70%（表16-2）。

郑州都市圈规划产业布局体系   表16-2

城市	"十四五"规划中产业发展重点
郑州	1号产业：电子信息；5大战略新兴产业：新能源及网联汽车、智能装备、新型材料、生物医药及高性能医疗器械、绿色环保；5个传统产业：装备制造、现代食品、铝加工、建材耐材、服装家居；4个前沿产业：人工智能、虚拟现实、量子信息、区块链。 5大生产性服务业：现代金融、科技服务、服务贸易和服务外包、现代物业、会展业；4大生活性服务业：现代商贸、旅游业、健康医疗、养老服务
开封	2大千亿级产业集群：农副产品加工和精细化工；6大五百亿产业集群：汽车及零部件、装备制造、新材料新能源、现代家居、医药和医疗器械、纺织服装；4大战略性新兴产业：新能源及智能网联汽车、新一代信息技术、生物医药、节能环保；3大未来产业：5G产业、新型显示及超清视频、新一代光源。 3个支柱产业：文化旅游、现代物流、科技服务；3个重点产业：金融服务、信息服务、健康养老；4个新兴产业：创意设计、节能环保、教育培训、家庭服务；2个传统服务业：商贸业、房地产业
许昌	6大战略性新兴产业：新一代信息技术、新材料、生物医药、智能装备、智能网联及新能源汽车、节能环保；3大优势主导产业：装备制造、发制品、食品及烟草；3大传统产业：建材、化工、轻纺。 5大生产性服务业：现代物流、信息服务、现代金融、科技服务、商务服务；4大生活性服务业：文化旅游、健康养老、居民和家庭服务、商贸流通
新乡	优势支柱产业：装备制造、食品加工、纺织服装、现代家具；战略新兴产业：电池和新能源汽车、生物产业、新兴信息、新能源、新材料。传统产业：化工产业、建材产业、造纸产业、煤电产业。 生产性服务业：现代物流、现代金融、科技服务、软件和信息服务、商务服务。生活性服务业：文化旅游、现代商贸、健康养老、教育培训和人力资源服务、家政服务
焦作	两大支柱产业：高端装备、绿色食品；六大优势产业：汽车及零部件、新材料、现代化工、铝工业、轻工纺织、能源工业；六大新兴产业：新型显示及智能终端、生物医药、节能环保、新能源及网联汽车、智能装备、5G等。 5大生产性服务业：物流、金融、电子商务、信息服务、商务服务；5大生产性服务业：康养、商贸服务、住宿餐饮、房地产、基础性服务

（四）跨行政区跨部门管理体制衔接不顺畅

都市圈建设是综合性、复杂性的系统工程，涉及多个城市、多个部门、多个领域，在具体工作中缺乏有效的跨区域横向沟通机制。比如，城市防洪排涝系统中城市内河、雨水调蓄设施、城市外排河道，分属不同部门管理，在面对突发情况时，跨地域、跨部门、跨行业的应对处置不能有效协同，容易出现联调联控不到位的问题。又如，水运航道沿线城市分别负责辖区内航道管理和港口调度经营，加之航道节制闸、船闸等在同一辖区内归属不同部门管理，容易出现航道水位无法保证、通行船只频频搁浅等现象，影响港口正常生产经营。

除都市圈城市之间的管理体制外，都市圈地方政府与中国铁路总公司间的协调又进一步增加了都市圈交通的复杂性。当利用既有铁路开行都市圈市域（郊）铁路时，都市圈中的城市需要与中国铁路总公司协调决定路线、时间表和运营模式等问题，但是由于跨部门间的高额沟通成本，造成铁路服务提供和都市圈通勤需求的差距。例如，利用既有铁路开行的市郊铁路运营间隔较长，换乘不顺利，承载能力不足，难以真正满足都市圈通勤需求。

（五）都市圈投融资机制尚不健全

我国都市圈交通基础设施的投资以成员城市政府为主体，交通基础设施项目所需资金需求量大，都市圈交通基础设施投融资模式尚未建立，投资仍存在巨大的资金缺口，同时随着地方政府的财政压力不断增大，以及中央政府严控地方政府债务风险，仅仅依托地方政府财政资金难以实现都市圈交通可持续发展，亟需吸引社会资金进入都市圈交通的投融资渠道。目前，郑州都市圈尚未建立统一的基础设施投融资平台，都市圈各成员政府的财政状况存在明显差异，导致各自行政区域内的交通项目建设优先顺序和进度不同，影响整体效益的发挥，仅仅依托地方政府财政资金难以实现都市圈交通可持续发展。虽然，郑州已经探索了以交通为导向的发展模式，利用土地销售和土地开发的收入进行交通基础设施投资，但通过这种模式产生的投资总额不大。

█ 五、对策建议

针对本次调研发现的郑州都市圈协同治理问题进行深入探讨，为加快推进郑州大都市圈建设，实现一体化高质量发展，提出以下几点发展建议。

（一）完善利益协调分享机制

探索建立区域互利共赢的税收利益分享、征管协调和争端处理机制，支持通过共同组建市场化开发建设主体等形式，以股权、资金、品牌、管理等参与合作，积极争取提升税收地方留成比例，建立跨区域项目、共建园区的经济指标核算政策和内部考核制度。建立都市圈优先的激励考核机制，将都市圈一体化发展进展纳入省级相关部门及各市政府的绩效考核。建立合作协议和项目执行的实施监测评估制度，深化研究都市圈产业协作、生态联动、机制共建、服务共享等绩效考核评价标准。探索经济区和行政区适度分离改革，共同规划设立同城化发展先行示范区，探索建立区域一体化财税分享机制和征管协调机制，建立推进市场一体化、生态等重点领域联合立法执法、产权交易等机制。

（二）健全组织协调机制

继续加强河南省级统筹整合力度，完善郑州都市圈建设工作组织架构，在领导小组下设交通、产业、文化、环保、公共服务等多个专项协作工作组，明确牵头领导、小组负责人和责任单位，负责专项工作的协调推进。通过筹建都市圈发展办公室，采取集中办公、实体运行方式推进工作，凝聚工作合力。建立都市圈市长联席会议制度，加强项目信息和建设进展定期沟通交流，聚焦科技创新、产业发展、交通基础设施建设等领域，搭建高水平区域分工协作体系。健全省、市纵向对接和地市横向衔接沟通机制以及与行业协会、企业间的常态化沟通机制，依托联席会、推进会、观摩活动等，规范化、常态化开展对接，定期协调解决重大事项。

（三）完善产业发展协作机制

建立健全引导都市圈产业集群发展、链式发展的激励机制，建议省级层面制定相应政策，深入实施"豫材豫用"，鼓励支持汽车及零部件、新材料、休闲食品等我省优势产业就近采购原材料、零配件，实现产业链、供应链全面协同。制定制造业协同发展引导目录，创新产业协作模式，探索通过委托管理、投资合作等多种形式跨区域合作共建各类产业园区。建立完善联合招商、共同开发、利税共享的合作发展机制，联合实施产业集群配套型、关联企业集聚型招引。完善产业转移引导和协同发展政策体系，研究制定区域产业转移优惠政策，构建区域产业转移通道。

（四）完善协同发展政策体系

成立都市圈规划推进指导委员会，发挥都市圈发展规划的引领作用，促进各专项规划、"1+8"城市规划与都市圈发展规划衔接。探索建立重点领域制度规则和重大政策沟通协调机制，提高政策制定统一性、规则一致性和执行协同性。成立郑州都市圈标准化联合组织，统一标准的立项、发布、实施、评价和监督。探索建立郑州都市圈税收分享和征管协调机制，在法定权限内加强税收优惠政策协调。

（五）加强跨行政区跨部门合作

建立跨区域重大项目分包机制、项目清单、任务台账，组建专门负责机构，实行省级统一规划、统一融资、统一推进前期、统一建设施工。强化环境综合治理、共同执法、生态补偿、纠纷仲裁、应急管理合作，建立区域水污染、土壤污染和大气污染预测预警和联防联控体系，全面提升跨区域生态环境治理能力。建立都市圈危险品运输联动监管机制，推动安全运输标准互认和危险品运输信息共享。联合开展食品安全监督检查、事故应急演练等活动，推动都市圈食品安全资源共享、数据互认、信息通报等协调合作。

（六）创新都市圈投融资机制

建立都市圈重大项目库，从省级层面加强重大项目和跨区域交通设施、基础设施等建设工程的土地、资金等要素保障，推动重大项目早落地、早开工、早见效。研究设立都市圈一体化发展投资基金，联合市县政府、投融资平台等设立交通行业地市子基金，用于支持都市圈建设领导小组确定的重点项目。建议研究成立都市圈轨道交通协调发展基金，探索联合组建都市圈交通投资公司和跨区域公交集团公司。加大中央财政投资、地方政府专项债券等支持力度。

第十七章　长株潭都市圈实践

一、基本情况

长株潭都市圈位于中国湖南省中东部，是湖南发展的核心增长极，也是长江中游城市群重要组成部分。从1984年正式提出建设长株潭经济区方案至今，长株潭一体化发展经历几十年有效探索，已成为全省现代化建设和全方位开放的战略支撑。都市圈空间范围包括长沙市全域、株洲市中心城区及醴陵市、湘潭市中心城区及韶山市和湘潭县，三市沿湘江围绕中央绿心呈"品"字形分布，市中心两两相距不足50公里，共13个区4市2县，面积1.89万平方公里。2020年常住人口1455万人，城镇化率76.96%，经济总量16358亿元，产业结构为4.2，41.1，54.6。

长沙市：湖南省省会、特大城市，是全国"两型社会"综合配套改革试验区、中国重要的粮食生产基地，长江中游城市群和长江经济带重要的节点城市。是都市圈中心城市，主导产业为工程机械、食品及农产品加工、汽车制造，教育和科研发达，总面积1.18万平方公里，常住人口为1004.8万人，2020年生产总值12142.52亿元。

株洲市：湖南省辖地级市，长江中游城市群城市之一，新中国成立后首批重点建设的八个工业城市之一，是中国老工业基地。是都市圈成员城市，主导产业为轨道交通、有色金属深加工、硬质合金、电动汽车。总面积1.1万平方公里，常住人口为390万人，2020年生产总值3105.8亿元。

湘潭市：湖南省辖地级市，长江中游城市群城市之一，湖湘文化的重要发祥地。是都市圈成员城市，主导产业智能装备制造、新材料、汽车零部件。是湖南第二科教中心，重要的产业人才基地。总面积0.5万平方公里，常住人口272万人，2020年地区生产总值2343.1亿元（图17-1）。

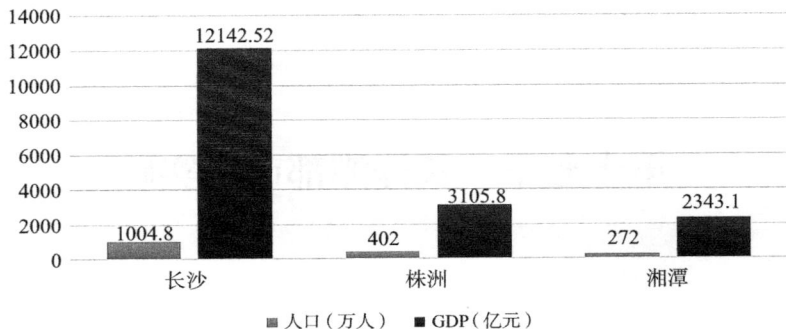

图17-1　长株潭三市人口、GDP对比

二、发展进程

长株潭都市圈经历了三个发展阶段。

（一）经济区时代

1984年，正式提出建设长株潭经济区方案，方案提出把三市建成湖南的多功能综合经济中心，把建立和搞好长株潭经济区作为振兴湖南经济的战略重点，要求省直各部门给予支持，首次实现了我国银行结算票据异地的直接交换和建立同业资金拆借市场，实现三市电话同城化，开始推进总体长株潭城市布局。但随之在1985年中共湖南省第五次党代会和1986年人代会上，部分党代表和人大代表认为，长株潭作为湖南经济最发达的区域，还将其作为战略重点，对省内其他区域不公平。受均衡发展思想影响，湖南省对长株潭一体化关心逐渐弱化，从而导致规划办公室工作开展步履维艰，形同虚设，三市也不再像之前积极配合，之后十年三市的一体化建设处于停滞时期。

（二）城市群时代

1997年实施长株潭一体化发展战略，成立长株潭经济一体化发展省级协调机构，开始推进长株潭三市一体化；2005年提出城市群发展战略，并界定长株潭城市群分为两个层次，第一层次为三市市域共2.8万平方公里，第二层次为规划的目标区域，即长株潭城市群的核心区域，包括长沙市2893平方公里，湘潭市870平方公里，以及株洲市740平方公里。城市群核心地区呈现"一主两副环绿心"的空间结构：以长沙为主核心，株洲、湘潭为两个次核心，三市接合部金三角地区为绿心。还创新提出对生态环境保护空间、产业集群载体空间、基础设施导向空间和城市开发建设空间"四大空间"的协调，形成交通同网、能源同体、信息同享、生态同建、环境同治的合作机制；2007年获批长株潭城市群两型社会综合配套改革试验区。在这个时代长株潭进行了生态绿心治理、城际铁路建设和开启了湘江治理工程，成立长株潭一体化发展领导小组、三市均成立一体化发展领导小组、建立起一体化发展联席会议制度，定期分书记层面、市长层面召开联席会，一体化发展开始有了一些成效。

（三）都市圈时代

2018年召开第一届长株潭一体化发展联席会议，提出三市市长联席会议制度；2020年习近平总书记考察湖南作出指示，2021年开展都市圈发展规划，成立长株潭都市圈一体化发展领导小组，由省委书记主导。在都市圈时代，长株潭在规划编制上加强联动、信息共享，实现三市规划"一盘棋"、建设"一张图"；推进交通共建"一网、一环、一江"的综合立体交通体系；加大产业创新力度，建立产业协同机制，实现三市产业布局合理、错位发展、优势互补的良好局面；共同聚焦人才、就医、教育等公共服务领域，持续推进"224"工程；继续实施污染防治攻坚战三年行动，共同构建水上应急及水污染防治体系、建设一个大气环境监测超级站，实现"共享一片蓝天、共饮一江碧水"的目标。

长株潭都市圈历时将近40年，正式迈入了都市圈的初级发展阶段（表17-1）。

长株潭一体化进程　　　　　　　　　　　　　　表17-1

发展阶段	起始时间	标志	成效
经济区时代	1984年	提出建设长株潭经济区方案	实现了我国银行结算票据异地的直接交换建立同业资金拆借市场；实现三市电话同城化
城市群时代	1997年	成立长株潭经济一体化发展省级协调机构，提出城市群发展战略	提出"一主两副环绿心"的空间结构；形成交通同网、能源同体、信息同享、生态同建、环境同治的合作机制；进行了生态绿心治理，城际铁路建设、湘江治理工程；成立长株潭一体化发展领导小组，建立起一体化发展联席会议制度
都市圈时代	2018年	召开第一届长株潭一体化发展联席会议，提出三市市长联席会议制度，编制都市圈发展规划	实现三市规划"一盘棋"、建设"一张图"；推进交通、产业、公共服务、生态领域协同发展

■ 三、做法成效

（一）建立高层领导和共同协商的工作机制

一是高层领导。湖南省成立了推进长株潭都市圈一体化事务发展中心，一体化发展领导小组由省委书记任领导。下设产业发展、基础设施、生态环境、对外开放、公共服务等7个专项工作组，每组选定一名联络员集中办公，每周召开碰头会，总结铺排相关工作。二是制定工作规则。制定《推进长株潭一体化发展领导小组工作规则》，明确会议制度、办文制度、工作调度制度、督察督办制度、统筹协调制度、信息报送制度等，明确专项工作组职责分工，全面推进各项工作。三是制定多层级协同推进机制。三市联合签署了"1+3+10"系列合作协议和文件，实施了《长株潭一体化发展联席会议制度》，制定了长株潭三市产业同兴、创新同为、市场同治、平台同体、服务同享等"十同"任务清单。推进决策+协调+执行三级协同机制。其中决策层面，由每年召开一次党政主要负责人参加的联席会议，负责审议、决定和决策基层推进一体化发展的重大政策、重大项目和年度工作要点；协调层面，由长株潭一体化发展领导小组及办公室，抽调专门力量负责联席会议日常工作，负责区县之间联络沟通、统筹调度、督导评估等工作，进一步提升统筹协调水平；执行层面，由专项合作协议牵头部门、街镇、社区（村）协调对接机制，对合作事项实行清单式推进、台账式管理、挂图式作战，推动各项合作事项落地落实。

（二）合力打造重点产业链、探索合作机制

一是重点打造10条产业链。三市联合发布《关于深入实施"三高四新"战略》，规划到2025年围绕工程机械智能制造产业、轨道交通产业、先进电传动及风电装备（电机电磁驱动）产业、生物医药产业（含高端医疗装备）、航空航天产业、食品及农产品加工产业、汽车及零部件产业、先进储能材料产业、电子信息产业、新材料产业10个重点产业链，目前已实施的有三一智联重卡零部件和工程机械扩产；全国首条碳化硅垂直整合生产线湖南三安半导体2021年6月23日正式投产。二是形成了有较强竞争力产业方向。三市之间的产业定位具有较强的互补性，形成了不同的产业结构和发展方向，差异化和多样性的产业结构增强了产业竞争力，工程机械、轨道交通和航空航天三大产业具有较强优势和竞争力，工程机械产业规模不断扩大，轨道交通装备产业规模位列全国首位，航空航

天产业已形成较为完善的产业链。长株潭国家自主创新示范区展现出较强的创新活力，形成了一批重大科技成果。三是组建规范产业联盟。长沙市牵头推进成立长株潭先进储能材料产业联盟。长沙高新区、株洲高新区、湘潭高新区成立横跨三地的国家级高新区"联盟"。三市共同举办了"智能制造、智享未来"湖南先进制造业推介会，在深圳联合招商共同发布192个重点项目，共签约18个项目，总投资203.7亿元。四是探索新型合作模式。建"飞地经济"产业园对接粤港澳大湾区，已经完成全省投资最大的数字新基建标志性项目——中国电信天翼云中南数字产业园落地长沙天心经开区；航天彩虹无人机研发和生产基地项目签署合作框架协议，明确落户长沙县临空区；湘江智谷·人工智能科技产业新城已建成，位于长沙雨花经济开发区。在城市交融处规划融城小镇：目前九华兴隆湖项目已落实实施规划进入待建阶段，项目位于长沙和湘潭接壤区域，定位是"湘江湾智慧生态新城"，打造湖南省产学研深度融合示范基地、长潭科技创新走廊重要集聚区。五是搭建产业合作平台。为推进产业合作三市共同搭建"云"供应平台，筛选确定了第一批"四清单"已完成共享创新平台128家，重大关键共性技术联合攻关45项，相互采购工业品318种，可示范运营新产品102项。长株潭企业科协联合体探索建立了"长株潭企业科技工作者之家"。突出平台共建、资源共享、活动共办、模式共创，加强科技服务协作，协同开展企业科协专项服务，帮扶企业解决实际问题，促进三地企业协同创新发展。

（三）试点改革市场体制、优化营商环境

一是推进要素市场化高效配置。制定统一协同的市场准入规则，三市联合签订了《长株潭城市群一体化保产业链供应链稳定战略合作框架协议》。推动土地、劳动力、资本、知识、技术和数据等要素市场化改革，完善主要由市场决定价格的机制。如三市与中国银行湖南省分行共同发布《关于为深入实施"三高四新"战略全面推进长株潭重大产业发展提供综合金融服务的通知》，按照"优先受理、优先审批、优先放款审核"的原则，更好地满足企业融资需求。二是推进政务服务便利化。省政务局依托省政务服务一体化平台，通过线上建设开设"跨域通办"专区，线下开设"跨域通办"窗口、异地代收代办、多地联办等模式，优化77个跨域通办事项，完成64个事项，实现企业登记经营、居民户口迁移审批、机动车业务等高频事项一网通办、跨市通办。如株洲市民平伟在长沙工作，在长沙申请办理株洲失业保险个人缴费证明，该事项通过系统在网上流转到株洲市民中心"跨省（域）通办"专窗，工作人员利用长株潭"跨域通办"系统1小时

办结。三是启动信用建设合作机制。三市签署了长株潭城市群推进信用激励和惩戒联动合作协议，并联合发布了信用激励和惩戒名单。起草了三市拖欠农民工工资"黑名单"共享和联合惩戒合作协议。自开展以来，目前已归集整理了首批长株潭三市信用"红黑名单"共计1.4万余家企业，实现三市名单互认、奖惩联动和"一市失信，三市受限"。2021年年初，由于严重违法失信，湘潭市3家企业被直接取消疫情防控重点保障企业名单申报资格。

（四）有序推进交通成网、建设物流枢纽

一是"一网、一环、一江"综合立体交通体系有序推进。"一网"是指"三干两轨多连线"交通道路网，目前"三干"已经全线贯通，交通时间从1小时缩短到半小时以内，"半小时交通圈"基本成型；"两轨"正有序推进，长沙高铁西站综合交通枢纽工程已开工。"一环"长株潭高速公路大环线和"一江"湘江风光带"两岸一线"联通工程的相关工作正在加快推进中。二是完成长株潭交通卡互联互通。湖南省交通运输厅印发《长株潭公共交通一卡通互联互通管理办法》，持"交通联合"标志卡可在长株潭、全省和全国已互联互通的城市乘坐公交、地铁、磁浮等公共交通。自2019年5月1日起，长沙市轨道集团、长沙市交通集团服务网点统一对外发行"潇湘卡"，目前"潇湘卡"除可乘坐长沙主城区的公交、地铁和望城区、长沙县的公交，支持长沙磁浮及浏阳、宁乡两地公交之外，还能在全国范围内印有"交通联合"标识的地铁、公交上使用。并计划在未来2至3年时间内，完成湖南省内交通违缴、生活缴费、校园、商超百货、物流、社区服务等应用场景的覆盖，其功能涵盖日常出行、公用事业服务和生活移动支付等各个方面，逐步建立起以"潇湘卡"为核心的城市综合应用体系。三是积极打造物流枢纽。编制《长株潭城市群一体化"十四五"物流发展规划》，规划将"两山"铁路纳入国、省视野，京港澳和沪昆高速扩容工程采用新线方案，有效扩大长株潭的辐射范围，连通周边经济组团岳长衡高铁（城际）复合通道等40多个交通重大项目纳入国、省等上级规划，确立了长株潭国家物流枢纽的地位，目前申报工作正在加紧对接。"大枢纽"长沙机场改扩建工程正在申报用地报批手续。"大通道"依托京广高铁、沪昆高铁、渝长厦高铁及京港澳高速、沪昆高速、杭长高速等铁路运输网络，将与机场"空铁无缝换乘"。成立长株潭物流一体化工作小组，省物流和采购联合会组建物流战略联盟，制定相关事项。四是成立电商综合服务中心。湘潭综保区聘请专业团队建设运营跨境电商综合服务中心，为长株潭跨境电商企业提供通关、孵化、物流、融资、培训等"一站式"综合服务，手把手地

为企业提供"一站式"全链路解决方案，同时对接湘潭4所高校就跨境电商+产教融合进行实训基地试点，目前已吸引了14家长株潭区域跨境电商企业入驻。

（五）加快建立数据共享、信息协同机制

一是信息共享机制。三市行政审批服务和数据资源管理部门合作，建立了都市圈政务服务一体化及数据共享工作联席会议制度。推动医保、社保等数据整合共享、业务经办系统改造对接，实现长株潭城乡居民人社业务一卡通、医疗费用结算一码通、医保信息系统一网通，如三市已签订医保"同城同结算、同城同年限、同城同定点"发展合作协议，同城同年限：三市城镇职工基本医疗保险参保人员实际缴费年限和视同缴费年限互认；同城同定点：三市定点医药机构互认，三市中任何一市已通过准入评估的协议医药机构，其他两市均不再另外进行准入评估，直接纳入其协议管理范围；同城同结算：三市间个人账户、特殊病种、生育保险、居民大病保险等业务直接联网结算，实现城镇职工医保实际缴费年限和视同缴费年限互认。共同确认了226家医疗机构、34家门店，作为共同认可的定点单位，实现了异地联网结算和直接刷卡结算。二是建立联合激励惩戒机制。建立健全三市跨地区、跨部门、跨领域的信用体系建设合作机制，加强信用信息共享和信用评价结果互认。在公共平台发布企业环境信用评价等级名单，三市根据信用等级名单对诚信市场主体优先推介，实行行政审批"绿色通道"，优先提供公共服务便利。对环境失信联合惩戒，限制或者禁止环境失信主体的市场准入和行政许可，停止执行享受的优惠政策。

（六）坚持规划引领、协同实施

一是优化顶层设计，坚持规划引领。前往先进城市学习考察，学习先进经验，编制《长沙市"十四五"推进长株潭区域一体化发展规划》，制定落实落地《长株潭一体化发展五年行动计划（2021—2025年）》，全省已建立起了由长株潭城市群区域规划、18个专项规划、100多个示范片区规划和长株潭三市规划组成的全方位、多层次的改革建设规划体系。二是规划同图，思路对接。三市协同编制有力推进了规划思路对接，签署《一体化发展空间规划合作协议》，共同编制了《长株潭城市群都市区空间发展战略规划》，全力确保规划同编同图，加快落实《长株潭都市圈发展规划》，在国土空间、土地利用、产业发展、轨道交通等方面实现规划同步对接。长沙市牵头编制"1+3+10"文件，并会同三市在长株潭一体化发展第三届市委书记联席会议上共同签署，探索三市多领域、多功能、同

城化规划统筹、项目合作、共享资源、共赢发展。

四、存在问题

长株潭都市圈建设起步时间早、政策支撑强、受关注度高，但在全国各地积极推进都市圈一体化发展中处于落后位置。主要原因在于：

（一）中心城市能级偏低

目前中国有24座万亿GDP城市，长沙排在15位，位于中等偏下的水平。长沙是近十年来人口增长最快的省会城市之一，十年市域常住人口增加300万，但2020年内六区建成区面积仅560.67平方公里，低于相邻的郑州和武汉，城市规模与人口量级不匹配。2020年，长沙经济总量居全国省会城市第6位，前5位均为副省级城市，长沙在经济调控、市场监管、社会管理和公共服务等方面的权限与副省级城市相比受限明显。经济社会管理自主权与城市发展需求不匹配。且长沙都市圈北有武汉，西边有成渝，东边有长三角，南边有粤港澳，这些都市圈中心城市都是国家中心城市，不仅城市能级高于长沙且经济社会发展水平也明显高于长沙。周边几大都市圈容易对长沙都市圈产生虹吸效应，降低其在资源、要素、人才、市场等方面的吸引力（图17-2）。

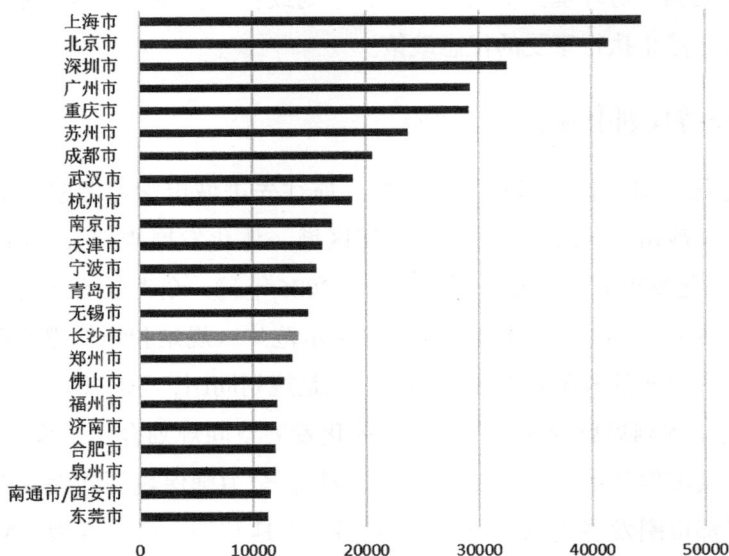

图17-2　长沙市经济排名

（二）规划体系不完善

一是规划组织方式不完善。长株潭都市圈发展规划的编制，虽然是以湖南省发展改革委主导进行，但在规划思路的对接过程中，是以中心城市长沙为主导的规划组织，在规划中过多反映了以长沙市为主导的利益诉求，其他两市的利益得不到保证，所以长株潭一体化尽管提出了很多年，但实际实施过程中，株洲和湘潭的合作意愿普遍较低，导致协同建设效率低下。二是规划系统未完全建立。长株潭都市圈规划中提出了"长株潭城市群区域规划+18个专项规划+100多个示范片区规划"的庞大规划体系，示范片区规划过多，落实有难度，发展重点不明确不突出，规划的分级体系规划同步性也不强，上级跨区域规划未在下级规划之前或同步进行，无法有效协调矛盾和落实任务。

（三）产业结构差异大，同质化竞争明显

一是产业结构差异较大，尚未形成高关联度的产业体系。2020年，从三次产业结构看，长沙、岳阳和萍乡第三产业占主导，株洲、湘潭和益阳第二产业占主导。从主导产业看，长沙更偏重生产性服务业，株洲更偏重资本密集型制造业，湘潭更偏重技术密集型制造业，岳阳、益阳和萍乡更偏重劳动密集型制造业。从第二产业来看，长沙、株洲和湘潭处于制造业的较高价值段，长沙主要以技术密集型为主，株洲以资金密集型为主，湘潭在技术密集型和资金密集型上均具有优势，而益阳、岳阳和萍乡则处于低价值段，以劳动密集型为主，都市圈尚未形成城市之间关联度高的产业网络体系。二是产业集群未真正形成，三市同质化竞争明显。虽然长株潭工程机械领先全国，但目前来说都是各自为战，企业和高等学校和科研机构的联系太少，没有建立起科技成果转化的氛围，还没有形成真正意义上的创新网络和产业集群。尽管长株潭已制定产业协同发展意见，但三市在电气机械、建材制造、纺织、交通运输等支柱性产业方面同质化现象严重，产业结构同质化分散了投资，难以形成有机结合的产业体系，既影响企业的规模效益，也影响三市工业的分工与合作，从而影响三市整体功能的发挥。比如汽车产业，长沙有汽车厂上海大众等，株洲有汽车厂北汽集团等，湘潭也有汽车制造厂，三市都在竞争做整车产业，这样形成了强烈的竞争关系，限制了三个地方的产业的合作。三是产业园区重复建设，未形成错位发展思路。三市的经济园区同质化比较严重，比如2020年12月开园的长沙粤港澳科创产业园。在这之前，在湘潭的雨湖高新区内刚刚开园的湖南粤港澳科创园。两个科创园一个是省级的，

一个是市级的，直线距离不过20余公里，在招商方面并没有按照错位发展思路显现出各自的特色，都在竭力争资金、争项目，根本看不到双方有任何协同发展的迹象（图17-3）。

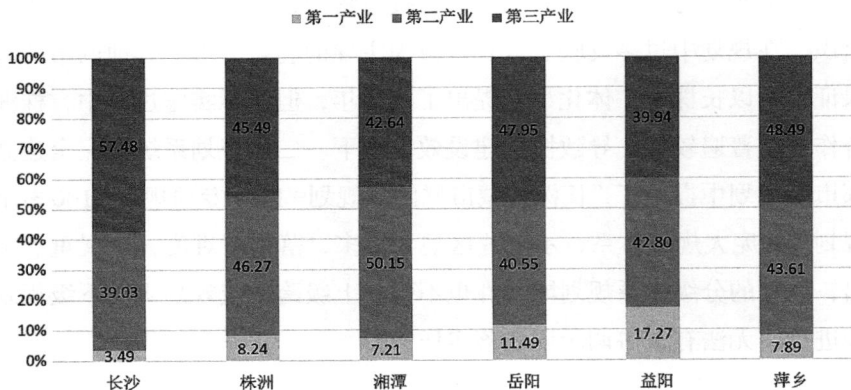

图17-3　长株潭都市圈各县市产业结构

（四）营商环境有待优化

一是协议落地困难多，落地实施的效果有限。尽管长株潭都市圈在营商环境合作中签署了多项协议，但受行政区划的影响，长株潭三市在人才、资金、技术、信息等要素的流动共享方面进展缓慢，实质性的进展还比较缺乏，地方保护主义依旧存在，行政壁垒已日益成为制约长株潭城市群一体化高质量发展的障碍。二是公共服务资源分布不均，影响人才流动。长株潭公共设施分布不均，优质的教育、文化、医疗等公共资源主要集中在中心城市长沙，周边城市资源分布较少。无论是教育、文化，还是医疗资源，除长沙市外长株潭都市圈内的城市占所在省份的比例均低于10%，与中心城市长沙存在明显差距，公共服务资源的缺乏导致人才难以流动。三是体制机制突破难，市场体制人才政策共享机制不健全。三市人才互认、资源共享、服务互通等机制仍然不畅，政务服务目前存在多套系统、多个流程、反复登录、反复录入的问题，极大影响了整体的营商环境（表17-2）。

（五）交通圈还未真正形成

一是交通互联成网还未完成。目前已建成的城际轨道线路仅有一条单一的线路未成环成网，过境交通与城际、城区交通相互叠加，高速公路、普通公路与城市道路缺乏有效衔接，拥堵现象易发多发。如长沙地铁6号线与宁乡高铁站的

城市	普通高等学校		公共图书馆藏书量		博物馆		医院床位		执业（助理）医师	
	数理（所）	占所在省比例（%）	数量（万册）	占所在省比例（%）	数量（个）	占所在省比例（%）	数量（张）	占所在省比例（%）	数量（人）	占所在省比例（%）
长沙	52	46.4	1210	31.4	21	17.2	67213	18.6	32785	17.8
株洲	9	8.0	360	9.3	8	6.6	22076	6.1	11042	6.0
湘潭	11	9.8	170	4.4	5	4.1	16896	4.7	8368	4.6

连接线，黄花机场T3航站楼和浏阳关口站的连接线，长沙城市东边的黄兴大道与向南纵贯株洲主城区的连接线均未修建。二是毗邻区依然存在"断头路""瓶颈路"。因为地方本位主义的原因，不同行政区划间的毗邻区仍然存在断头路现象。如长沙地价比湘潭高很多，长沙出于本位主义的考虑，道路一旦修通对长沙地价会有影响，所以双向六车道的都市圈主干道——潇湘大道有4公里在长沙范围，到现在还没修通，但湘潭这边已经修好，造成了实施的搁浅。三是交通公交化便捷程度有待进一步提高。还未形成完善发达的交通体系，"无缝换乘"仍是交通一体化的一大痛点。如开福寺换乘的公交线路，无法做到随到随走，经常一个多小时才一班，作为圈内通勤的换乘，频率显然太低。株洲站的换乘点临近，但站点之间交通极为不便，造成株洲到长沙的出行衔接不畅。

（六）信息共享存在障碍

各部门之间的数据尚未完全实现共享，数据资源、税务、市场监督管理、人社等单位之间还不能互相核验信息。企业、高校、科研平台之间创新资源共享还未真正得到落实。比如基本公共服务制度、收费标准、服务内容、数据尚未完全统一，造成三市公共服务一体化推进速度缓慢，难以进行异地业务办理，增加了三市居民接受公共服务时的成本。另外由于相关法律制度的建设不全，部分政府管理的信息是由国家统一管理，部分市场信息由专业部门管理，基于国家安全法、商业秘密法等造成这部分信息无法共享。

（七）保障机制不健全

由于在协同发展过程中离不开行政指导和干预，所以各级政府间的协作合作至关重要。目前来看，三市之间由于利益驱动，仍存在相互制约和过度竞争的情况，"区域保护主义"依然存在，行政壁垒仍未完全消除，成为三个城市和谐发展的障碍，显著地阻碍了长株潭区域内的经济合作和发展。如土地指标无法统一协调，造成协同项目落地有障碍。高端人才落户有障碍，如九华新片区的"户口"问题，九华土地在湘江新区挂牌上市问题，极大限制了人才的引进和流动。

五、对策建议

（一）着力提升中心城市战略定位

进一步提升长沙中心城市能级，增强长沙在湖南省以及长江中游城市群中的辐射引领作用，积极复制推广成功经验和成熟做法。进一步优化工作统筹，立足高起点，融入大战略，对接粤港澳，谋划升级长株潭都市圈新格局，加强一体化领导小组对相关工作的统筹、协调和指导，持续巩固扩大工作成果，务实推动长株潭一体化向纵深发展。

（二）突出重点推进都市圈协作

在制定都市圈规划时明确总体目标和分阶段目标，全面安排相应任务和项目，聚焦短板弱项，对当前发现的一些问题和困难，特别是项目推进过程中存在突出问题，整理分类、研究分析，有目标、有导向地各个击破，有针对性地引导都市圈建设，突出中心城区、协作示范区、样板区等重点区域分层次分类推进。

（三）紧密协作打造先进制造业集群

引导企业抱团发展，形成产业互联网的思维，让企业、机构、学校、科研院所等形成一个创新网络，共同研发、共同攻关、共同创新转化核心技术，支撑产业的发展。瞄准打造国家先进制造业高地共同目标，在现有国家级产业集群基础上，三市紧密合作，全力推进工程机械、轨道交通装备、中小航空发动机及航空航天装备三个世界级产业集群培育，精心培育新材料、信创工程、智能网联汽车等国内一流产业集群。

（四）建设三市产业链供应链网

三市应加强自身产业优势，强化分工合作、整体联动、各扬所长。开展产业链精准配套协作，从产业链、供应链之间互为配套，相互嵌入，形成上下共同发展、互为补充、互为条件的资源。加快形成产业链区域大循环，共建共享安全可控产业链、供应链网络。

（五）加快三市交通成网成环

加快城际轨道线路建设环成网，实现公交"无缝换乘"。实现高速公路、普通公路与城市道路有效衔接，梳理内部道路系统，减少交通拥堵，形成外部大环线与内部微循环衔接畅通的交通系统。

（六）制定科学合理的规划体系

协同构建以都市圈发展规划为统领，国土空间规划为基础，各领域专项规划、重点区域规划为支撑的定位准确、边界清晰、功能互补、统一衔接的都市圈规划体系，避免全面铺开大而全的规划，应着重目前发展阶段，合理有效的解决重点问题。

（七）进一步加强信息协同

由省级层面统筹，加快推进长株潭信息数据融合共享，在公安、税务、人社等省部级业务系统实现"系统通、数据通、业务通"，真正做到"一网通办、一次办成"，实现都市圈人才流动、跨区审批、产业协作无障碍化。

（八）创新都市圈机制

制定科学合理的利益分配和补偿机制，配套土地、人才、资金的流动机制，充分发挥市场机制作用；制定民生资源如教育、医疗等异地合作机制，减少长沙虹吸作用，加快均衡发展。制定考核机制，为都市圈一体化发展建立负面清单，加强各市、各管理部门对都市圈一体化实施的重视程度，开展定期调度和不定期督查，对在推进过程中落实不力、消极敷衍的单位和个人予以通报批评、追责问责，着力形成强大合力。

[1] 邹军，王学峰，陈小卉，等.都市圈规划[M].北京：中国建筑工业出版社，2005.

[2] 汪光焘，叶青，李芬，高渝斐.培育现代化都市圈的若干思考[J].城市规划学刊，2019（5）：14-23.

[3] 高国力.增强城市群都市圈综合承载能力培育高质量发展增长极和动力源[J].宏观经济管理，2021（11）：15-20.

[4] 尹稚，袁昕，卢庆强，等.中国都市圈发展报告2018[M].北京：清华大学出版社，2019.

[5] 尹稚，卢庆强，吕晓荷，等.中国都市圈发展报告2021[M]．北京：清华大学出版社，2021.

[6] 崔晶.都市圈地方政府协同治理：一个文献综述[J].重庆社会科学，2014（4）：11-17.

[7] 张军扩.柏林—勃兰登堡都市区治理的经验与启示[J].中国经济时报，2016（8）.

[8] 陈红艳，骆华松，宋金平.东京都市圈人口变迁与产业重构特征研究[J].地理科学进展，2020（9）：1498-1511.

[9] 张晓兰.东京和纽约都市圈经济发展的比较研究[D].长春：吉林大学，2013.06.

[10] 陆军.都市圈协同发展的理论逻辑与路径选择[J].人民论坛，2020（9）.

[11] 王双玲.日本大都市圈的产业转移与地域演化[D].长春：东北师范大学，2007.

[12] 李优树，冯秀玲.成渝地区双城经济圈产业协同发展研究[J].中国西部，2020（4）：35-45.

[13] 阎欣，尹秋怡.基于协同学理论的厦漳泉都市圈发展策略[J].规划师，2013（12）：34-40.

[14] 郑健，吴晓飞，张振.城市群战略背景下跨区域交通治理策略探析——以广东省为例[C].2018中国城市交通规划年会.

[15] 杨莉，刘霓.大都市区治理——以交通规划与空间规划为例[J].城市治理，2015，2（5）：53-61.

[16] 郭健.交通基础设施投融资机制改革的国际经验及启示[J].理论学刊，2019（6）：68-74.

[17] 陆化普.《城市群交通一体化——理论研究与案例分析》解读[J].城市交通，2020，18（3）：133-134.

[18] 荣玥芳.都市圈规划编制体系研究[J].城市规划汇刊，2003（4）：78-84.

[19] 陶希东.中国跨界都市圈规划的体制重建与政策创新——以江苏都市圈规划实践为例[J].城市规划，2008（8）：36-43.

[20] 相伟.建立规划协调机制加强规划间的协调[J].宏观经济管理，2010（8）：30-32.

[21] 张伟.都市圈的概念、特征及其规划探讨[J].城市规划，2003，27（6）：47-50.

[22] 高国力，刘保奎.论中国新型城镇化空间布局的优化方案[M].北京：中国社会科学出版社，2021.

[23] 刘世锦，中国经济增长十年展望（2020—2029）：战疫增长模式[M].北京：中信出版社，2020.

[24] 刘晓萍，以新型城镇化为重要载体构建更加完整的内需体系[J].宏观经济管理，2020（11）：20-24.

[25] 陆铭.都市圈发展是结构性增长第一要素[N].北京日报，2021-11-15.

[26] 王盈盈，黄莉，伍迪，等.都市圈投融资发展规划探析[A].王天义，韩志峰（主编）.中国PPP年度发展报告2021（PPP蓝皮书），北京：社会科学文献出版社，2021：69-78.

[27] 张明、魏伟、陈骁.五大增长极：双循环格局下的城市群与一体化[M].北京：中国人民大学出版社，2021.

[28] 国家发展改革委城市和小城镇改革发展中心.2019年度重点课题：培育现代化都市圈的有效举措研究[R].北京：国家发展改革委城市和小城镇改革发展中心，2020.

[29] 国家发展和改革委员会.国家新型城镇化报告（2019）[R].北京：人民出版社，2020.

[30] 薛艳杰.增长极理论及其应用[J].地理教学，2004（10）：4-6.

[31] 吕丽娜.我国区域经济发展中的地方政府合作困境及化解研究——侧重于协同治理的视角[D].武汉：武汉大学，2012.

[32] James·N·Rosenau. Governance with out Government[M]. London：Cambridge University Press.1992.

[33] 李汉卿.协同治理理论探析[J].理论月刊，2014（1）.

[34] Wood, Robert C. The New Metropolises: Green Belt, Grass Toots Versus Gargantuan. American Political Science Review, 1958, 51(1): 108-122.

[35] Ostrom.V. C, M. Tieboutand R. Warren. The Organization of Government in Metropolitan Areas: A Theoretical Inquiry[J]. The American Political Science Review, 1961, 55(3): 831-842.

[36] 陶希东.欧美大都市区治理:从传统区域主义走向新区域主义[J].创新, 2019, 1(13): 1-9.

[37] 米鹏举.我国区域治理与地方政府横向府际关系:现实困境与调整策略[J].内蒙古大学学报(哲学社会科学版), 2018, 50(6): 23-29.

[38] 姬兆亮, 戴永翔, 胡伟.政府协同治理:中国区域协调发展协同治理的实现路径[J].西北大学学报(哲学社会科学版), 2013(2).

[39] 谢德保.论政府在区域经济协调发展中的作用[J].北方经贸, 2005(5).

[40] 杨保军.区域协调发展析论[J].城市规划, 2004(5): 24-42.

[41] 孙虎, 乔标.京津冀产业协同发展的问题与建议[J].中国软科学, 2015(7): 68-74.

[42] 冯伟林, 陈慧.论成渝都市圈经济合作的协调机制构建[J].经济研究导刊.2014(33): 158-159.

[43] 杨保军.我国区域协调发展的困境及出路[J].城市规划, 2004, 28(10): 26-34.

[44] 周一星.关于明确我国城镇概念和城镇人口统计口径的建议[J].城市规划, 1986(3): 10-15.

[45] 周起业, 刘再兴, 等.区域经济学[M].北京:中国人民大学出版社, 1989.

[46] 沈立人.为上海构造都市圈[J].财经研究, 1993(9): 16-19.

[47] 王建.九大都市圈区域经济发展模式的构想[J].宏观经济管理, 1996(10).

[48] 高汝熹, 罗明义.城市圈域经济论[M].昆明:云南大学出版社, 1998.

[49] 顾朝林.中国城市地理[M].北京:商务印书馆, 1999.

[50] 陈建军, 姚先国.论上海和浙江的区域经济关系——一个关于"中心—边缘"理论和"极化—扩散"效应的实证研究[J].中国工业经济, 2003(5).

[51] 肖金成, 袁朱.中国将形成十大城市群[J].党政干部文摘, 2007(5).

[52] 张鹏.都市圈概念的新界定及相关概念辨析[J].内蒙古农业大学学报:社会科学版, 2009, 11(3).

[53] 张学良.以都市圈建设推动城市群的高质量发展[J].上海城市管理, 2018, 27(5): 2-3.

[54] 范晓鹏, 庞鹏飞.基于多源数据的西安都市圈空间范围识别[J].西安建筑科技大学学报:自然科学版, 2021(2): 254-264.

[55] 匡济，司凌霄.基于多源数据的杭州都市圈划定方法研究[J].地理信息世界，2022，29（1）：82-87.

[56] 王建军，周小天.面向国土空间规划的都市圈划定方法研究[J].城市问题，2022（1）.

[57] 任博.纽约都市圈协同发展的经验与启示[J].北京金融评论，2018（4）.

[58] 王新军.基于国际经验的我国都市圈产业合作研究[J].商业经济研究，2021（12）.

[59] 陈斌.都市圈圈层演化及其与交通发展的互动关系研究——以南京都市圈为例[D].南京：南京林业大学，2018.

[60] 管楚度.交通区位论及其应用[M].北京：人民交通出版社，2000.

[61] 陈斌，杨涛.南京都市圈交通圈层演化特征实证研究[J].现代城市研究，2006（10）.

[62] 潘昭宇.多层次轨道交通规划研究[M].北京：中国铁道出版社，2021.

[63] 陈小鸿，周翔，乔瑛瑶.多层次轨道交通网络与多尺度空间协同优化——以上海都市圈为例[J].城市交通.2017（1）.

[64] 顾保南，寇俊.特大城市多层次轨道交通网络整合问题思考[J].城市交通，2017（9）.

[65] 陈瑞莲.论区域公共管理的制度创新[J].中山大学学报（社会科学版），2005（5）：63-64.

[66] 陈瑞莲.论区域公共管理研究的缘起与发展[J].政治学研究，2003（4）.

[67] 杜霞.区域公共产品提供中的行政协调机制研究[D].南京：南京理工大学，2013.

[68] Osborne，D·Gaebler，T.企业家精神符合改革着公共部门：改革政府[M].周敦仁，等译.上海：上海译文出版社，2006.

[69] 踪家锋，王建廷.区域政府治理结构研究——对中国城市联盟合并的思考[J].城市，2006（6）：43-45.

[70] 王佃利，任宇波.区域公共物品供给视角下的政府间合作机制[J].中国浦东干部学院学报，2009（4）：42-49.

[71] 吴长剑.区域公共管理视域下的公共物品治理模式分析[J].山东省青年管理干部学院学报：青年工作论坛，2007（6）.

[72] 汪光焘，王继峰，赵珺玲.新时期城市交通需求演变与展望[J].城市交通，2020（4）：01-10.

[73] 汪光焘，陈小鸿.城市交通治理现代化理论构架与方法初探[J].城市交通，2020，18（2）：1-14.

[74] 叶林，赵琦.城市间合作的困境与出路——基于广佛都市圈"断头路"的启示

[J].中国行政管理，2015（9）.

[75] 吴伟峰.中国铁路投融资机制的探索实践——广东改革先行地区的经验[J].学习与实践，2020（12）：31-39.

[76] 杨伟威.城市轨道交通经营中政府与企业关系研究[D].苏州：苏州大学，2018.

[77] 佚名.充分利用铁路资源扩大城市交通供给能力——《关于促进市域（郊）铁路发展的指导意见》解读[J].科学中国人，2017.

[78] 宿凤鸣.韩国高质交通基建规划管理与投融资创新经验[J].综合运输，2019，41（5）：104-108.

[79] 张微.交通基础设施投融资机制改革的国际经验及启示[J].中国中小企业，2020（3）：192-193.

[80] 唐亚林，于迎.大都市圈协同治理视角下长三角地方政府事权划分的顶层设计与上海的选择[J].学术界，2018（2）：57-68+284-285.

[81] 陈雪明.纽约的公共交通系统和规划经验谈[J].国际城市规划，2015，30（S1）：84-88.

[82] 陈佳祺.莱茵鲁尔大都市区区域治理与协作研究[D].南京：东南大学，2017.

[83] 赵岩，郭小鹏.日本大都市圈广域联合治理模式创新研究——以首都圈首脑会议为例[J].日本问题研究，2019（3）：73-80.

[84] 国务院发展研究中心课题组.东京都市圈的发展模式、治理经验及启示[R]，2016.

[85] 邹军.都市圈与都市圈规划的初步探讨——以江苏都市圈规划实践为例[J].现代城市研究，2003（4）.

[86] 王薇.都市圈发展规划的初步探讨——以南京都市圈为例[J].城市规划，2003（3）.

[87] 张晓明，连欣.新一轮都市圈规划编制创新思考[J].中国经贸导刊（中），2021（4）.

[88] 王政，徐颖.培育发展现代化都市圈的路径与措施[J].宏观经济管理，2020（9）.

[89] 徐翠华，蒋明，杜凌飞.南京江北新区发展探析[J].统计科学与实践，2014（6）.

[90] 肖金成.认识都市圈，做好都市圈规划[N].中国投资，2002（3，4）.

[91] 杨永春.中国西部地区大都市圈发展规划研究——以兰州大都市圈规划为例[R].2005.

[92] 季辰晔.基于国际比较视角的都市圈规划研究[D].南京：南京大学，2012.

[93] 熊健.上海大都市圈蓝皮书[M].上海：上海社会科学院出版社，2021.